Políticas de formação de professores nos Estados Unidos:
como e por que elas afetam vários países no mundo

Kenneth M. Zeichner

Políticas de formação de professores nos Estados Unidos:

como e por que elas afetam vários países no mundo

Tradução
Cristina Antunes

autêntica

Copyright © 2013 Kenneth M. Zeichner
Copyright © 2013 Autêntica Editora

TÍTULO ORIGINAL: *The Struggle for the Soul of Teaching and Teacher Education*

Todos os direitos reservados pela Autêntica Editora. Nenhuma parte desta publicação poderá ser reproduzida, seja por meios mecânicos, eletrônicos, seja via cópia xerográfica, sem a autorização prévia da Editora.

EDITORA RESPONSÁVEL
Rejane Dias

COORDENADOR DA COLEÇÃO DOCÊNCIA
Júlio Emílio Diniz-Pereira

PROJETO GRÁFICO DE CAPA
Alberto Bittencourt

REVISÃO DA TRADUÇÃO
Júlio Emílio Diniz-Pereira

REVISÃO
Dila Bragança de Mendonça
Lúcia Assumpção

DIAGRAMAÇÃO
Conrado Esteves

Dados Internacionais de Catalogação na Publicação (CIP)
(Câmara Brasileira do Livro, SP, Brasil)

Zeichner, Kenneth M.
  Políticas de formação de professores nos Estados Unidos: como e por que elas afetam vários países no mundo / Kenneth M. Zeichner ; tradutora Cristina Antunes. -- Belo Horizonte : Autêntica Editora, 2013. -- (Coleção Docência)

  Título original: The struggle for the soul of teaching and teacher education.
  ISBN 978-85-8217-103-5

  1. Educação 2. Ensino 3. Professores - Formação I. Título. II. Série.

13-00322   CDD-370.71

Índices para catálogo sistemático:
1. Formação de professores : Educação 370.71
2. Professores : Formação profissional : Educação 370.71

Belo Horizonte
Rua Carlos Turner, 420
Silveira . 31140-520
Belo Horizonte . MG
Tel.: (55 31) 3465 4500

São Paulo
Av. Paulista, 2.073, Conjunto Nacional, Horsa I
23º andar . Conj. 2310-2312 Cerqueira César
01311-940 São Paulo . SP
Tel.: (55 11) 3034 4468

www.grupoautentica.com.br

Sumário

Apresentação 7

Introdução 11

CAPÍTULO 1
Duas visões sobre a formação
de professores para o século XXI 17

CAPÍTULO 2
A influência do setor privado sobre as políticas públicas
de formação de professores nos Estados Unidos 51

CAPÍTULO 3
A mercantilização da formação
de professores nos EUA 99

CAPÍTULO 4
As políticas de responsabilização na
formação de professores dos Estados Unidos 131

CAPÍTULO 5
A questão da internacionalização
da formação de professores nos EUA 171

CAPÍTULO 6
Limites e possibilidades do modelo
de formação "prática" de professores 183

CAPÍTULO 7
Um futuro possível para a formação
de professores nos Estados Unidos 199

APRESENTAÇÃO

Políticas públicas de formação de professores nos Estados Unidos: Por que este tema nos interessa tanto?

Júlio Emílio Diniz-Pereira

Em fevereiro de 2012, participei da reunião anual da *American Association of Colleges for Teacher Education* (AACTE),[1] em Chicago, e muitas coisas chamaram a minha atenção durante esse encontro.

O Professor Clayton Christensen, da Faculdade de Administração (*Business School*) da Universidade de Harvard – como se sabe, uma das universidades privadas de maior prestígio nos Estados Unidos –, fez a palestra de abertura do evento. A princípio, não há nada de estranho no fato de alguém de fora da área educacional, e de uma universidade privada, ser convidado para fazer a palestra mais importante de um encontro sobre formação de professores. O que é de se estranhar é o fato de o palestrante ser da área de "Negócios" (*Business School*)[2] e ser um entusiasta da área de *e-learning* (educação a distância) nos Estados Unidos. Mais estranho ainda é o fato de o evento ter sido patrocinado

---

[1] Podemos dizer que a reunião anual da AACTE, no contexto estadunidense, corresponde ao Encontro Nacional de Didática e Prática de Ensino (ENDIPE) no Brasil. Os dois são os maiores e mais importantes eventos na área da formação de professores nesses países. Uma diferença importante é que a AACTE é uma associação de faculdades de educação e programas de formação docente dos EUA, enquanto o ENDIPE, como sabemos, organiza seus encontros, a cada dois anos, por meio da ação voluntária de colegas de universidades brasileiras, sem haver uma associação que dê suporte a esses eventos.

[2] O Professor Christensen, um empresário de sucesso em Boston, é apresentado em sua página eletrônica pessoal (www.claytonchristensen.com) como o maior pensador na área de "Gerenciamento de Negócios" do mundo na atualidade.

pela "maior empresa de soluções educacionais do mundo", a Pearson, que investe fortemente no ensino *on-line* e, inclusive, já atua no Brasil.[3]

Outro pequeno detalhe que me chamou a atenção, logo no início da palestra, foi o fato de os *slides* do Professor Christensen trazerem, no canto esquerdo, os seguintes dizeres: *"Copyright Clayton M. Christensen"*.

Antes mesmo de a palestra se iniciar, também foi interessante ver a Presidente e CEO[4] [*sic*] da AACTE, Professora Sharon Robinson, anunciar o tema da conferência de abertura e dizer enfaticamente sobre a necessidade de "inovação" – a palavra da moda no setor empresarial – na área de educação e de formação de professores nos Estados Unidos e em todo o mundo.

E, realmente, a palestra do Professor Christensen abordou diferentes tipos de "inovação" – "inovação sustentável", "inovação duradoura", "inovação paradigmática" –, segundo ele, necessárias ao ensino superior e, mais especificamente, à formação de professores, uma área que, na opinião dele, nunca passou por uma grande "inovação paradigmática" em toda sua história.

A grande "inovação paradigmática" no ensino superior e, mais especificamente, na formação de professores, defendida pelo Professor Christensen, é o *on-line learning* (a educação a distância). Nas suas palavras, "Os melhores estudantes não vão mais para Harvard; eles estudam *on-line*". O Professor Christensen fez várias críticas ao que chamou de "universidade tradicional" e citou, como modelo alternativo, um novo tipo de entidade, que cresce 100% ao ano nos Estados Unidos: a chamada *corporate university*.[5] Segundo ele, "enquanto as 'universidades tradicionais' preocupam-se cada vez mais com publicações acadêmicas, formas alternativas de ensino preocupam-se em mudar a vida das pessoas". O Professor Christensen encerrou sua palestra com a seguinte frase: "Se para alguns o futuro pode parecer

---

[3] Para maiores informações, acesse: <www.pearson.com.br>

[4] CEO (sigla inglesa de *Chief Executive Officer*) refere-se ao maior e mais importante cargo executivo de uma empresa ou organização.

[5] A *corporate university* é uma entidade educacional ligada a grandes empresas multinacionais, tais como IBM, Microsoft e Boeing, que forma mão de obra qualificada para essas corporações. A *Hamburger University*, em Chicago, é uma das mais conhecidas dos Estados Unidos e é administrada pela rede de sanduíches McDonald's.

uma ameaça, para outros ele é uma grande oportunidade [de negócios]". E, para mim, o mais surpreendente ainda estava por vir: ao final, a audiência, que lotava um grande salão de um hotel luxuoso no centro de Chicago, levantou-se e aplaudiu entusiasticamente a palestra do eminente professor.

No período em que participei dessa reunião anual da AACTE, eu fazia o meu pós-doutoramento na Universidade de Washington, em Seattle. Tive, então, a oportunidade de compreender melhor o que estava acontecendo nos Estados Unidos em termos das políticas de formação de professores naquele país. Entre as diversas atividades em que me envolvi durante o meu pós-doutorado, estava o acompanhamento do curso *Issues and Debates in U.S. Teacher Education*, ministrado pelo Professor Kenneth Zeichner. Esse curso fez com que eu entendesse melhor a experiência que eu tinha acabado de viver em Chicago. Conversei com o Professor Zeichner sobre tal experiência, o conteúdo de suas aulas e a minha impressão de que, no Brasil, apesar das enormes diferenças contextuais em relação aos Estados Unidos, as políticas de formação de professores davam fortes sinais de que poderíamos seguir os mesmos caminhos do vizinho do Norte. Foi, então, que surgiu a ideia de organizar este livro – o primeiro do Professor Zeichner no Brasil – a partir de artigos e outros textos que ele havia publicado sobre a questão das políticas de formação docente nos Estados Unidos.

A ideia de lançar este livro no Brasil é, portanto, para que ele sirva de "antídoto" para essas tendências internacionais, extremamente conservadoras e de caráter privatista, de políticas de formação de professores que podem chegar em breve (ou que, na verdade, já estejam em curso) ao nosso país. Como o Brasil tende a copiar muitas coisas ruins que acontecem nos Estados Unidos – há em nosso país, em relação ao vizinho do Norte, uma espécie de "efeito Orloff" ("Eu sou você amanhã") –, é importantíssimo que saibamos o que está acontecendo naquele país como forma de nos precavermos. E, como poderemos descobrir por meio da leitura deste livro, as notícias que vêm de lá são extremamente preocupantes! Entre outras coisas, o forte movimento das políticas de responsabilização (*accountability*) na formação docente e os fortíssimos ataques sofridos pelas universidades como instituições formadoras de professores, abrindo vasto caminho para as rotas "alternativas" de formação de docentes como, por exemplo, o *Teach for America* (que, aliás, já abriu sua "filial" em nosso país com o nome "Ensina!"[6]).

Em um mundo globalizado, as políticas educacionais, em geral, e aquelas relativas à formação de professores, em particular, são cada vez mais pensadas e gestadas nos países centrais, como os Estados Unidos (e não nos periféricos, como o Brasil). Trata-se de um fenômeno denominado pelo professor finlandês, Pasi Sahlberg, de GERM (*Global Educational Reform Movement*).

Sendo assim, e usando uma metáfora da Imunologia, espera-se que este livro funcione, para nós brasileiros, como uma importante "vacina" no combate desse terrível e poderoso GERM (*Global Education Reform Movement*) que tem "infectado" redes de ensino, escolas e programas de formação de professores em todo o planeta. O livro que apresentamos aqui traz, então, uma análise bastante crítica e lúcida sobre o que acontece hoje nos Estados Unidos em relação às políticas de formação docente naquele país. Tal análise é feita, como você já sabe, pelo Professor Kenneth Zeichner, um dos nomes mais respeitados no campo da pesquisa sobre formação de professores em todo o mundo.

Uma boa leitura a todos/as!

---

[6] Para maiores informações, acesse: <http://ensinabr.wordpress.com>.

INTRODUÇÃO

Este livro analisa as lutas atuais sobre o futuro da formação de professores nos Estados Unidos. Durante toda a história da formação docente, sempre houve muito debate a respeito das maneiras mais eficazes de preparar o professor para as escolas públicas norte-americanas, incluindo questões sobre quem deveria prepará-los, qual deveria ser o conteúdo de sua preparação e como a qualidade de sua preparação e de seu ensino deveriam ser avaliadas. Subjacentes a esses debates, encontram-se divergências fundamentais sobre a natureza do ensino-aprendizagem, o papel dos professores e o papel da educação pública na sociedade.

Na maior parte da história da formação docente nos Estados Unidos houve múltiplos caminhos para o magistério que envolveram tipos muito diferentes de instituições e programas de formação de professores. Desde meados do século dezenove, instituições como as escolas secundárias, escolas normais, institutos de ensino, faculdades comunitárias e técnicas, bem como faculdades e universidades desempenharam importantes papéis na preparação dos professores do país. Fraser (2007) argumenta que, durante a maior parte da história dos Estados Unidos, os professores foram preparados para o magistério por meio do que atualmente conhecemos como "rotas alternativas". Isso inclui um significativo número de professores que foram preparados por programas desenvolvidos pelas próprias redes escolares de ensino.

Foi somente por um período de tempo relativamente curto (aproximadamente de 1960 a 1990) que as faculdades e universidades tiveram um verdadeiro monopólio sobre a formação de professores nos Estados Unidos. Apesar do fato de que, atualmente, a maioria dos professores ainda seja preparada em programas de formação docente oferecidos em faculdades e/ou universidades (*National Research Council*, 2010), observa-se o aparecimento, desde o fim dos anos 1980, de muitos programas de formação de professores, sem ou com fins lucrativos, fora dessas instituições de ensino superior.

Atualmente, acontecem intensas lutas nos Estados Unidos sobre o significado e o controle do magistério e da formação docente, bem como sobre a sobrevivência da educação pública (KATZ; ROSE, 2013). Este livro focaliza vários aspectos dessas lutas e suas implicações para o resto do mundo onde algumas dessas mesmas forças atuam a fim de "destruir" e substituir o sistema universitário de formação de professores nos Estados Unidos.

Existem três diferentes agendas para o futuro da formação docente norte-americana. Primeiro, muitos formadores de professores que trabalham em faculdades e universidades atuam como *defensores* do atual sistema universitário de formação e incentivam o governo e as pessoas em geral a aumentarem seu apoio e investimento no aperfeiçoamento desse sistema. Um segundo grupo de empreendedores e outros sujeitos, fora das faculdades e dos departamentos de Educação, que se autodeclaram *reformadores*, quer eliminar, por meio da desregulamentação e das medidas punitivas de responsabilização, o que eles consideram um sistema falido e substituí-lo pela competição em uma economia de mercado. Um terceiro grupo, formado por pessoas tanto de dentro quanto de fora das faculdades e universidades, prega uma grande transformação do sistema atual, mas quer manter o envolvimento das instituições de ensino superior e sua natureza pública. Há inúmeras maneiras diferentes nas quais os *transformadores* querem reestruturar o atual sistema. Um aspecto específico da agenda de transformação que é destacado neste livro são os esforços que estão em andamento em relativamente poucos programas para democratizar a formação de professores de uma maneira que as comunidades locais, escolas e universidades partilhem igualmente a responsabilidade pela preparação de professores para lecionarem em comunidades específicas (ZEICHNER; Payne, 2013). Este trabalho envolve conectar os programas de formação docente às lutas que já estão em curso em muitas comunidades urbanas e rurais a fim de fornecerem maior acesso para todas as crianças a serviços públicos de alta qualidade, inclusive a educação pública (ver, por exemplo, ANYON, 2005; LIPMAN, 2011).

Os defensores dessas três posições sobre o futuro da formação docente nos Estados Unidos concordam que o atual sistema educacional não promove acesso, para todos os alunos, a professores plenamente preparados e a uma educação de alta qualidade. Discordam, no entanto, sobre o que define o "sucesso" (por exemplo, melhores resultados nos testes padronizados ou um ensino e um currículo crítico para todos os alunos), as causas das desigualdades educacionais e como reduzi-las ou eliminá-las. Por exemplo, alguns argumentam que a causa das nossas mazelas atuais está dentro do sistema educacional (em função da presença de professores incompetentes) e que elas podem ser resolvidas pelas intervenções educacionais por si sós (KOPP, 2011). Outros veem as injustiças educacionais como reflexos de desigualdades estruturais mais amplas na sociedade como um todo e argumentam que, para tratar as injustiças na educação, devemos atacar as desigualdades estruturais mais amplas juntamente com as mudanças educacionais (CARTER; WEINER, 2013).

Os primeiros quatro capítulos deste livro analisam a condição atual do magistério e da formação de professores nos Estados Unidos, enquanto os últimos três capítulos enfocam o futuro para a formação docente. O primeiro capítulo analisa o movimento nos Estados Unidos para desprofissionalizar o magistério como uma parte da privatização da educação pública e, de outro lado, um contramovimento para promover a profissionalização do magistério e a formação de professores a fim de fortalecer a educação pública. O capítulo expõe as diferentes visões da educação, do ensino-aprendizagem e do papel dos professores que fundamentam cada abordagem, e defende a segunda posição.

No segundo capítulo, analiso as formas pelas quais os interesses privados moldam ativamente as políticas e a legislação de formação de professores nos Estados Unidos e questiono a qualidade da evidência que tem sido apresentada pelos defensores de uma lógica de mercado para a formação de professores, a fim de substituir o sistema atual por programas de gestão privada, financiados pelos empreendedores ligados à privatização da educação básica nos EUA.

O terceiro capítulo analisa as maneiras como os defensores do princípio neoliberal, que procuram promover a privatização do setor público, juntamente com os neoconservadores e as formas punitivas de responsabilização tiradas do mundo corporativo, têm desenvolvido estratégias para destruir os sistemas públicos de educação e de formação de professores norte-americanos.

O quarto capítulo examina como o governo federal dos Estados Unidos, sob as administrações tanto de Bush quanto de Obama, promoveu mecanismos de responsabilização que se apoiam na ideia de uma "economia de mercado" para a formação de professores. Também apresenta um ponto de vista alternativo de como a responsabilização poderia ser usada para aumentar a qualidade dos programas de formação docente.

No quinto capítulo, examino a atual ênfase nos Estados Unidos para internacionalizar a formação docente e preparar professores que tenham uma perspectiva mais global. Critico a abordagem dominante para a internacionalização que se concentra em preparar professores a fim de educarem alunos para uma economia global e defendo uma visão alternativa da "educação global crítica" para professores, a qual busca ajudá-los a compreender as causas e as consequências das injustiças globais e incentivá-los a conectarem o seu trabalho nas escolas para as lutas nas comunidades locais por justiça social na educação e em outras áreas da vida.

No sexto capítulo, examino a tendência atual na formação docente nos Estados Unidos em transferir a preparação de professores, cada vez mais, para as próprias escolas. Analiso as possibilidades e potenciais armadilhas associadas com essa tendência e discuto o que é necessário para o desenvolvimento de estágios de alta qualidade nas escolas e nas comunidades a fim de apoiar a formação de bons professores para todos os alunos.

No capítulo final, esboço os elementos de um novo modelo mais democrático para a formação docente em que a responsabilidade é partilhada mais igualmente entre os docentes da universidade, as equipes da escola e os membros da comunidade. Ilustro essa nova forma de envolvimento da universidade na formação de professores com exemplos dos programas de formação docente na Universidade de Washington, em Seattle.

Juntos, esses sete capítulos apresentam uma análise das lutas atuais sobre o magistério e a formação de professores nos Estados Unidos e uma visão para um futuro mais democrático que ajudará a educação pública a fornecer oportunidades educacionais mais justas para todos os alunos, a despeito da cor de sua pele, das línguas que falam em suas casas, ou da renda de seus pais ou responsáveis. Vários capítulos buscam conectar essa análise às tendências em outros países. É muito claro que as tentativas de privatizar o ensino público e a formação de professores e de desprofissionalizar o magistério e demonizar os sindicatos de professores nos Estados Unidos atuam em muitas partes do mundo (ver, por exemplo, BALL, 2012). A circulação dessas forças globais do neoliberalismo, neoconservadorismo e as formas corporativas de gerenciamento[1] no magistério e na formação de professores cruzam com as tradições locais, estruturas e representações de maneiras um pouco distintas em diferentes partes do mundo (PAINE; ZEICHNER, 2012).

Neste livro, rejeito a ideia de que as intervenções educacionais por si sós podem lidar com as lacunas de oportunidades que existem dentro da educação. Acredito firmemente que as intervenções educacionais devem ser combinadas com mudanças nos elementos estruturais da sociedade e na injusta distribuição dos recursos humanos e materiais que permitem a persistência da pobreza e suas consequências e que minam os esforços de criação de uma maior equidade educacional. Inúmeras injustiças sociais, como a falta de acesso à habitação, transporte e alimentação de qualidade a preços acessíveis, cuidados à saúde de qualidade e empregos que pagam um salário digno, acesso a bairros seguros, e assim por diante, são exemplos dos tipos de questões que também precisam ser abordadas, além daquelas na educação. Este é um momento crítico para a formação de professores nos Estados Unidos e em muitos outros países em que se deve defender o sistema atual dos assaltos do GERM e da ideia de conceber o magistério como empreendimentos profissionais. Alternativamente, pode-se transformar esse movimento em uma forma mais democrática e juntar às lutas já em curso em muitas escolas e comunidades urbanas e rurais para acesso aos direitos humanos que lhes foram negados. É minha esperança que este livro contribuirá para a substituição da concepção de formação de professores orientada para o mercado por uma visão mais democrática voltada para o desenvolvimento da justiça social.

---

[1] Pasi Sahlberg, da Finlândia, se referiu a eles como GERM - *Global Educational Reform Movement* (Movimento de Reforma Educacional Global) (SALHBERG, 2010).

Referências

ANYON, J. *Radical Possibilities: Public Policy, Urban Education, and a New Social Movement*. New York: Routledge, 2005.

BALL, S. *Global Education, Inc: New Policy Networks and the Neo-liberal Imaginary*. London: Routledge, 2012.

CARTER, P.; WEINER, K. (Eds.). *Closing the Opportunity Gap: What America Must Do to Give Every Child a Chance*. New York: Oxford University Press, 2013.

FRASER, J. *Preparing America's Teachers: A History*. New York: Teachers College Press, 2007.

KATZ, M.; ROSE, M. *Public Education Under Siege*. Philadelphia: University of Pennsylvania Press, 2013.

KOPP, W. *A Chance to Make History*. New York: Public Affairs, 2011.

LIPMAN, P. *The New Political Economy of Urban Education: Neo-liberalism, Race, and the Right to the City*. New York: Routledge, 2011.

NATIONAL RESEARCH COUNCIL. *Preparing Teachers: Building Evidence for Sound Policy*. Washington, D.C: National Academies Press, 2010.

PAINE, L.; ZEICHNER, K. The Local and Global in Reforming Teaching and Teacher Education. *Comparative Education Review*, v. 56, n. 4, p. 569-583, 2012.

SAHLBERG, P. *Finnish Lessons: What Can the World Learn from Finland?* New York: Teachers College Press, 2010.

ZEICHNER, K.; PAYNE, K. Democratizing Knowledge in Urban Teacher Education. In: NOEL, J. (Ed.). *Moving Teacher Education into Urban Schools and Communities*. New York: Routledge, 2013. p. 3-19.

CAPÍTULO 1

Duas visões sobre a formação de professores para o século XXI[2]

> Como membro do *Teach For America*, você desenvolverá habilidades que são fundamentais para ser um professor bem-sucedido em uma comunidade de baixa renda. Essas habilidades são também essenciais para se exercer a liderança em muitas outras profissões. Descobrimos o talento dos membros de nossa instituição e resolvemos usá-lo plenamente na sala de aula e fora dela, e assim o fazem os excelentes programas de pós-graduação e os empregadores que recrutam nossos membros a partir do segundo ano de curso e também ex-alunos.[3]

Atualmente há um intenso debate em muitas partes do mundo sobre o tipo de ensino e de formação de professores que deve definir a educação no século XXI. Neste capítulo, esboço as principais ideias em questão nesses debates e mostro minha análise de como devemos resolver as controvérsias atuais e a batalha que as faculdades e as universidades enfrentam por seu direito de oferecer cursos de licenciatura (GROSSMAN, 2008).[4] Os debates que descrevo se preocupam com as

---

[2] Este capítulo se baseia em um texto que subsidiou uma palestra do autor proferida na Conferência Internacional "*The First Global Summit on Teacher Education*", na Universidade Normal de Beijin, na China, em outubro de 2011.

[3] http://www.teachforamerica.org/why-teach-for-america/compensation-and-benefits/graduate-school-and-employer-partnerships

[4] Segundo Grossman (2008, p. 11), "os formadores de professores da universidade estão perigosamente perto de perder sua responsabilidade de supervisionar a formação de novos professores".

questões mais básicas sobre a docência e a formação de professores, tais como: a função do ensino para o qual formamos nossos professores, quem deve formá-los, quando essa formação deve ocorrer e quais devem ser os conteúdos de um curso de licenciatura.

Historicamente, as questões centrais subjacentes aos debates sobre os melhores modelos para a formação de professores derivam de diferentes pressupostos e convicções sobre os objetivos da educação pública, o processo de ensino e de aprendizagem e o papel do professor (Corey, 1958; Labaree, 1997). Nos debates atuais, defendem-se duas visões diferentes sobre o papel dos professores e da formação docente. De um lado, defende-se a profissionalização do magistério e a criação ou a manutenção de um sistema de formação de professores que prepare docentes para o exercício profissional e a construção de uma carreira no magistério (Darling-Hammond; Bransford, 2005; Sykes, 2004).[5] De outro lado, acredita-se que é muito caro profissionalizar docentes para ensinar todas as crianças dos Estados Unidos e defende-se a formação de professores para os "filhos dos outros"[6] como a de técnicos que simplesmente implementam os *scripts* de instrução" que lhes são fornecidos, na crença de que o treinamento que esses professores recebem e a subsequente "roteirização da instrução" levaria a melhorias nas pontuações dos alunos em testes padronizados.

A formação inicial de professores nesse cenário (geralmente referida como "treinamento específico para professores") deve ser muito breve e acontecer no próprio local de trabalho. Há pouca expectativa de que esses professores farão carreiras no magistério, e o sistema é projetado para possibilitar a esses professores "temporários" ser substituídos em pouco tempo por outros professores pouco qualificados, que também deixarão a sala de aula em poucos anos (Rosen, 2003).[7]

---

[5] O foco aqui é formar professores para as carreiras de magistério. Como Carroll *et al.* (2010) apontaram, a rotatividade de professores aumenta a cada ano e atualmente cerca de 46% dos professores deixam a profissão dentro de 5 anos.

[6] Esse termo foi usado por Delpit (1995) para se referir ao fato de que aquilo que os políticos advogam para os alunos muitas vezes não aceitarão para seus próprios filhos.

[7] O *Teach for America* encoraja explicitamente os seus membros a lecionar por alguns anos para depois seguir seu caminho para entrar em uma prestigiosa faculdade de direito, de administração ou de medicina, ou ainda conseguir diretamente um emprego de salário elevado no mundo corporativo. http://www.teachforamerica.

Enquanto esses mesmos debates acontecem em várias partes do mundo (MOON, 2007), neste capítulo, me concentrarei apenas nos Estados Unidos, país que tem cerca de 3,6 milhões de professores que lecionam em cerca de 90.000 escolas (MINISTÉRIO DE EDUCAÇÃO DOS EUA, 2011). Cerca de 1.400 faculdades e universidades estão autorizadas a oferecer cursos de licenciatura nos Estados Unidos e, cada vez mais, uma variedade de outros programas com ou sem fins lucrativos também são oferecidos. As próprias redes de ensino oferecem cursos que atualmente formam cerca de um terço dos novos professores no país a cada ano (*National Research Council*, 2010).

O cenário da formação de professores nos Estados Unidos

Sempre existiu, na maior parte da história da formação de professores nos Estados Unidos, uma variedade de caminhos, dentro e fora das faculdades e das universidades, para se exercer o magistério na educação básica. Desde meados do século XIX, quando a formação de professores passou a ocorrer formalmente nos EUA, uma variedade de instituições (por exemplo, seminários, escolas normais secundárias, faculdades comunitárias, institutos e faculdades isoladas e de educação, dentro ou fora de universidades) desempenharam e continuam desempenhando papéis importantes na formação dos professores da nação (FRASER, 2007). Ao longo da história do país, a maioria dos professores entrou no magistério por meio do que agora pode ser chamado de "rotas alternativas", incluindo um número significativo de professores que se formou em programas de formação docente de escolas das próprias redes de ensino. De acordo com Fraser, "em 1914, praticamente todas as cidades nos Estados Unidos com uma população superior a 300.000 habitantes e 80% daquelas com mais

---

org/why-teach-for-america/compensation-and-benefits/graduate-school-and-employer-partnerships. O tempo que os membros do *Teach for America* realmente permanecem no magistério é controverso (DONALDSON; JOHNSON, 2011; HELIG *et al.* 2010). Como pode ser visto na citação de abertura deste capítulo, realmente existe esse incentivo de exercer, por apenas alguns anos, o magistério em escolas com altos índices de pobreza, como uma forma de trabalho missionário, para se conseguirem vagas em prestigiados programas de pós-graduação e em empresas.

de 10 mil pessoas mantinham seu seu próprio programa de formação de professores, como parte do sistema público de ensino" (p. 92).

Nos Estados Unidos, as faculdades e as universidades detiveram o monopólio na formação de professores por um período de tempo relativamente curto (aproximadamente de 1960 a 1990). Desde os anos 1990, tem havido um aumento exponencial de programas de formação de professores que não são oferecidos por faculdades e universidades, incluindo os novos programas *com* fins lucrativos (Baines, 2010; Holanda, 2003). Mais e mais pessoas ingressam no magistério nos Estados Unidos por meio de "rotas alternativas", ou seja, não universitárias, às vezes com muito pouca ou nenhuma preparação antes de assumir total responsabilidade por uma sala de aula (Grossman; Loeb, 2008).

Apesar do crescimento desses programas não universitários, a maioria dos professores nos Estados Unidos ainda entra no magistério por meio de cursos de graduação de quatro ou cinco anos de duração ou depois de frequentar um ou dois anos de curso de pós-graduação. Estima-se que entre 70% e 80% dos professores ainda ingressam na profissão por meio de cursos sediados em faculdades e universidades (*National Research Council*, 2010). Em algumas partes do país, entretanto, o número de professores que entra no magistério, por meio de caminhos que não passam pela faculdade ou pela universidade, é quase o mesmo que o dos professores que frequentam cursos universitários (Feistritzer; Haar, 2008)[8]. Em pelo menos um estado (a Flórida), as redes municipais de ensino são obrigadas a ter seus próprios programas de formação de professores (Emihovich, 2011).

Nos Estados Unidos e em muitas partes do mundo, há um consenso generalizado de que as instituições de formação de professores existentes, que enfatizam o que tem sido chamado pejorativamente de formação inicial de professores do tipo "feijão com arroz", são insuficientes para atender às demandas de formar novos professores para áreas urbanas ou rurais mais pobres, e de que também são necessários

---

[8] Por exemplo, no Texas, a cada ano, desde 2007, dois cursos *on-line* de formação de professores, com fins lucrativos, o *"A+ Texas Teachers"*e o *"iTeach Texas"*, formam muito mais professores do que qualquer outro curso de formação docente nos Estados Unidos (SMITH; PANDOLFO, 2011).

novos modelos de formação de professores mais voltados para a realidade das escolas e que diluam ou distribuam "homeopaticamente" a formação de professores ao longo da carreira, e não apenas antes do início da docência de tempo integral (BERRY *et al.* 2008; LEWIN, 2004; MOON, 2007).

Globalmente, há cerca de 54 milhões de professores (UNESCO, 2006), e apenas para atingir os aspectos quantitativos da meta internacional de se alcançar a educação primária universal até 2015, seria necessário formar cerca de 10,3 milhões de novos professores entre 2007 e 2015 (ZEICHNER, 2010c). Essa projeção não aborda a questão da qualidade desses professores e a demanda de se formarem docentes para lecionar para alunos com necessidades educacionais especiais e em escolas situadas em áreas remotas. Ao formar professores para atender a meta de universalizar a educação primária, há uma clara tensão entre a garantia da formação de professores de alta qualidade para um pequeno número de licenciandos e a abertura de acesso a um grande número de pessoas sem que seja possível formá-los e apoiá-los adequadamente (GOPINATHAN, 2008; UNESCO, 2006).

Lacunas educacionais e críticas à formação universitária de professores

Atualmente, nos Estados Unidos, assim como em muitos outros países do mundo, existem graves lacunas de aprendizagem que podem ser evidenciadas por meio dos índices de conclusão escolar e do desempenho acadêmico para diferentes segmentos da população. Por exemplo, além das crescentes desigualdades no acesso aos recursos e ambientes que ajudam os indivíduos a viver com dignidade (DUNCAN; MURNANE, 2011), continua a existir uma crise de desigualdade nas escolas públicas norte-americanas que nega a muitas crianças que vivem na pobreza e às "crianças de cor" uma educação de qualidade elevada, apesar do bom trabalho desenvolvido por muitos professores dedicados e talentosos. Uma série de lacunas nos resultados de aprendizagem persiste apesar de todas as reformas educacionais que aconteceram nas escolas. Essas lacunas incluem: as desigualdades no rendimento medido por testes padronizados de alfabetização e de matemática (ROTHSTEIN; WILDER, 2005); os índices de conclusão do ensino médio

(HALL, 2007); a crescente segregação de alunos de acordo com seus antecedentes raciais, étnicos e de classe social (ORFIELD; LEE, 2005); o financiamento público desigual para as escolas em diferentes áreas (CAREY, 2004); o acesso diferenciado a cursos que facilitam a entrada para a faculdade (MINISTÉRIO DE EDUCAÇÃO DOS ESTADOS UNIDOS, 2000); o acesso desigual a um currículo amplo e rico que forma os alunos para compreender e pensar criticamente (KOZOL, 2005); e o envio desproporcional de alunos "de cor" e de aprendizes da língua inglesa para turmas especiais em que as oportunidades educacionais são bastante limitadas (ARTILES; HARRY; RESCHLY; CHINN, 2002; HAWKINS, 2011). Essas injustiças ampliam o fosso entre os alunos que aprendem a ser pensadores e autênticos solucionadores de problemas e aqueles que são obrigados a aprender fora de contexto e a interagir com o conhecimento de maneiras artificiais (ROSA, 2011).

Há também, como acontece em grande parte do mundo, uma distribuição desigual de professores qualificados. Atualmente, temos uma situação nos Estados Unidos em que há graves diferenças entre os tipos de formação docente que são proporcionados aos professores que trabalham em diferentes comunidades. A maioria dos docentes que ingressam no magistério por meio de um programa de "via rápida" ou de "imersão", em que a maior parte da formação ocorre enquanto os professores iniciantes são totalmente responsáveis por uma sala de aula, leciona em comunidades urbanas e rurais pobres e "de cor" (DARLING-HAMMOND, 2004; LANGFORD, LOEB; WYCKOFF, 2002; PESKE; HAYCOCK, 2006). Esses professores provenientes de programas de "imersão", que completam a maior parte de sua formação para o magistério enquanto trabalham como professores designados, totalmente responsáveis por salas de aula, não são encontrados nas escolas públicas de alunos das classes média e média alta, filhos de muitos dos defensores dessa política de desregulamentação.[9]

Embora a pesquisa a respeito dos efeitos de diferentes trajetórias de formação sobre a docência não seja conclusiva (CONSTANTINO *et*

---

[9] Amarilo (2011) observa que em 2015 os membros do TFA "poderiam constituir um quarto de todos os novos professores em 60 das redes de ensino mais carentes do país". Essa distribuição desigual de professores plenamente qualificados também é um problema internacional (OECD, 2005).

al., 2009; DECKER; MAYER; GLAZERMAN, 2006; HELLIG; JEZ, 2010; *National Research Council*, 2010), há evidência de uma certa "perda de aprendizagem" por parte dos alunos da educação básica, na medida em que os professores iniciantes "despreparados" alcançam, em números, os professores experientes que completaram toda a sua formação inicial antes de se tornarem responsáveis por salas de aula (ZEICHNER; CONKLIN, 2005).[10] É claro, entretanto, dada à elevada rotatividade de professores nas escolas mais afetadas pela pobreza (AMERICAN FEDERATION OF TEACHERS, 2007; LANKFORD; LOEB; WYCKOFF, 2002), que as comunidades nas quais estão localizadas as escolas onde lecionam muitos professores provenientes de programas de "imersão" se tornem dependentes de um fornecimento constante de professores desse tipo, que permanecem nelas por uns poucos anos e depois saem.[11] O sistema atual de formação de professores não ajuda essas comunidades a ter acesso a um corpo docente mais experiente em suas escolas e a diminuir sua dependência de professores inexperientes e despreparados. Dada a documentada importância da experiência docente na qualidade do ensino (NCTAF, 2010), esse é um grave problema de injustiça para muitas comunidades pobres.

Devido à existência de alguns estudos que mostram uma baixa correlação entre a experiência de professores e as notas dos alunos em testes, alguns críticos generalizaram, dizendo que nem a experiência nem a escolaridade além do grau de bacharel faz diferença alguma na qualidade do ensino. Rose (2011) critica essas afirmações de que a experiência e um estudo mais aprofundado por parte dos professores não levam a uma maior qualidade do ensino em função da limitação dos estudos em que se apoiam. Nas palavras dessa autora:

> Em face disso, essa é uma afirmação duvidosa. Você pode pensar em qualquer outra profissão – desde a de cabeleireiro

---

[10] Gatlin (2009) considera positivo esse processo de "recuperar o tempo perdido" – "as diferenças iniciais na qualidade dos professores muitas vezes são negadas depois de um a dois anos de experiência no magistério." (p. 471).

[11] Apesar de um estudo recente revelar que professores do *Teach for America* permanecem no magistério por um tempo um pouco mais longo do que é geralmente considerado por críticos, ele conclui que a "porta giratória de transferência de professores das escolas que mais necessitam de docentes qualificados e experientes continua a ser um problema sério." (DONALDSON; MOORE JOHNSON, 2011, p. 51).

até a de bombeiro ou a de neurocirurgião – em que não valorizaríamos a experiência e a formação? O problema é que os estudos geralmente se baseiam em dados simples e definem a experiência e a formação a grosso modo. A experiência é definida simplesmente como "anos de trabalho", e não é surpresa alguma que o tempo por si só não signifique muito... O que as pessoas fazem com o seu tempo no trabalho é fundamental e se torna a base de seu conhecimento. O mesmo princípio se aplica à questão da formação. Que tipo de formação? Onde? Qual foi o currículo? Como foi a qualidade da supervisão? [...] Não levar em conta a experiência e a formação é, não só, equivocado, como também prejudica as iniciativas para melhorar as condições de trabalho dos professores e garantir um desenvolvimento profissional mais robusto e maiores oportunidades de progresso na carreira. (p. 36)

Respostas do governo e das fundações aos problemas da formação de professores nos Estados Unidos

Houve duas respostas principais do governo dos EUA e das fundações privadas para os problemas da formação de professores nos Estados Unidos, que já perduram 40 anos. A primeira delas envolveu esforços para a construção no país de um sistema eficaz de formação de professores dentro das faculdades e das universidades. Desde meados dos anos 1960, o governo federal investiu no fortalecimento desse sistema por meio do lançamento de editais que eram abertos diretamente por Washington D.C. ou pelos estados. Programas como o atual "Parcerias de Qualidade do Professor" (*Teacher Quality Partnerships*), que financia parcerias na formação docente entre escolas e universidades, são exemplos de como o governo federal procurou historicamente melhorar a qualidade do sistema norte-americano de formação de professores pela injeção de recursos direcionados para as faculdades de educação nas universidades se engajarem em práticas inovadoras (SYKES; DIBNER, 2009).

Durante um longo período, entre 1965 e 1995, o governo federal também procurou construir a competência da pesquisa sobre formação de professores por meio do financiamento de investigações nacionais e da criação de centros de pesquisa sobre formação docente e sobre a aprendizagem dos professores na Universidade de Texas, em Austin, e na Universidade Estadual de Michigan. Desde então, com exceção do financiamento da Fundação Nacional da Ciência (*National Science Foundation*), disponível para pesquisa de formação de professores em áreas STEM,[12] houve muito pouco investimento do governo federal para a pesquisa sobre a formação docente.

Além disso, várias fundações privadas, particularmente a *Carnegie Corporation* e a Fundação Ford, têm historicamente investido quantias substanciais de dinheiro para melhorar a qualidade da formação de professores nos Estados Unidos, especialmente para as escolas com altos índices de pobreza.[13] Os mais de 60 milhões de dólares para o projeto "Professores para uma Nova Era" (*Teachers for a New Era*), coordenado pela *Carnegie Corporation*, entre 2001 e 2009, que buscou implantar reformas nos programas de formação de professores orientadas por um pequeno conjunto de princípios (por exemplo, o magistério é uma prática clínica ensinada academicamente) é o mais visível dos esforços recentes da fundação para transformar a formação docente norte-americana (*Carnegie Corporation*, 2006).

A segunda e mais recente resposta envolve esforços para reduzir significativamente o papel das faculdades e das universidades na formação de professores ou para desmontar o sistema de formação docente sediado nessas instituições. Tal resposta se apoia em parte na percepção generalizada a respeito da falta de vontade para mudar e para melhorar por parte dos formadores de professores das faculdades e das universidades. Dessa maneira, há uma clara tentativa de substituir o sistema atual, dominado pela formação universitária de professores, pela livre concorrência de mercado. Arthur Levine, ex-diretor de uma Faculdade de Educação e atual presidente de uma grande fundação privada, que apoia a educação nos Estados Unidos, argumentou que:

> O setor privado vê a formação docente e o desenvolvimento profissional como um campo de baixo custo e com

---

[12] STEM é uma sigla para as áreas de estudo nas categorias de ciência, tecnologia, engenharia e matemática. (N.T.)

[13] Ver Suggs; deMarrais (2011) para uma discussão sobre o investimento das fundações em professores e no magistério.

alto potencial de lucros significativos. A educação superior é considerada alta no preço, baixa no uso de tecnologia, ineficiente e fraca em liderança. Essas fraquezas fazem dela uma excelente perspectiva de investimento. (LEVINE, 2010, p. 21)

A desregulamentação da formação de professores e a crença de que a criação de um mercado competitivo para a formação docente levarão a uma maior qualidade da educação ocorrem também em muitos outros países, promovidas, muitas vezes, por governos ou agências de desenvolvimento, como o Banco Mundial e a USAID (KLEES, 2008; FURLONG; COCHRAN-SMITH; BRENNAN, 2009; ROBERTSON, 2005; TATTO, 2006). A descrença atual nos cursos de formação inicial de professores em todo o mundo pode ser ilustrada por um comentário de um funcionário do Banco Mundial, Jacob Moreno, ao falar sobre a situação da formação de professores internacionalmente:

> A formação inicial de professores é, em quase toda parte, uma das peças mais obsoletas do sistema educacional... A falta geral de confiança política e pública em sistemas de formação de professores não pode ser negada. (MORENO, 2007, p. 1)

De maneira coerente com o atual fervor da mídia nacional em criticar as faculdades de educação nos Estados Unidos como obstáculos a uma "verdadeira reforma" (HARTOCOLLIS, 2005; KRISTOF, 2006; WILL, 2006) e os cursos de formação de professores como "barreiras para entrada no magistério" (CORCORAN, 2009), as administrações Bush e Obama e várias fundações privadas influentes promoveram e continuam promovendo a desregulamentação da formação de professores e o crescimento de programas não universitários (ZEICHNER, 2010a). Um claro exemplo disso é o lançamento de um edital sobre "Inovação em Educação" pelo Ministério de Educação dos Estados Unidos, em 2010, por meio do qual 263 milhões de dólares foram disponibilizados para a promoção da "inovação" em diversos setores da educação. Os únicos projetos financiados por esse edital foram dois dos principais programas não universitários de formação de professores nos EUA: o *"Teach for America"* ($50 milhões), o *"New Teacher Project"* ($20 milhões) e o *"Boston Teacher Residency Program"*, sem fins lucrativos, ($4,9 milhões). Não foi financiado nenhum projeto apresentado por instituições de formação de professores sediadas em faculdades ou universidades.

Outro exemplo é o edital *"Race to the Top"*, recentemente lançado pelo Ministério de Educação dos Estados Unidos (CROWE, 2011), que forneceu aos estados um montante recorde de financiamento para a reforma escolar. Não coincidentemente, um dos critérios para a avaliação das melhores propostas ao *"Race to the Top"* era se os estados permitiriam que programas não universitários de formação de professores operassem dentro de suas fronteiras. Esses dois exemplos demonstram a postura contraditória da administração Obama em promover padrões mais baixos de formação de professores enquanto, ao mesmo tempo, defende padrões mais elevados no ensino fundamental.[14]

Atualmente, a formação universitária de professores não é vista como digna de investimento tanto pelo governo federal quanto por muitas fundações privadas e ambos estão derramando dinheiro em apoio a caminhos alternativos.

> À medida que aumenta o interesse em TFA e em outros programas não tradicionais, o interesse em financiar as faculdades de educação como um mecanismo para reforçar a oferta e a qualidade dos professores tem ficado para trás. (SUGGS; DEMARRAIS, 2011, p. 35)[15]

Importantes conferências, bem como notícias veiculadas pela mídia, foram inundadas por discursos que questionam a eficiência de um sistema de formação de professores sediado nas faculdades e nas universidades (Payzant de 2004, VEDDER, 2011). Levine (2010) afirmou que "há um sentimento crescente entre os críticos de que seria mais proveitoso substituir a formação universitária de professores do que tentar reformá-la" (p. 21-22).

---

[14] http://www.corestandards.org/the-standards

[15] Entre 2000 e 2010, as fundações deram 275 milhões de dólares para o *Teach for America*, o que representa mais de 1/3 de todo o aporte financeiro para o magistério e a formação de professores nos Estados Unidos, durante esse período. Isso, somado aos 50 milhões de dólares de prêmio do *Innovation in Education* do Ministério de Educação dos Estados Unidos, faz com que o investimento no TFA na última década seja de mais de 300 milhões de dólares. O corpo docente do TFA que, em 2010-2011 totalizava 8.200 professores, representava menos de 1% da força de trabalho docente nos Estados Unidos (SUGGS; DEMARRAIS, 2010).

A pouca consideração dada à formação universitária de professores por parte de muitos formuladores de políticas e da grande mídia pode ser confirmada atualmente por meio das classificações nacionais de cursos universitários de formação docente que passaram a ser realizadas, a partir de 2012, pelo *U.S. News and World Report*, em parceria com o Conselho Nacional de Qualidade do Professor (NCTQ), um tendencioso grupo que é contra a formação docente universitária,[16] cujo presidente é conhecido por defender publicamente o fim do licenciamento estadual para professores e permitir que as secretarias municipais de educação tenham autonomia para contratar quem eles acreditam que esteja apto para o trabalho, como acontece no setor privado (WALSH, 2004). Curiosamente, esse exercício de classificação de cursos de formação docente de acordo com um conjunto de critérios controversos desenvolvido pelo NCTQ (DILLON; SILVA, 2011) se concentra apenas nos cursos de formação de professores sediados nas faculdades e universidades e ignora todos os demais que formam cerca de um terço dos professores do país, apesar de haver um consenso entre todos os participantes dos debates atuais sobre formação de professores de uma ampla variedade na qualidade tanto entre cursos sediados em faculdades e universidades quanto entre outros programas de formação de professores. A falta de investimento nas faculdades e nas universidades que formam professores traz consequências graves para a formação docente universitária e ironicamente tem aumentado a incapacidade de "inovação" em muitos cursos que têm mais necessidade de reforma.

Em todo o país, a mídia local utiliza de maneira acrítica o discurso sobre o fracasso da formação docente universitária, promovido por grupos como o *New Schools Venture Fund*[17] e o *Democrats for Education*

---

[16] O *National Council on Teacher Quality* foi fundado em 2000 para fornecer uma voz nacional alternativa para as organizações de professores existentes e lutar por uma agenda de reformas abrangentes que desafiaria a atual estrutura e regulamentação da profissão. http://www.nctq.org/p/about/index.jsp

[17] O *"New Schools"* visa fomentar um mercado de organizações de formação de professores autônomas, orientadas para os resultados, e estabelecer um novo padrão para a formação de professores com a "aprendizagem centrada no aluno". O efeito disso será a proliferação de organizações de formação de professores baseadas no desempenho que produzem, consistentemente, professores cujos alunos apresentam um desenvolvimento acadêmico médio satisfatório a cada ano escolar". http://www.newschools.org/investment/people

Reform,[18] que influenciam fortemente a política de formação de professores na administração Obama e no atual Congresso Nacional estadunidense.[19] Por exemplo, o editorial do jornal *Seattle Times* do dia 7 de outubro de 2011, intitulado "Um novo foco para o debate sobre a qualidade do magistério", elogiou o elemento principal no plano do atual Ministro da Educação para a responsabilização na formação de professores que exige a avaliação de valor agregado das instituições de formação docente, e depois reeditou o seguinte comentário de um formador de professores em um fórum *on-line*. Essa citação foi, provavelmente, retirada pelo *Seattle Times* do documento oficial "*Ticket to Teach*", dos *Democrats for Education Reform*:

> Um coro crescente de críticos, incluindo proeminentes educadores, amplifica as preocupações sobre as deficiências nos cursos de formação de professores. O diretor da Escola Superior de Educação de Harvard foi citado em um fórum *on-line* do *New York Times* ao dizer que dos 1.300 cursos de formação docente do país apenas cerca de 100 faziam um trabalho competente. O restante poderia ser fechado amanhã, disse Kay Merseth, de Harvard. (p. A.13)

Esse tipo de descrição depreciativa dos cursos universitários de formação de professores tem sido repetido inúmeras vezes em jornais locais de todo o país.[20] Não importa se não é verdade que existam apenas 1.300 *cursos* de formação de professores no país ou a afirmação do Ministro da Educação de que "apenas 50 por cento dos atuais licenciandos passaram por estágio supervisionado" (p. 5). Parece que as pessoas podem dizer o que quiserem ou chamar as coisas da maneira que quiserem e suas afirmações são assumidas pelo seu valor

---

[18] http://www.dfer.org/2011/01/dfer_for_teache_1.php

[19] Por exemplo, o documento oficial dos *Democrats for Education Reform*, "*Ticket to Teach*", se tornou a base para o projeto de lei que está tramitando atualmente no Congresso Nacional estadunidense que autoriza programas do tipo "*charter*" para formação de diretores e de professores.

[20] Os boletins semanais "*News Stream*", da Associação Americana de Faculdades para a Formação de Professores (*American Association of Colleges for Teacher Education*), postam regularmente esses tipos de artigos e editoriais (press@aacte.org).

nominal.[21] Quando o Conselho Nacional sobre a Qualidade do Professor (*National Council on Teacher Quality*) escreve um relatório sobre a formação universitária de professores, este é coberto pela mídia nacional (Levin, 2011) como se tivesse sido avaliado por meio de um processo independente de revisão por pares. Não parece importar se esses relatórios passaram ou não por uma avaliação independente.

Juntamente com a falta de investimento por parte do governo federal e das fundações, observa-se uma maior desregulamentação dos cursos de formação de professores nos estados onde a maioria continua a reduzir substancialmente o seu apoio financeiro às universidades públicas que ainda formam a maior parte dos professores do país (Newfield, 2008). A falta de recursos advindos do governo federal e das fundações privadas e os contínuos cortes de financiamento dos estados nas universidades públicas tornam extremamente difícil o funcionamento, sem falar na "inovação", dos cursos universitários de formação de professores nos Estados Unidos.

Além disso, novos modos punitivos de responsabilização foram trazidos para a formação de professores, embora tenham sido questionados por muitos especialistas em avaliação. O mais polêmico deles, que é o aspecto mais importante do novo projeto do Ministério de Educação para formação de professores (Duncan, 2011), é avaliar e classificar a formação de professores em cursos universitários com base nos resultados de testes padronizados dos alunos lecionados por seus egressos (Zeichner, 2011). Isso é equivalente a avaliar as escolas de medicina de acordo com o número de pacientes curados pelos médicos que se formaram em diferentes escolas médicas ou, em outro nível, considerar as faculdades de ciências econômicas responsáveis pelo terrível estado da economia do país ou afirmar que as escolas de medicina são responsáveis pelos indiscutíveis problemas em nosso sistema de saúde. Todas as preocupações levantadas por especialistas em avaliação sobre o uso das notas dos alunos em testes para avaliar a qualidade da docência (Economic Policy Institute, 2010) e os problemas adicionais que são levantados por se tentar usar esse mesmo método para vincular as notas dos alunos em testes ao desempenho

---

[21] Ver a análise de Libby e Sanchez (2011) sobre os interesses corporativos defendidos pelo grupo "*Stand for Children*".

dos professores e, depois, aos seus cursos de formação docente, têm sido ignorados pelos formuladores de políticas (ZEICHNER, 2011). Supreendentemente, a Louisiana e o Tennessee, dois dos estados com os piores desempenhos de escolas públicas do país, se tornaram modelos para a reforma de responsabilização dos cursos de formação de professores nos Estados Unidos (BAKER, 2011).[22]

Há uma série de outras maneiras, mais razoáveis e mais benéficas do que classificações de cursos baseadas em "valor agregado", para fortalecer o sistema de responsabilização na formação de professores, incluindo um credenciamento nacional dos cursos, obrigatório e mais rigoroso, o desenvolvimento de uma avaliação de desempenho de alta qualidade que inclua algum componente sobre a aprendizagem dos alunos e padrões mais elevados de exames estaduais de licenciamento para o exercício do magistério (DARLING-HAMMOND, 2010b; PECHEONE; CHUNG, 2006; ZEICHNER, 2011). Para além de simplesmente identificar os cursos de formação de professores fracos e fortes, também é importante que um sistema de responsabilização para a formação docente apoie a melhoria dos cursos fracos. Mesmo os mais fervorosos defensores do uso da responsabilização com base no valor agregado, tais como Harris (2011), afirmam que há pouca evidência de que o uso dessa abordagem tem melhorado o ensino e a aprendizagem.

Nossa experiência recente, no estado de Washington, com a classificação de instituições de formação de professores, baseada no "valor agregado", no que diz respeito à formação de professores alfabetizadores e de matemática (GOLDHABER; LIDDLE, 2011), confirma as conclusões de Harris e não apresenta nada de útil para a compreensão de como a seleção e as características específicas dos cursos de formação contribuem para tais classificações de valor agregado e "não oferece nenhuma orientação sobre como melhorar os cursos de formação de professores" (p. 32).

Embora seja verdade que tanto a responsabilização profissional, por meio de mecanismos de credenciamento, quanto a responsabilização

---

[22] Embora o *Teach for America*, o programa favorito dos financiadores nos últimos anos, colete dados sobre o desempenho de seus professores, este não disponibiliza nenhum desses dados para o público. O diretor do TFA, Wendy Kopp, procura se defender, dizendo "Nós simplesmente não sentimos que ele (o TFA) é responsável por divulgar [os dados]... Há muitas falhas no nosso sistema" (AMARILO, 2011).

burocrática, por meio de políticas estaduais de aprovação de curso, não conseguiram fechar ou melhorar alguns cursos fracos,[23] a solução para essa situação, no meu entender e na opinião do recente Painel do Conselho Nacional de Pesquisa sobre a Formação Docente (NRC, 2010), é estudar e reformular o sistema, e não destruí-lo.

O apoio para programas não universitários de formação de professores continua a aumentar, e tanto as instituições independentes de formação docente, e sem fins lucrativos quanto as *com* fins lucrativos (incluindo o *New York Times* e o Museu Americano de História Natural) abrem muitos programas novos em todo o país. A visão dominante, atualmente, entre os formuladores de políticas e o público em geral, é que os Estados Unidos precisam reduzir muito o papel das universidades na formação de professores e se mover em direção a programas mais curtos, mais "práticos" e baseados em uma formação clínica. Argumenta-se que trazer uma "gama mais ampla de especialização e competição" para a formação docente vai promover a "inovação" e aumentar a qualidade global dos programas de formação de professores (*Democrats for Education Reform*, 2011). Apesar dessas nobres intenções, os investidores privados podem ganhar muito dinheiro se a formação de professores nos Estados Unidos seguir a lógica de uma economia de livre mercado.[24]

Alguns dos programas não universitários recentemente aprovados pelo estado, como o *"A+ Texas Teachers"*, prometem "acesso rápido, barato e fácil" para a profissão docente,[25] enquanto outros programas, mesmo não sediados em universidades, oferecem uma formação mais substancial para o magistério (GROSSMAN; LOEB, 2008). Um dos aspectos desse movimento para privatizar o que tem sido basicamente um sistema público de formação de professores nos Estados Unidos, é um esforço para abrir programas de formação de professores do tipo *charter*, como a *"Relay Graduate School of Education"*, que surgiu

---

[23] Ver Darling-Hammond (1989) para uma discussão sobre as diferentes formas de responsabilização na educação.

[24] Uma questão fundamental subjacente a esse debate é se a educação e a formação de professores são, antes de mais nada, bens públicos para benefício de indivíduos específicos ou bens públicos que beneficiam o bem comum da nação (TYACK, 2003).

[25] <http://www.texasteachers.org/our-company/>. Esse programa especial se refere a si mesmo como um líder na "indústria" de formação de professores.

no Estado de Nova Iorque para formar professores para as escolas de tipo *charter*[26] (GONEN, 2011). Em troca do que eles alegam ser padrões mais elevados (por exemplo, a conclusão do programa depende da demonstração da capacidade de elevar as notas dos alunos em testes), esses programas de tipo *charter* para formar professores querem ser dispensados de muitas regulações estaduais que regem os cursos de formação docente nas faculdades e universidades. Um projeto de lei foi apresentado, em junho de 2011, no Congresso Nacional dos Estados Unidos para apoiar a abertura de mais programas de formação de professores do tipo *charter* em todo o país, que competiriam com os cursos de faculdades e universidades, mas não seriam sujeitos a mesmas exigências de responsabilização a que essas últimas estão subordinadas (*Democrats for Education Reform*; RILEY, 2011). Não surpreende que o *New Schools Venture Fund*, uma organização sem fins lucrativos que investe dinheiro em educação fornecido por investidores individuais e institucionais, promova um forte *lobby* em nome desse projeto de lei.[27]

Hess (2009), do *American Enterprise Institute*, explicitou um ponto de vista que é compartilhado por muitos outros (FRASER, 2002; WALSH, 2004), quando propôs dissociar a formação de professores das instituições de ensino superior em vez de exigir investimentos na melhoria dos cursos sediados nessas instituições. Hess e muitos outros querem criar um sistema em que a formação do professor seja controlada por secretarias municipais de educação. Ele defende:

> Uma mudança do pressuposto de que o treinamento de professores deveria ser necessariamente conduzido por instituições de ensino superior, em direção a um modelo mais diversificado que se apoia em instituições especializadas, responsáveis por uma preparação personalizada voltada para obrigações específicas e, no momento certo, para o desenvolvimento e aquisição de habilidades específicas. O abandono do modelo-padrão das faculdades e universidades cria novas oportunidades. Em vez de se esforçar para colocar essas instituições em contacto com mentores locais a fim de aumentar a qualidade da prática docente, os

---

[26] Uma escola *charter* é um tipo de escola pública independente, que não é administrada por uma rede municipal de ensino. (N.T.)

[27] <http://www.newschools.org/blog/why-we-need-great-colleges-of-education>.

novos modelos podem promover ações locais para sediar o treinamento em espaços mais amigáveis para o cliente e para importar experiência acadêmica e a estrutura que considerem úteis. (p. 456)

Dois modelos de formação docente e duas visões sobre o papel do magistério

Atualmente há duas abordagens gerais para a formação de professores nos Estados Unidos, apesar da ampla diversidade entre os cursos e programas existentes (por exemplo, seletividade nas admissões, variações curriculares). Em primeiro lugar, há cursos universitários em que toda a formação inicial dos professores é concluída antes de os futuros docentes assumirem plena responsabilidade por uma sala de aula. Por outro lado, existem programas de "imersão" ou "ingresso direto" em que grande parte da formação inicial dos professores é completada pelos futuros docentes enquanto são plenamente responsáveis por alunos em uma sala de aula.

O apoio a modelos alternativos em relação à hegemonia da universidade sobre a formação de professores não é necessariamente uma coisa ruim. Há uma ampla diversidade em termos de qualidade, tanto nos programas de "imersão" quanto nos cursos sediados em universidades (GROSSMAN; LOEB, 2008; ZEICHNER; CONKLIN, 2005), e a introdução de modelos diferentes pode potencialmente estimular a "inovação" e ajudar a melhorar todos os tipos de programas de formação de professores. Apesar das melhorias que foram feitas, nos últimos anos, em muitos cursos universitários de formação docente, existe, claramente, a necessidade de novas mudanças significativas (NCATE, 2010).

Wilson e Tamir (2008) defendem que existem elementos progressistas nas críticas à formação de professores nas universidades. Tais críticas recaem sobre o fracasso desses cursos em formar professores em número suficiente que realmente optem por lecionar, sejam bem-sucedidos e fiquem mais tempo em escolas que atendem alunos que vivem na pobreza. Dentro da formação docente universitária e da não universitária, há tanto falta de comprometimento quanto compromisso genuíno de maior justiça para aqueles que, atualmente, não são bem

34 POLÍTICAS DE FORMAÇÃO DE PROFESSORES NOS ESTADOS UNIDOS

servidos por nossas escolas públicas. Há uma grande diferença, entretanto, entre prover múltiplos caminhos para o magistério e buscar desmantelar o sistema universitário de formação docente que continua a formar a maioria dos professores do país.

É importante notar que muitas alternativas de "imersão" no magistério que existem atualmente estão intimamente ligadas a uma visão extremamente técnica sobre o papel dos professores e aos esforços para minar a autonomia universitária e dos docentes. Ao contrário das muitas recomendações internacionais para reconhecer o magistério como atividade complexa que demanda trabalho intelectual e envolve conhecimentos e habilidades especializados (GOPINATHAN *et al.*, 2008), o foco em alguns dos novos programas está em formar professores para servirem como "tarefeiros" que simplesmente implementam estratégias curriculares roteirizadas, em vez de formar professores como profissionais que, além de conhecimentos técnicos, também adquirem experiência adaptativa, ou seja, são capazes de fazer julgamentos sobre a sala de aula, ajustando o seu ensino para atender às necessidades de seus alunos (ZEICHNER; NDIMANDE, 2009).[28]

Essa tendência de formar professores como técnicos e de minimizar o custo financeiro de sua formação também pode ser vista claramente em outros países, tal como o uso generalizado de "paraprofessores" na Índia (KUMAR; PRIYAM; SAXENA, 2001), professores "plasma" na Etiópia (DAHLSTROM; LEMA, 2009) e a crescente ênfase sobre os professores como meros executores de *scripts* de ensino elaborados por outros (COMPTON; WEINER, 2008).[29]

É importante ressaltar que a diferença entre a visão de professores como profissionais e como técnicos não é se os docentes são preparados para usar um determinado conjunto de habilidades de ensino que são baseadas em pesquisa, consenso profissional ou, em alguns

---

[28] Atualmente as 49 estratégias de ensino no *"Teaching Like a Champion"* (LEMOV, 2010) são um exemplo bastante conhecido nos Estados Unidos da abordagem da docência baseada em habilidades que tem sido adotada em alguns cursos de formação de professores. Esse conjunto particular de estratégias é um aspecto importante do "treinamento" dado aos professores da *Relay Graduate School of Education*, que foi criada em Nova Iorque, como uma alternativa aos cursos universitários para formar professores para as várias redes de escolas do tipo *charter*.

[29] Ver <http://www.teachersolidarity.com/blog/>.

casos (LEMOV, 2010), em observações das práticas de bons professores. A visão do professor, tanto como orientação técnica quanto como profissional, deve fornecer aos docentes as ferramentas e habilidades de que precisam para serem eficazes no apoio à aprendizagem dos alunos.

A diferença entre esses dois pontos de vista é que o professor com uma visão profissional vai além de prover professores com competências de docência e de gestão mas busca também garantir que esses profissionais tenham amplo conhecimento sobre os contextos social e político em que trabalham incluindo vastos conhecimentos sobre as comunidades em que vivem seus alunos (GONZALES; MOLL; AMANTI, 2005), e dos diferentes aspectos ligados à docência, tais como, a avaliação, aprendizagem e teoria do desenvolvimento e teorias sobre como as línguas são adquiridas. Uma formação profissional para os professores também procura ajudá-los a aprender como exercer o seu julgamento na sala de aula e adaptar o que fazem para atender as diferentes necessidades dos seus alunos e para aprender a aprender na e a partir de sua prática, de modo que continuem a se tornar melhores professores ao longo de sua carreira e sejam participantes ativos na reinvenção da escola (DARLING-HAMMOND, 1999).[30]

O futuro do magistério
e da formação de professores

O papel das vias alternativas para o magistério tem sido, há muito tempo, parte da formação de professores nos Estados Unidos, e a pesquisa sobre diferentes modelos de formação docente sustenta a necessidade de diferentes caminhos para o magistério que proporcionem o acesso à docência para os indivíduos em diferentes estágios da vida e em diferentes circunstâncias de vida. No entanto, é evidente, a partir da pesquisa, como assinalei antes, que há uma vasta diversidade na qualidade tanto nos cursos universitários quanto nos programas oferecidos por outras instituições (*National Research Council*, 2010), e que há cursos e programas fracos de todos os tipos que deveriam ser melhorados ou fechados.

---

[30] Ambas as perspectivas concordam com a importância de os professores terem um conhecimento mais profundo sobre o conteúdo que são responsáveis por ensinar.

A pesquisa começou a fornecer uma compreensão mais clara a respeito das características dos cursos "eficazes" de formação docente, que formam professores que promovem a aprendizagem dos alunos nas áreas urbanas e rurais do país mais desprovidas economicamente (BOYD *et al.* 2008; DARLING-HAMMOND, 2006; GROSSMAN; LOEB, 2008). Por exemplo, a presença de uma visão clara e compartilhada do que seja um bom ensino e uma boa aprendizagem que permeie todas as disciplinas/etapas do curso/programa, além dos estágios, é um exemplo de uma dessas características (DARLING-HAMMOND, 2006). O objetivo seria apoiar os bons cursos/programas de formação de professores e melhorar ou fechar cursos/programas fracos patrocinados quer seja por universidades, quer seja por outras instituições.

Problemas com o desinvestimento na formação universitária de professores

Existem vários problemas com a atual falta de investimento na formação universitária de professores e, ao mesmo tempo, são disponibilizados recursos vultosos para promover outros modelos de formação. A primeira controvérsia é sobre a questão da competência para formar novos professores. Apesar do crescimento exponencial de vários caminhos alternativos para o magistério, desde a década de 1980, como foi observado anteriormente, as faculdades e universidades continuam a formar entre 70 e 80% dos professores nos Estados Unidos (*National Research Council,* 2010; Ministério da Educação dos EUA, 2009). Uma vez que existem nos Estados Unidos mais de 3,6 milhões de professores, é duvidoso que um sistema alternativo, que não inclua um envolvimento significativo das faculdades e universidades, possa ser desenvolvido por defensores da concorrência de livre mercado na formação de professores (FALLON, 2010).

No atual ambiente político dos Estados Unidos, atrair e preparar indivíduos academicamente talentosos para o magistério é um elemento central nos debates sobre como melhorar a educação escolar (BARBER; MOURSHED, 2007). No entanto, como Paine (2011) apontou, esse elemento da reforma da educação tem sido muitas vezes traduzido por meio de uma ênfase sobre "atrair indivíduos academicamente talentosos" e reduzindo-se a importância dada ao conteúdo da formação de professores. Nas palavras de Paine,

> No relatório *Closing the Gap Talent*, discute-se como melhorar a profissão docente por meio do desenvolvimento de um melhor desempenho (das escolas e dos sistemas). No entanto, o relatório se concentra muito mais em questões em torno da entrada para o magistério (como recrutar as pessoas certas) e muito menos sobre o que a formação realmente deve requerer. Estratégias desenvolvidas por países com os melhores desempenhos (Cingapura, Finlândia e Coreia do Sul, como os casos destacados no relatório) são dignas de ser imitadas. Porém, há uma relativa falta de discussão sobre o conteúdo da formação inicial de professores e nenhum questionamento substantivo sobre o que implica uma rigorosa formação do professor. (p. 6-7)

Esse foco quase exclusivo na captação dos "melhores e mais brilhantes" para o magistério, mesmo que somente por alguns anos, por meio de programas de "imersão", como o *New Teacher Project* e o *Teach for America*, não ajudará a resolver o problema de proporcionar a todos os alunos nos Estados Unidos um professor plenamente preparado e eficaz. Como Grossman (2008, p. 13) afirma, "Nós nunca seremos capazes de recrutar todos os professores de que precisamos das fileiras de estudantes das universidades de elite".

Em segundo lugar, há também uma questão legítima que deve ser levantada sobre a capacidade das redes municipais de ensino, carentes de recursos financeiros, assumirem as responsabilidades de um sistema de formação de professores sediado na escola sem que haja uma injeção de recursos adicionais. Sediar a formação docente nas escolas sem construir nessas instituições a competência para lidarem com o seu crescente papel na formação inicial de professores resultará em uma situação como a que ocorreu no Reino Unido, em que a transferência da formação para a escola serviu apenas para reproduzir o *status quo*.

> A experiência nas escolas proporciona simplesmente uma oportunidade de receber ou de aculturar-se às práticas existentes do ambiente escolar com ênfase sobre a reprodução de comportamentos rotinizados e o desenvolvimento de virtudes burocráticas, tais como a complacência... (ELLIS, 2010, p. 106)

Em terceiro lugar, é fundamental seguir o exemplo de municípios que hoje lideram o mundo em termos do desempenho educacional dos alunos, preservando e reforçando o papel das faculdades e universidades na formação de um consistente corpo docente profissional que constrói toda sua carreira no magistério (TUCKER, 2011). As faculdades e universidades podem contribuir, de maneira original, para a formação profissional de professores a fim de ajudá-los a aprender a usar a pesquisa baseada em práticas de ensino e de avaliação, para situar a sua docência em relação aos contextos histórico, político e institucional em que trabalham, para aprender a aprender na e a partir de sua prática e a tomar decisões em sala de aula para adaptar o seu ensino às novas necessidades de seus alunos e para serem participantes ativos na reinvenção da escola (DARLING-HAMMOND, 1999; GOODLAD, 1990). A solução para os problemas da formação universitária de professores é redesenhar e fortalecer o sistema, e não abandoná-lo.

Nenhum município no mundo de hoje, que tenha sido bem-sucedido em comparações internacionais de desempenho dos alunos, atingiu o seu sucesso baseando-se em uma economia de livre mercado na formação de professores (DARLING-HAMMOND, 2010a). Apesar do sucesso de algumas escolas de tipo *charter*, a privatização e a proliferação de escolas desse tipo no nível fundamental (CREDO, 2009) não se prenuncia nada de bom para o esforço semelhante que atualmente está em andamento para desregular consideravelmente a formação de professores nos Estados Unidos.

Finalmente, há uma crença subjacente à boa parte do movimento para privatizar a educação pública e a formação de professores de que a principal causa dos problemas de desigualdades na educação é a existência de maus professores e cursos de formação de professores ruins.[31] Se pudermos simplesmente demitir os maus professores e fechar os cursos ruins de formação docente e transformar a educação pública e a formação de professores dentro de uma lógica da concorrência de

---

[31] O atual Ministro de Educação dos Estados Unidos afirma que a maioria dos cursos universitários faz um trabalho medíocre na formação de professores ao associar as desigualdades dos estudantes na escola pública com os professores "ineficazes" (DUNCAN, 2009). O Ministro da Educação anterior defendia a ideia de que a participação em um curso de formação de professores deveria ser opcional (PAIGE, 2002).

livre mercado, tudo ficará bem. Essa narrativa ignora a esmagadora evidência que associa as desigualdades na educaçação às desigualdades na sociedade em geral, como a falta de acesso à habitação, à nutrição, aos empregos que pagam um salário decente, à saúde, aos cuidados na primeira infância e assim por diante (BERLINER, 2006; ROTHSTEIN, 2004).

Apesar de uma clara necessidade de melhorar a formação universitária de professores, os cursos universitários de formação docente são tão responsáveis pela crise de desigualdade na educação pública quanto as faculdades de ciências econômicas o são para o colapso da economia dos Estados Unidos e as crescentes desigualdades na sociedade em geral. Noguera (2011) desafia a lógica de políticas que afirmam que as diferenças de oportunidades e de aprendizagem para os alunos que vivem na pobreza podem ser eliminadas apenas por meio de intervenções na escola.

> Tornou-se moda para os formuladores de políticas e reformadores criticarem qualquer um que aponta para a pobreza como um obstáculo à aprendizagem e a um maior desenvolvimento. Ao dizerem em voz alta que "não há desculpas", esses reformadores apregoam que um grande número de professores "ineficazes" em sala de aula, e não a pobreza, são os obstáculos reais para a melhoria dos resultados educacionais para as crianças pobres. Enquanto, definitivamente, é fato que as crianças pobres precisam de professores e de diretores dedicados, apaixonados e competentes, para serem bem-sucedidas, não há nenhuma evidência de que mesmo as melhores escolas podem superar os efeitos da pobreza por conta própria. (p. 9)

A resposta da formação universitária de professores

Apesar dos problemas indiscutíveis na formação universitária de professores nos Estados Unidos terem sido apontados por críticos externos e pelos próprios docentes das faculdades de educação (GOODLAD, 1990; LEVINE, 2005; HOLMES GROUP, 1996), das melhorias que foram feitas em muitos cursos universitários ao longo do tempo (DARLING-HAMMOND; BRANSFORD, 2005), e da existência de uma série de programas exemplares (DARLING-HAMMOND, 2006), existe hoje um movimento crescente na formação de professores sediada nas faculdades e universidades dos Estados Unidos para responder a alguns dos problemas permanentes que prejudicaram a sua eficácia: (a) trazer a formação inicial dos professores para mais perto da prática a fim de realizar parte da preparação dos novos professores (por exemplo, os cursos de metodologia de ensino) nos contextos em que os licenciandos, mais tarde, lecionarão, e (b) reforçar o componente clínico na formação de professores, investindo nas escolas para servirem como locais para a formação docente clínica e para os professores experientes servirem como mentores (NCATE, 2010). Há um número crescente de exemplos de um novo modelo de formação universitária de professores, mais conectada e baseada na escola, em que a responsabilidade pela formação docente é compartilhada entre escolas, universidades e, por vezes, associações comunitárias (ZEICHNER, 2010b).

Houve também um crescimento dos cursos híbridos (por exemplo, residências pedagógicas em escolas urbanas) que se centram em uma rigorosa formação clínica baseada na docência, sob a supervisão de um professor experiente, que tira proveito dos pontos fortes dos formadores de professores tanto da universidade quanto da escola (BERRY et al. 2008). Cuidadosamente estruturada e bem supervisionada, a experiência clínica, como aquelas que existem na formação de outros profissionais, é absolutamente essencial para a formação dos professores, independentemente do caminho tomado para o magistério (BALL; COHEN, 1999).

Sabemos bem, a partir das pesquisas existentes, quais os investimentos que devem ser feitos para fornecer esse tipo de experiência a todos os professores iniciantes, por exemplo, a seleção cuidadosa de locais "clínicos" de estágio, a preparação e o apoio contínuo para os mentores e para as escolas que servem como locais de formação clínica, e o desenvolvimento de avaliações mais rigorosas a respeito do sucesso desses esforços nas práticas dos licenciandos, bem como em sua capacidade de promover a aprendizagem dos alunos após a conclusão de sua formação inicial (NCATE, 2010). A partir das pesquisas, sabemos também quais as consequências negativas de não proporcionar uma experiência clínica significativa e bem supervisionada para os professores antes de assumirem o trabalho docente (VALENCIA et al. 2009).

Conclusão

Atualmente, se vive uma situação, nos Estados Unidos, em que há graves desigualdades entre os tipos de formação docente oferecidos para os professores que trabalham em diferentes comunidades. Como mencionei anteriormente, a maioria dos professores que entra no magistério por meio de um programa de "via rápida" ou de "imersão" – em que a maior parte da formação acontece enquanto os professores iniciantes trabalham como designados e são plenamente responsáveis por uma sala de aula – leciona em comunidades urbanas e rurais pobres e "de cor" (CORCORAN, 2009; DARLING-HAMMOND, 2004; PESKE; HAYCOCK, 2006). Esses mesmos professores "despreparados" não são encontrados nas escolas públicas da classe média e média alta.

Tratar das graves desigualdades de oportunidades educacionais e dos resultados que continuam a atormentar nossas escolas públicas exigirá um investimento significativo em redesenhar o sistema universitário de formação de professores nos Estados Unidos, de modo que ele se baseie mais na formação clínica e se concentre mais nos contextos específicos em que os professores atuarão. Esse novo sistema deve integrar melhor o corpo docente e de funcionários das faculdades e universidades com a experiência e o conhecimento que existem nas escolas "bem-sucedidas" e nas comunidades em que estão inseridas para formar profissionais da carreira de magistério que todas as crianças merecem (ZEICHNER, 2009; 2010b).

Não há razão para acreditar, em função do fracasso das experiências de desregulamentação e da lógica de "livre mercado", que a tendência atual para desmantelar a formação universitária de professores e substituí-la por uma lógica de "economia de livre mercado" resultará em algo positivo para a nação. Continuar nesse caminho, servirá apenas para ampliar as desigualdades que existem atualmente entre diferentes segmentos da população e da educação pública.

Referências

ARMARIO, C. Big Expansion, Big Questions For Teach For America. *Boston Globe,* Nov. 27, 2011. Disponível em: <www.fromboston.com>. Acesso em: 29 nov. 2011.

ARTILES, A.; HARRY, B. RESCHLY, D.J.; CHINN, P. C. Over Identification of Students of Color In Special Education: A Critical Overview. *Multicultural Perspectives*, v. 4, n. 1, p. 3-10, 2002.

ASIA SOCIETY. *Improving Teacher Quality Around the World: The International Summit on the Teaching Profession*, 2011. Disponível em: <http://asiasociety. org/education/learning-world/worlds-education-leaders-support-teachers>. Acesso em: 17 set. 2011.

AMERICAN FEDERATION OF TEACHERS. *Meeting the Challenge: Recruiting and Retaining Teachers In Hard-To-Staff School*, 2007. Disponível em: <http://www.aft.org/pubs/reports/downloads/teachers/h2s.pdf>. Acesso em: 17 set. 2011.

AUGUSTE, B.; KIHN, P.; MILLER, M. *Closing the Talent Gap: Attracting and Retaining Top-Third Graduates to Careers in Teaching*. London: McKinsey e Co., 2010.

BAINES, L. *The Teachers We Need Vs. The Teachers We Have*. Lanham, MD: Roman & Littlefield, 2010.

BAKER, B. *Rating Ed Schools by Student Outcome Data?* Boulder, CO: National Education Policy Center, 2011. Disponível em: <http://nepc.colorado.edu/ blog/rating-ed-schools-student-outcome-data>. Acesso em: 1º out. 2011.

BALL, D. L.; COHEN, D. Developing Practice, Developing Practitioners: Toward a Practice-Based Theory of Professional Education. In: DARLING-HAMMOND, L.; SYKES, G. (Eds.). *Teaching as the Learning Profession: Handbook of Policy and Practice*. San Francisco: Jossey-Bass, 1999. p. 3-32.

BARBER, M.; MOURSHED, M. *How the World's Best Performing School Systems Come Out on Top*. London: McKinsey & Co., 2007.

BERLINER, D. Our Impoverished View of Educational Reform. *Teachers College Record*, v. 108, n. 6, p. 949-995, 2006.

BERRY, B.; MONTGOMERY, D. *et al. Creating and Sustaining Urban Teacher Residencies: A New Way to Recruit, Prepare and Retain Effective Teachers in High Needs Districts*. Aspen: Center for Teacher Quality/The Aspen Institute, 2008.

BOYD, D., GROSSMAN, P.; LANKFORD, H.; LOEB, S.; WYCKOFF, J. Surveying the Landscape of Teacher Education in New York City: Constrained Variation and the Challenge of Innovation. *Educational Evaluation and Policy Analysis*, v. 30, n. 4, p. 319-343, 2008.

CAREY, K. *The Funding Gap: Many States Shortchange Low Income and Minority Students*. Washington, D.C.: The Education Trust, 2004.

CARNEGIE CORPORATION. *Teachers for a New Era: Transforming Teacher Education*. New York: Carnegie Corporation, 2006.

CARROLL, T. G.; FULTON, K.; DOERR, H. *Twenty-First Century Teaching and Learning: What Research and Practice Reveal about Professional Learning*. Washington, D.C.: National Commission on Teaching and America's Future, 2010.

COMPTON, M.; WEINER, L. (Eds.). *The Global Assault on Teaching, Teachers and Their Unions*. New York: Palgrave Macmillan, 2008.

CONSTANTINE, J.; PLAYER, D.; SILVA, T.; HALLGREN, K.; GRIDER, M.; DRAKE, J. *An Evaluation of Teachers Trained Through Different Routes to Certification*. Washington, D.C.: U.S. Department of Education, 2009.

CORCORAN, S. P. Human Capital Policy and the Quality of the Teacher Workforce. In: GOLDHABER, D.; HANNAWAY, J. (Eds.). *Creating a New Teaching Profession*. Washington, D.C.: Urban Institute Press, 2009. p. 29-52.

COREY, S. Controversy in Teacher Education: The Central Issue. *Teachers College Record,* v. 59, n. 8, p. 433-440, 1958.

CENTER FOR RESEARCH ON EDUCATION OUTCOMES. *Multiple choice: Charter School Performance in Sixteen States*. Stanford, CA: Stanford University. Disponível em: <http://credo.stanford.edu>. Acesso em: 21 dez. 2010.

CROWE, E. *Race to the Top and Teacher Preparation: Analyzing State Strategies for Ensuring Real Accountability and Fostering Program Innovation*. Washington, D.C.: Center for American Progress, 2011.

DAHLSTROM, L.; LEMMA, B. Critical Perspectives on Teacher Education in Neo-Liberal Times: Experiences from Ethiopia and Namibia. *SARS,* v. 14, n.1-2, p. 29-42, 2009.

DARLING-HAMMOND, L. Accountability for Professional Practice. *Teachers College Record,* v. 91, n. 1, p. 59-80, 1989.

DARLING-HAMMOND, L. The Case for University Teacher Education. In: ROTH, R. (Ed.). *The Role of the University in the Preparation of Teachers* New York: Routledge, 1999. p. 13-30.

DARLING-HAMMOND, L. Inequality and the Right to Learn: Access to Qualified Teachers in California's Public Schools. *Teachers College Record,* v. 106, n. 10, p.1936-1966, 2004.

DARLING-HAMMOND, L. *Powerful Teacher Education*. San Francisco: Jossey Bass, 2006.

DARLING-HAMMOND, L. *The Flat World and Education*. New York: Teachers College Press, 2010a.

DARLING-HAMMOND, L. *Evaluating Teacher Effectiveness: How Teacher Performance Assessments Can Measure and Improve Teaching*. Washington, D.C.: Center for American Progress, 2010.

DARLING-HAMMOND, L.; BRANSFORD, J. (Eds.). *Preparing Teachers For A Changing World*. San Francisco: Jossey Bass, 2005.

DECKER, P.T.; MAYER, D. P.; GLAZERMAN, S. Alternative Routes to Teaching: The Impact of Teach for America on Student Achievement and Other Outcomes. *Journal of Policy Analysis and Management*, v. 25, n. 1, p. 75-96, 2006.

DELPIT, L. *Other People's Children: Cultural Conflict in the Classroom*. New York: Free Press, 2005.

DEMOCRATS FOR EDUCATION REFORM. *Ticket to Teach*: 2011. Disponível em: <http://edreform.blogspot.com/2011/01/ticket-to-teach.html>. Acesso em: 1° out. 2011.

DILLON, E.; SILVA, E. Grading Teachers' Teachers: Higher Education Comes Under Scrutiny. *Phi Delta Kappan*, v. 93, n. 1, p. 54-58, 2011.

DONALDSON, M. L.; JOHNSON, S. M. Teach For America Teachers: How Long Do They Teach? Why Do They leave? *Phi Delta Kappan*, v. 93, n. 2, 47-52, 2011.

DUNCAN, A. *Teacher Preparation: Reforming an Uncertain Profession*. Address by the U.S. Secretary of Education, Teachers College, Columbia University. October, 2009.

DUNCAN, A. *Our Future, Our Teachers: The Obama Administration Plan for Teacher Education Reform and Improvement*. Washington, D.C.: U.S. Department of Education, 2011.

DUNCAN, G.; MURNANE, R. (Eds.). *Whither Opportunity? Rising Inequality, Schools, and Children's Life Chances*. New York: Russell Sage Foundation, 2011.

ECONOMIC POLICY INSTITUTE. *Problems With The Use of Student Test Scores to Evaluate Teachers*. Washington, D.C.: August, 2010.

ELLIS, V. Impoverishing Experience: The Problem of Teacher Education in the U.K. *Journal of Education for Teaching, v.* 36, n.1, p. 105-120, 2010.

EMIHOVICH, C.; DANA, T.; VERNETSON, T.; COLON, E. Changing Standards, Changing Needs: The Gauntlet of Teacher Education Reform. In: P. EARLEY, P.; IMIG, D.; MICHELLI, N. (Eds.). *Teacher Education Policy in the U.S.* New York: Routledge, 2011. p. 47-69.

FALLON, D. A Golden Age for Teacher Education. *Phi Delta Kappan,* v. 92, n. 2, 33-35, 2010.

FRASER, J. A Tenuous Hold. *Education Next:* 2002. Disponível em: <http://www.aei.org>. Acesso: 30 ago. 2013.

FRASER, J. *Preparing America's Teachers: A History*. New York: Teachers College Press, 2007.

FEISTRITZER, E.; HAAR, C. *Alternative Routes to Teaching.* New Jersey: Pearson, 2008.

FURLONG, J.; COCHRAN-SMITH, M.; BRENNAN, M. (Eds.). *Policy and Perspectives in Teacher Education: International Perspectives.* London: Routledge, 2008.

GATLIN, D. A Pluralistic Approach to the Revitalization of Teacher Education. *Journal of Teacher Education,* v. 60, n. 5, p. 469-477, 2009.

GOLDHABER, D.; LIDDLE, S. *The Gateway to the Profession: Assessing Teacher Preparation Programs Based on Student Achievement.* Bothell, WA: Center for Education Data and Research, 2011.

GONEN, Y. Charters Get Own Education Graduate School. *New York Post,* Feb. 15, 2011. Disponível em: <www.nypost.com>. Acesso em: 15 maio 2011.

GONZALES, N.; MOLL, L.; AMANTI, C. (Eds.). *Funds of Knowledge: Theorizing Practices in Households, Communities, and Classrooms.* New York: Routledge, 2005.

GOPINATHAN, S. *et al. Transforming Teacher Education: Redefined Professionals for 21*[st] *Century Schools.* Singapore: Institute of Education and the International Alliance of Leading Education Institutes, 2008.

GOODLAD, J. *Teachers for our Nation's Schools.* San Franciso: Jossey-Bass, 1990.

GROSSMAN, P. Responding to Our Critics: From Crisis to Opportunity in Research on Teacher Education. *Journal of Teacher Education,* v. 59, n. 1, p. 10-23, 2008.

GROSSMAN, P.; LOEB, S. (Eds.). *Alternative Routes to Teaching: Mapping the New Landscape of Teacher Education.* Cambridge, MA: Harvard Education Press, 2008.

HALL, D. *Graduation Matters: Increasing Accountability for High School Graduation.* Washington, D.C.: Education Trust, 2007.

HARRIS, D. *Value-Added Measures in Education.* Cambridge, MA: Harvard Education Press, 2011.

HARTOCOLLIS, A. Who Needs Education Schools? *The New York Times,* p. 24-28, July 31, 2005.

HAWKINS, M. (Ed.). *Social Justice Language Teacher Education.* Bristol, U.K.: Multilingual Matters, 2011.

HELIG, J. V.; JEZ, S. J. *Teach for America: A Review of the Evidence.* Colorado: Education and the Public Interest Center, 2010.

HESS, F. Revitalizing Teacher Education by Revisiting our Assumptions about Teaching. *Journal of Teacher Education,* v. 60, n. 5, p. 450-457, 2009.

HOLLAND, R.G. *To Build a Better Teacher: The Emergence of a Competitive Education Industry.* Westport CT: Praeger, 2003.

HOLMES GROUP. Tomorrow's Schools of Education. East Lansing, MI: Author, 1995.

KLEES, S. A Quarter Century of Neo-Liberal Thinking in Education: Misleading Analyses and Failed Policies. *Globalisation, Societies, and Education,* v. 6, n. 4, p. 311-348, 2008.

KOZOL, J. *The Shame of the Nation: The Restoration of Apartheid Schooling in America.* New York: Crown, 2005.

KRISTOF, N. Opening Classroom Doors. *New York Times,* Apr. 30, 2006. Disponível em: <http://select.nytimes.com/2006/04/30/opinion/30kristof. html?r=1>. Acesso em: 15 maio 2008.

KUMAR, K.; PRIYAM, M.; SAXENA, S. The Trouble With Para-Teachers. *Frontline,* v. 18, n. 22, 2011. Disponível em: <www.frontlineonnet.com/ fl1822/18220930.htm>. Acesso em: 14 fev. 2010.

LABAREE, D. Public Goods, Private Goods: The American Struggle over Educational Goals. *American Educational Research Journal,* v. 34, n.1, p. 39-81, 1977.

LANKFORD, H., LOEB, S.; WYCKOFF, J. Teacher Sorting and the Plight of Urban Schools. *Educational Evaluation and Policy Analysis,* v. 20, p. 37-62, 2002.

LEMOV, D. *Teaching like a Champion.* San Francisco: Jossey-Bass, 2010.

LEVIN, T. Training of Teachers Is Flawed Study Says. *New York Times,* July 21, 2011. Disponível em: <http://www.nytimes.com>. Acesso em: 21 jul. 2011.

LEVINE, A. *Educating School Teachers.* The Education Schools Project: 2006. Disponível em: <http://www.edschools.org/pdf/Educating_Teachers_Report. pdf>. Acesso em: 21 jul. 2011.

LEVINE, A. Teacher Education Must Respond to Change in America. *Phi Delta Kappan,* v. 92, n. 2, p. 19-24, 2010.

LEWIN, K. *The Pre-Service Training of Teachers: Does it Meet its Objectives and How Can it Be Improved.* Background Paper for the UNESCO Education for All Global Monitoring Report. Paris: UNESCO Institute for Educational Planning, 2004.

LIBBY,K.; SANCHEZ, A. For or Against Children: The Problematic History of *Stand for Children. Rethinking Schools, v.* 26, n. 1, p. 20-25, 2011.

MOON, B. *Research Analysis: Attracting, Developing and Retaining Effective Teachers: A Global View of Current Policies and Practices.* Paris: UNESCO, 2007.

MORENO, J. M. Do the Initial and the Continuous Teachers' Professional Development Sufficiently Prepare Teachers to Understand and Cope With the Complexities of Today and Tomorrow's Education? *Journal of Educational Change,* v. 8, p. 169-173, 2007.

NATIONAL CENTER FOR EDUCATION STATISTICS. *Mapping the Road to College: First-Generation Students Math Track, Planning Strategies and Context of Support.* Washington, D.C.: Author, 2000.

NATIONAL COMMISSION ON TEACHING AND AMERICA'S FUTURE. *Who Will Teach: Experience Matters.* 2010. Disponível em: <www.nctaf.org/NCTAFWhoWillTeach.pdf>. 21 jul. 2011. Acesso: 21 jul. 2011.

NATIONAL RESEARCH COUNCIL. *Preparing Teachers: Building Evidence for Sound Policy.* Washington, D.C.: National Academies Press, 2010.

NATIONAL COUNCIL OF ACCREDITATION FOR TEACHER EDUCATION. *Transforming Teacher Education Through Clinical Practice: A National Strategy to Prepare Effective Teachers.* Washington, D.C.: Author, 2010.

NEWFIELD, C. *Unmaking the Public University.* Cambridge, MA: Harvard University Press, 2008.

NOGUERA, P. A Broader, Bolder Approach Uses Education to Break the Cycle of Poverty. *Phi Delta Kappan, v. xx,* p. 8-14, 2011.

ORFIELD, G.; LEE, C. *Why Segregation Matters: Poverty And Education inequality.* Los Angeles, The Civil Rights Project, UCLA. Jan. 2005. Disponível em: <www.civilrightsproject, ucla.edu>. Acesso em: 20 jun. 2008.

ORGANIZAÇÃO DAS NAÇÕES UNIDAS PARA A EDUCAÇÃO. *Teachers and Educational Quality: Monitoring Global Needs for 2015.* Montreal: UNESCO Institute for Statistics, 2006.

ORGANIZATION FOR ECONOMIC CO-OPERATION AND DEVELOPMENT. *Teachers Matter: Attracting, Developing and Retaining Effective Teachers.* Paris: Author, 2005.

PAIGE, R. *Meeting the Highly Qualified Teacher Challenge: The Second Annual Report on Teacher Quality.* Washington, D.C.: U. S. Department of Education, 2002.

PAINE, L. *Exploring the Interaction of Global and Local in Teacher Education: Circulating Notions of What Preparing a Good Teacher Entails.* In: FIRST GLOBAL SUMMIT ON TEACHER EDUCATION, out. 2011. Beijing: Beijing Normal University, 2011. (Palestra)

PAYZANT, T. *Should Teacher Education Take Place at Colleges and Universities?* In: ANNUAL MEETING OF THE AMERICAN ASSOCIATION OF COLLEGES FOR TEACHER EDUCATION, Chicago, Feb. 2004. (Invited address)

PECHEONE, R.; CHUNG, R. Evidence in Teacher Education. *Journal of Teacher Education,* v. 57, n. 1, p. 22-36, 2006.

PESKE, H.; HAYCOCK, K. *Teaching Inequality: How Poor Minority Students Are Shortchanged on Teacher Quality.* Washington D.C.: Education Trust, 2006.

POINTER-MACE, D. *Teacher Practice Online: Sharing Wisdom, Opening Doors.* New York: Teachers College Press, 2009.

RILEY, B. *Innovation and Entrepreneurship in Education*. San Francisco, New Schools Venture Fund, 2011. Disponível em: <http://www.newschools.org/blog/why-we-need-great-colleges-of-education>. Acesso em: 10 set. 2011.

ROBERTSON, S. Re-Imagining and Re-Scripting the Future of Education: Global Knowledge, Economy Discourse, and the Challenge to Education Systems. *Comparative Education,* v. 41, n. 2, p. 151-170, 2005.

ROSE, M. The Mismeasure of Teaching and Learning: How Contemporary Educational Reform Fails the Test. *Dissent,* p. 32-39, 2011.

ROSEN, A. For-Profit Teacher Education. *Chronicle of Higher Education, Colloquy Live*, 2003. Disponível em: <http:// chronicle.com.colloquylive>. Acesso em: 6 set. 2003.

ROTHSTEIN, R. *Class and Schooling: Using Social, Economic and Educational Reform to Close the Black White Achievement Gap.* New York: Teachers College Press, 2004.

ROTHSTEIN, R.; WILDER, T. *The Many Dimensions of Educational Inequality Across Races.* In: SYMPOSIUM OF THE SOCIAL COSTS OF AN INADEQUATE EDUCATION, Oct. 2005. Teachers College Columbia University, New York City. Disponível em: <www.tcequity.org>. Acesso em: 14 jul. 2006.

SMITH, M.; PANDOLFO, N. For-Profit Certification for Teachers Is Booming. *New York Times,* 27th national edition, p. A33A, Nov. 2011.

SUGGS, C.; DE MARRAIS, K. *Critical Contributions: Philanthropic Investment in Teachers and Teaching.* Atlanta: Kronley & Associates, 2011.

SYKES, G. Cultivating Teacher Quality: A Brief for Professional Standards. In: HESS, F.; ROTHERHAM, A.; WALSH, K. (Eds.). A Qualified Teacher in Every Classroom? Cambridge, MA: Harvard Education Press, 2004. p. 177-200.

SYKES, G.; DIBNER, K. *Fifty Years of Federal Teacher Policy: An Appraisal.* Washington, D.C.: Center on Education Policy, 2009.

TATTO, M. Education Reform and The Global Regulation of Teachers' Education, Development and Work. *International Journal of Educational Research,* v. 45, p. 231-241, 2006.

TUCKER, M. *Standing on the Shoulders of Giants: An American Agenda for Education Reform.* Washington, D.C.: National Center on Education and the Economy, 2011.

TYACK, D. *Seeking Common Ground: Public Schools in a Diverse Society.* Cambridge, MA: Harvard University Press, 2003.

U.S. DEPARTMENT OF EDUCATION, NATIONAL CENTER FOR EDUCATION STATISTICS. *Digest of Education Statistics, 2010.* Washington, D.C.: Author, 2011.

VALENCIA, S.; MARTIN, S.; PLACE, N.; GROSSMAN, P. Complex Interactions in Student Teaching: Lost Opportunities for Learning. *Journal of Teacher Education,* v. 60, n. 3, p. 304-322, 2009.

VEDDER, R. Who Should Educate the Educators? *Chronicle of Higher Education.* Sep. 2011. Disponível em: <http://chronicle.com/blogs/innovations>. Acesso em: 21 jul. 2011.

WALSH, K. A Candidate-Centered Model for Teacher Preparation and Licensure. In: HESS, F.; ROTHERHAM, A.; WALSH, K. (Eds.). A Qualified Teacher in Every Classroom? Cambridge, MA: Harvard Education Press, 2004. p. 223-254.

WILL, G. Ed Schools *Vs.* Education. *Newsweek,* Jan. 2006.

WILSON, S.; TAMIR, E. The Evolving Field of Teacher Education. In: M. COCHRAN-SMITH, M.; FEIMAN-NEMSER, S.; MCINTYRE, D. J. (Eds.). *Handbook of Research on Teacher Education.* 3. ed. New York: Routledge, 2008. p. 908-935.

ZEICHNER, K. *Teacher Education and the Struggle for Social Justice.* New York: Routledge, 2009.

ZEICHNER, K. Competition, Economic Rationalization, Increased Surveillance and Attacks on Diversity: Neo-Liberalism and the Transformation of Teacher Education in the U.S. *Teaching and Teacher Education,* v. 26, n. 8, p. 1544-1553, 2010a.

ZEICHNER, K. Rethinking the Connections between Campus Courses and Field Experiences in College and University-Based Teacher Education. *Journal of Teacher Education,* v. 89, n. 11, p. 89-99, 2010b.

ZEICHNER K. *Preparing Effective Teachers for Everyone's Children: The Role of Alternative Routes into Teaching.* In: ANNUAL MEETING OF THE COMPARATIVE AND INTERNATIONAL EDUCATION SOCIET. Chicago, March 2010c. (Palestra)

ZEICHNER, K. Assessing State and Federal Policies to Evaluate the Quality of Teacher Preparation Programs. In: EARLEY, P.; IMIG, D.; MICHELLI, N. (Eds.). *Teacher Education Policy in the United States: Issues and Tensions in an Era of Evolving Expectations.* New York: Routledge, 2011. p. 75-105.

ZEICHNER, K.; CONKLIN, H. Teacher Education Programs. In: COCHRAN-SMITH, M.; ZEICHNER, K. (Eds.). *Studying Teacher Education.* New York: Routledge, 2005.

ZEICHNER, K.; NDIMANDE, B. Contradictions and Tensions in the Place of Teachers in Educational Reform: Reflections on Teaching and Teacher Education in the USA and Namibia. *Teachers and Teaching: Theory and Practice,* v. 14, n. 4, p. 331-343, 2008.

CAPÍTULO 2

A influência do setor privado sobre as políticas públicas de formação de professores nos Estados Unidos[32]

Em um país democrático, é totalmente aceitável que os esforços privados para reformular as instituições públicas, mesmo para os fins mais diversos, estejam de acordo com qualquer proposta política [...] requer um debate público e, por sua vez, permita que os reformadores, políticos, doadores, pais e cidadãos discutam os temas devidamente informados. Infelizmente, as deliberações hoje são nubladas e repletas de ambiguidades mesmo em relação aos fatos mais elementares (HESS, 2005, p. 8-9).

Este capítulo analisa o papel do setor privado – por meio, por exemplo, da filantropia de risco[33] (RECKHOW, 2013; SALTMAN, 2010),[34]

---

[32] O texto deste capítulo, cujo título original é *Venture Philanthropy and Teacher Education Policy in the U.S.: The Role of the New Schools Venture Fund*, tem como coautor Cesar Pena Sandoval e foi apresentado durante o Encontro Anual da *American Educational Research Association*, em São Francisco, Califórnia, em abril de 2013.

[33] O termo *venture philanthropy*, traduzido como "filantropia de risco", "empreendedorismo social", "filantropia estratégica", "filantropia de resultados" ou "e-filantropia", significa a adoção, nas atividades filantrópicas, das técnicas usadas em firmas de capital de risco, principalmente a interação contínua e mais intensa entre doador e receptor e a ênfase em resultados mensuráveis. (N.T.)

[34] De acordo com Saltman (2010), a filantropia de risco "é modelada no capital de risco e nos investimentos feitos no crescimento súbito da tecnologia no início dos anos 1990... A filantropia de risco trata a doação ao ensino público como um investimento social que, como o capital de risco, deve começar com um plano de negócios, envolver a medição quantitativa da eficácia, ser replicável para ser expandido em escala e alavancar idealmente os gastos públicos de maneiras compatíveis com o doador estratégico... Um

do chamado empreendedorismo educacional e do discurso da "inovação"[35] na educação (SMITH; PETERSON, 2006)[36] – e sua crescente influência sobre as políticas públicas da formação docente nos Estados Unidos, em nível tanto federal quanto estadual. Analisaremos aqui um exemplo em especial dessas influências privadas sobre as políticas públicas: como o *New School Venture Fund* apoia as políticas e os programas destinados a "modificar profundamente o **mercado** atual de formação de professores" (grifo nosso) nos Estados Unidos.[37]

Diferentes posições sobre o atual sistema de formação de professores nos EUA

Existem três posições principais sobre como podemos melhorar a situação atual da formação docente nos Estados Unidos. Primeiro, há uma posição assumida por alguns formadores de professores das universidades de que as faculdades de educação, campo dominante da preparação de docentes nos Estados Unidos, estão indo bem e de que as críticas a elas estão erradas e são motivadas por um desejo ganancioso de ganhar dinheiro e/ou favorecer uma posição pessoal ou profissional à custa dos alunos que são atualmente atendidos pelas escolas públicas. Denominamos esse grupo, que apoia essa posição,

---

dos aspectos mais significativos dessa transformação na filantropia educacional envolve as formas em que os propósitos públicos e cívicos da educação pública são redescritos pela filantropia de risco de maneiras distintamente privadas". (p. 2-3).

[35] Liu (2013) explica o termo "inovação": quando um produto de serviço "em vez de competir de frente com concorrentes existentes, serve a novos clientes com uma solução mais barata, mais simples ou mais conveniente do que as opções atualmente existentes. Eventualmente, o agente desregulador melhora a tal ponto que pode servir às camadas superiores do mercado com um desempenho mais barato e bom o suficiente". (p. 2)

[36] Smith e Peterson (2006) definem os empreendedores educacionais como "pensadores visionários que criam novas organizações com ou sem fins lucrativos a partir do zero, as quais redefinem a nossa noção do que é possível. Essas organizações permanecem separadas e independentes de instituições como, por exemplo, as secretarias de educação que gerenciam as escolas públicas e as faculdades de educação; como tal, os empreendedores que fundaram tais organizações, por estarem fora do sistema, têm o potencial para desencadear mudanças mais significativas do que aquelas que poderiam ser criadas de outra maneira por instituições que estão dentro do sistema". (p. 21-22).

[37] Para mais informações acesse: <http://www.newschools.org/initiatives/ltt-2013-eir>.

de **defensores**. Os defensores exigem um maior investimento no atual sistema de formação de professores dominado pelas faculdades e universidades para aumentar a capacidade dessas instituições na preparação de novos docentes. Os defensores não veem a necessidade de mudanças significativas na maneira como as coisas estão sendo feitas no momento.

Segundo, há grupos de pessoas que estão fora do sistema dominante de formação de professores nos EUA – e mesmo algumas pessoas de dentro desse sistema – que argumentam que as faculdades de educação fracassaram e que o sistema atual precisa ser "destruído" ou "interrompido" e substituído por um sistema alternativo baseado na desregulamentação, competição e nas leis de mercado.[38] Esses críticos se autodenominam **reformadores**.

> Se a história constitui algum tipo de guia, é improvável que as faculdades de educação de hoje irão se reformar substancialmente sem uma forte concorrência de outros provedores. Em outras palavras, os novos sujeitos e instituições, principiantes no treinamento de professores,[39] mantêm as perspectivas mais promissoras para redirecionar os maciços recursos atualmente depositados em programas ineficazes de formação docente (ROTHERHAM, 2008, p. 112).

Finalmente, há aqueles que veem a necessidade de uma transformação significativa no atual sistema de formação de professores, mas que não apoiam a "destruição" desse sistema e muito menos sua substituição por uma economia de mercado desregulamentada. Essa é a posição defendida pelos **transformadores**. Apesar de esse grupo ser visto pelos reformadores como defensores do sistema atual, porque a maioria das pessoas trabalha em faculdades de educação, defendemos mudanças significativas na formação inicial de professores nos

---

[38] De acordo com Smith e Peterson (2006, p. 42), "este ponto de vista sustenta que o sistema de educação pública deve mudar tão profundamente que só a força 'disruptiva' de empreendedores, que pensam além das restrições e dos recursos atuais, podem nos levar até lá".

[39] Os "reformadores" geralmente se referem à formação docente como "treinamento de professores". Esse grupo também se refere à formação de professores como um componente do "desenvolvimento do capital humano" (GOLDHABER; HANNAWAY, 2007) ou "gestão estratégica de talentos" (ODDEN, 2013).

Estados Unidos e somos, ao mesmo tempo, bastante críticos quanto a buscar soluções baseadas nas leis de mercado para os problemas de qualidade do magistério e da preparação docente (ver, por exemplo, ZEICHNER, 2009).

Aqueles que se situam dentro da posição de transformação buscam melhorar a qualidade da formação de professores nos EUA de muitas maneiras diferentes. Algumas das questões que nós e muitos outros que temos trabalhado nessa direção, nos últimos anos, incluem: (a) compartilhar mais responsabilidades entre as escolas, as universidades e as comunidades locais para a formação de professores; (b) aproximar as atividades desenvolvidas nos cursos e programas de formação docente com as complexidades das escolas para as quais os professores serão preparados; (c) concentrar-se mais em ajudar os futuros professores a aprender a desenvolver práticas de ensino que promoverão a aprendizagem dos alunos; (d) fortalecer sistemas alternativos de responsabilização para os programas de formação de professores; e (e) fortalecer a qualidade das experiências das escolas e das comunidades, bem como da tutoria que apoia tais experiências (ver, por exemplo, BERRY, *et al.*, 2008; NCATE, 2010; ZEICHNER; PAYNE, 2013).

É importante lembrar que qualquer sistema de categorias como esse inevitavelmente simplifica uma situação que é muito mais complexa e confusa. Há múltiplos pontos de sobreposição entre essas três posições (por exemplo, **transformadores** que apoiam a manutenção de aspectos do sistema atual de formação de professores, etc.).

Reconhecemos que há um "débito educacional" (LADSON-BILLINGS, 2006) para muitos alunos que vivem na pobreza e frequentam o nosso sistema público de ensino e que melhorar a qualidade do ensino e da preparação dos professores é apenas parte do acerto de contas com eles e seus familiares. Não obstante, também reconhecemos que a qualidade do ensino, embora fundamentalmente importante, não é a principal causa do débito educacional e que há necessidade de melhorar substancialmente as condições de trabalho dos educadores dentro das escolas públicas, seu acesso a um desenvolvimento profissional de alta qualidade, além da necessidade de atacar as raízes da pobreza, bem como suas consequências para a aprendizagem desses alunos.

Finalmente, não somos persuadidos pelos discursos empresariais, que passaram a ser tomados pelos financiadores e estrategistas políticos como soluções aos nossos problemas, e que algum dia irão se interessar pelas injustiças no ensino público. Na verdade, acreditamos que a desregulamentação e a desativação do nosso sistema público de ensino e de formação de professores, que estão sendo promovidas agressivamente por interesses privados, com pouca discussão e debate públicos, servirão para ampliar, em vez de eliminar, as diferenças de oportunidades e de qualidade da educação disponível para nossas crianças.

Por que escrevemos este texto?

É claro que existe uma grande quantidade de dinheiro em jogo, e aqueles que querem substituir as faculdades de educação na formação de professores e os defensores das leis de mercado por vezes demonstram uma emoção desinibida na medida em que a educação pública é privatizada nos Estados Unidos. Por exemplo, o empresário Naveen (2013) anunciou recentemente em um artigo na revista *Forbes*: "eu quero que todos os empresários tomem conhecimento de que esta (a educação pública) representa uma oportunidade de muitas centenas de bilhões de dólares e que ela está pronta para ser desmantelada" (p. 1).

Apesar do claro potencial para se obter muito dinheiro investindo na recriação dos atuais sistemas públicos de ensino e de formação de professores nos Estados Unidos,[40] do elevado grau de confiança e por vezes da arrogância flagrante de alguns **reformadores** quanto à suposta superioridade de seus empreendimentos empresariais,[41] não nos preocupamos tanto com os motivos daqueles que procuram desmantelar o atual sistema estadunidense de formação docente e substituí-lo por um mercado desregulamentado. O comportamento egoísta, a ganância e a falta de preocupação com o bem comum podem ser encontrados em todos os campos da educação, inclusive nas faculdades de educação.

---

[40] O presidente e diretor executivo da *News Corporation*, Rupert Murdoch, estimou em um comunicado de imprensa que o mercado de educação é de 500 bilhões de dólares (ver HARGREAVES; FULLAN, 2012, p. 2). Na literatura sobre empreendedorismo educacional, há frequentes referências à expressão "indústria da educação" (ver, por exemplo, SANDLER, 2010).

[41] De acordo com Smith e Peterson (2004, p. 22), "É importante compreender que os empresários têm uma visão e uma maneira melhor para fazer as coisas; pensando além das restrições das regras e dos recursos atuais".

Do mesmo modo, a genuína preocupação com o bem comum pode também ser encontrada em todos os setores educacionais.

Nosso propósito ao escrever este texto é trazer mais transparência para as diversas influências sobre as políticas públicas de formação de professores, de modo que elas possam ser vistas, discutidas e debatidas mais claramente. A discussão e o debate das questões de política pública são um aspecto fundamental de uma sociedade democrática,[42] e estamos consideravelmente preocupados com o fato de que muitos educadores e o público em geral parecem, em grande medida, desconhecer as formas como o dinheiro e os interesses privados determinam o futuro da preparação de professores nos Estados Unidos. Também estamos preocupados com a falta de discussão e de debates sobre essas questões e práticas na arena pública.

A formação de professores e a concepção de crise e salvação do ensino público[43]

Parker (2011) discutiu as narrativas dominantes que moldaram o debate sobre a escola pública nos Estados Unidos, nos últimos 30 anos. De acordo com essas narrativas, o ensino público é normalmente visto não só como a causa de todos os nossos problemas econômicos, sociais e políticos mas também como o único capaz de resolvê-los. Segundo Parker, o que temos visto, nos últimos 30anos, é: "a crença de que o ensino público está irreversivelmente quebrado, mas também de que ele é a única coisa que pode salvar a nossa sociedade" (PARKER, 2011, p. 413).

Esse discurso de que o ensino público é ao mesmo tempo responsável por nossos problemas e a nossa salvação é necessário para convencer os estrategistas políticos e o público em geral sobre o fracasso do sistema atual. O que temos testemunhado, nos últimos anos, é a atribuição de culpa aos professores e aos seus sindicatos, aos administradores escolares e agora também às faculdades de educação pelas supostas falhas do ensino público (BARKIN, 2011a). Embora a

---

[42] Ver Nelson e Jones, (2007).

[43] Somos gratos a Parker (2011) pela análise geral que ampliamos aqui para a formação de professores.

maior parte da diferença de desempenho entre os alunos se relacione a fatores que estão fora da escola, tais como a pobreza e os demais aspectos relacionados a ela, como a falta de acesso à educação de qualidade na primeira infância, cuidados com a saúde, alimentação saudável e assim por diante (BERLINER, 2014; DUNCAN e MURNANE, 2012; ROTHSTEIN, 2004), os **reformadores** afirmam que as intervenções educacionais por si sós podem corrigir as desigualdades nas oportunidades de aprender e nos resultados educacionais das escolas públicas. Além disso, argumentam que a desregulamentação e as leis de mercado, bem como as escolas do tipo *charter* e os programas de formação de professores administrados por empresários são mudanças necessárias que resolverão os nossos problemas (BALL, 2012).[44]

O que Parker (2011) descreve em relação ao ensino público em geral também pode ser observado em relação à formação de professores, a qual, apesar de todas as mudanças que aconteceram nos últimos trinta anos, ainda continua sendo basicamente um empreendimento público. Ouvimos o constante rufar dos tambores nos informando que as faculdades de educação fracassaram ao tentar formar bem os professores do nosso país e se nós substituirmos esse sistema por meio da desregulamentação e das leis de mercado, surgirão melhores professores, e todos os nossos problemas estarão resolvidos. Meredith Liu, um membro do *Innosight Institute*, uma organização dedicada a promover a "inovação" na educação e na saúde, recentemente afirmou o seguinte sobre o desempenho dos programas de formação de professores das faculdades de educação nos EUA:

> De um ponto de vista social, tais programas parecem ser um investimento questionável dada à limitada evidência de que eles, pelo menos coletivamente, estão de fato produzindo professores eficientes... As faculdades de educação, com seus altos custos e influência repressora sobre as leis

---

[44] Não nos opomos às escolas públicas do tipo *charter*, que são dirigidas por professores, administradores e pela comunidade local, para atender às necessidades que não foram supridas pelas escolas públicas existentes. No entanto, nos opomos às escolas do tipo *charter* (mesmo as chamadas públicas) que são administradas por organizações também do tipo *charter* ou de gestão educacional, em que os professores e as comunidades locais não têm papel algum no seu planejamento e direção; escolas como aquelas discutidas por Goodman (2013).

de mercado na formação de professores, estão prontas para serem desmanteladas (LIU, 2013, p. 1-32).

A desvalorização da formação de professores oferecida por faculdades de educação levou a reivindicações em prol da eliminação do papel dos Estados no monitoramento da qualidade dos novos professores e a favor de um mercado da formação docente para regular tal qualidade. Por exemplo, John Chubb,[45] o presidente interino do *Education Sector*, argumentou que os formuladores de políticas:

> Deveriam acabar com a certificação docente (ou a licença para o magistério) tal como a conhecemos. Dada a falta de conhecimento sólido sobre como preparar melhor os professores para a sala de aula, os políticos nos estados deveriam revogar todos os requisitos para se ensinar nas escolas públicas, exceto um diploma de bacharel e uma verificação de antecedentes dos professores... Não faz sentido exigir formas específicas de treinamento ou de teste quando não há nenhuma evidência de que essas exigências melhoram o ensino. O governo federal deveria revogar as disposições de professores "altamente qualificados" do *Elementary and Secondary School Act* que demandam certificação. As escolas e os sistemas escolares deveriam ser livres para decidir que tipo de treinamento querem exigir para seus professores. (p. 34)[46]

Muitos estudiosos insistem de que já sabemos, por meio das pesquisas, quais são as características dos programas de formação de professores "mais eficientes", tais como, uma clara e consistente concepção de ensino

---

[45] O fato de John Chubb, que agora é chefe de um grupo de pesquisa de educação supostamente apartidário, defender a desregulamentação da formação de professores não deveria ser nenhuma surpresa, dada a sua defesa em prol da livre escolha para a educação básica no passado. "Sem ser muito literal sobre isso, pensamos que os reformadores se sairiam bem em admitir a ideia de que a escolha é uma panaceia... Ela tem a capacidade de, por si só, provocar o tipo de transformação que, durante anos, os reformadores têm procurado executar de um sem-número de outras maneiras" (CHUBB; MOE, 1990, p. 217, citado em RECHKOWDE, 2013, p. 22).

[46] Mike Johnston, um deputado estadual no Colorado, trabalha na articulação de apoio para a legislação de seu estado eliminar a maioria dos atuais requisitos de certificação para os professores.
(Para mais informações acesse: <http://www.ednewscolorado.org/news/capitol-news/school-finance-bill-has-temporary-hole#license>.)

que seja compartilhada por todos que participam do programa e um estágio cuidadosamente supervisionado (ver, por exemplo, BOYD, *et al.*, 2008; DARLING-HAMMOND, 2006; HUMPHREY, WECHSLER e HOUGH, 2008; ZEICHNER e CONKLIN, 2005). O problema é que essas características não existem em todos os programas de formação de professores.

É evidente que há alguns programas nas universidades e em outras instituições que são fracos e não foram aperfeiçoados ou sequer fechados sob os mecanismos atuais de responsabilização. Em vez de interromper o sistema de formação de professores devido à qualidade desigual dos programas, os **transformadores** procuram seguir a recomendação do *National Research Council* (2010) e, independentemente, avaliar para depois replanejar os sistemas de responsabilização dos programas e fortalecer as maneiras como os futuros professores serão avaliados antes da certificação (ver, por exemplo, DARLING-HAMMOND, 2010; ZEICHNER, 2011).

A crescente influência dos investimentos privados na educação e na formação de professores nos Estados Unidos

> A política pública pode criar novas oportunidades para os empreendedores por meio da mudança da estrutura do mercado. Também pode criar oportunidades pela realocação de recursos, o que normalmente significa um aumento ou uma diminuição nos dólares disponíveis e de quem pode acessá-los (SMITH; PETERSON, 2006, p. 28).

Historicamente, o governo federal e as fundações privadas investem muito dinheiro na melhoria do ensino e da formação de professores nos Estados Unidos (ver, por exemplo, LAGEMANN, 1992; SUGGS; DE-MARRAIS, 2011; SYKES; DIBNER, 2009; WOODRING, 1960). Exemplos de investimentos federais no fortalecimento do sistema universitário de formação de professores incluem o *National Teacher Corps* (1965-1981), cujo foco recaía sobre a preparação de professores para escolas urbanas e rurais em regiões de extrema pobreza (SMITH, 1980), e as atuais subvenções do *Teacher Quality Partnership* que financiam parcerias entre escolas e universidades para a formação de professores, incluindo uma série de programas de residência pedagógica em escolas de todo o país.[47] A Fundação Ford e a *Carnegie Corporation*, bem como o *Rockefeller Brothers' Fund* são exemplos de fundações que investiram, durante muitos anos, em vários tipos de reforma no sistema público de formação de professores. Um projeto de mais de 100 milhões de dólares, *Teachers for a New Era*, de 2001-2009, liderado pela *Carnegie*, é o exemplo recente mais visível dos esforços das fundações para melhorar a qualidade de nosso atual sistema de formação de professores (KIRBY *et al.*, 2005). Ao longo dos anos, as fundações privadas têm apoiado uma série de importantes projetos (ver, por exemplo, CHARTERS; WAPLES, 1929; CONANT, 1963; DARLING-HAMMOND; BRANSFORD, 2005; HOLMES GROUP, 1986; CARNEGIE, 1986) e as iniciativas de reforma (ver, por exemplo, GOODLAD, 1994; STONE, 1968; NCTAF, 1996) sobre a formação de professores nos Estados Unidos.

Recentemente, tomamos conhecimento de que uma comunidade filantrópica desistiu de investir no atual sistema universitário de formação de professores nos Estados Unidos e se voltou para o financiamento de programas alternativos de formação docente no país.[48] Os principais meios de comunicação e os encontros acadêmicos nacionais mais importantes foram inundados com discursos e trabalhos que passaram a questionar se um sistema universitário de formação de professores seria necessariamente uma boa opção (ver, por exemplo, HARTOCOLLIS, 2005; PAYZANT, 2004, VEDDER, 2011). Levine (2010) afirmou que "há um sentimento crescente entre os críticos de que seria mais proveitoso substituir a formação docente universitária do que tentar reformá-la" (p. 21-22).

> Frustrados pela aparente resistência à mudança por parte dessas instituições, muitos financiadores dirigem sua atenção para os caminhos alternativos de certificação. Isso inclui apoio a novas organizações focadas no recrutamento e treinamento de futuros professores e a programas de residência pedagógica (SUGGS; DEMARRAIS, 2011, p. 14).

---

[47] A proposta de orçamento da administração Obama, apresentada ao Congresso em abril de 2013, recomendou o corte dessas subvenções de parcerias.

[48] Reckhow (2013) descreve uma mudança similar nos investimentos para a educação básica a partir de 2000, que em vez de financiar diretamente as redes públicas de ensino, passaram a financiar escolas sem fins lucrativos e escolas do tipo *charter* que competem com as redes públicas de ensino.

Um exemplo disso pode ser visto examinando-se o financiamento para o *Teach for America* (TFA). Entre 2000 e 2008, o TFA recebeu cerca de 213 milhões de dólares em subsídios, o que representa 31% de todos os investimentos de fundações norte-americanas, durante esse período, em questões relacionadas ao ensino e à formação de professores (Suggs; deMarrais, 2011).[49]

> Na mesma medida em que o interesse no TFA e em outros programas alternativos aumentou, o interesse do financiador nas faculdades de educação, como um mecanismo para melhorar a qualidade dos professores, diminuiu (Suggs; deMarrais, 2011, p. 35).

A partir de um estudo encomendado pela Fundação Ford (Suggs; deMarrais, 2011), do guia de Rotherham para os investidores que querem ajudar a melhorar a qualidade do magistério e da gestão das escolas (Rotherham, 2008) e da alocação real de recursos para vários tipos de programas de formação de professores que interrompem o atual sistema universitário de formação docente para dar espaço aos novos participantes do "mercado" de formação de professores, tornou-se claro que estes passaram a ser a solução preferida dos investidores para os supostos males do campo.[50] O *Democrats for Education Reform* (DFER), um grupo que se concentra na apresentação de soluções para a educação baseadas nas leis de mercado,[51] afirmou:

> Devemos encorajar e investir em novos modelos e empregar uma maior variedade de conhecimentos para desenvolver

---

[49] Somam-se a isso 50 milhões de dólares do prêmio *Innovation in Education* do Ministério da Educação dos Estados Unidos, o que faz do investimento no TFA, ao longo da última década, chegar perto de 300 milhões de dólares. Em 2010-2011, os formadores de professores do TFA, com 8.200 membros, representavam menos de 1% dessa força de trabalho nos Estados Unidos (SUGGS; DEMARRAIS, 2010). Em 2011, a *Walton Foundation* deu ao TFA 49,5 milhões de dólares para ajudar a dobrar o seu tamanho (SCHILLER, 2012).

[50] Um guia para financiadores que estavam interessados na melhoria da formação de professores, preparado pelo *Educational Development Center*, em 1999, para a Fundação Kellog, foca exclusivamente no fortalecimento dos programas universitários de formação de professores (EDC, 1999).

[51] Sawchuck (2012, p. 5) cita o Diretor Executivo do DFER, Joe Williams, que declarou que o DFER "foi criado em 2005 com o objetivo expresso de ajudar a eleger políticos que devessem menos favores aos sindicatos de professores".

e nutrir a próxima geração de educadores (*Democrats for Educational Reform*, 2011).

Ao contrário do que acontecia no passado, antes da entrada de grandes financiadores, como a Fundação Gates e a Fundação Walton, e da participação de investidores de risco na formação de professores, os atuais investimentos privados na formação docente adotaram uma abordagem mais prática e um papel mais abertamente político em pressionar políticas específicas por meio de suas alocações de recursos. Eles apoiam hoje políticas que desenvolvam condições favoráveis para a criação de um mercado de formação de professores e que deem espaço para os novos participantes entrarem nesse campo (BALL, 2012; BARTON, 2011b, RECKHOW, 2013; SALTMAN, 2010). Essa nova postura, mais abertamente militante por parte dos investidores, na promoção de políticas específicas, consegue moldar o debate atual sobre a formação docente e definir, de maneiras particulares, o que significa um professor bem formado, o que é o bom ensino e como devemos julgar a qualidade de um programa de formação de professores.

A comunidade empresarial tem sido particularmente eficaz em estabelecer critérios para julgar a qualidade de um programa de formação de professores com base em quantos de seus egressos são capazes de elevar os resultados dos testes padronizados dos alunos em um determinado tempo. As perguntas sobre os custos para se atingir tais resultados (por exemplo, alterando significativamente o currículo), por quanto tempo esses egressos permanecem no ensino e quanto eles são capazes de apoiar a aprendizagem do aluno, em um sentido mais amplo que vá além de notas em testes, não são levantadas e discutidas nesse espaço.[52]

Eles também têm sido capazes de implantar, como foi mostrado pelo *Blueprint for Teacher Education* de Arne Duncan, Ministro da Educação dos EUA (DUNCAN 2011), a ideia de que a qualidade dos programas de formação docente deveria ser julgada pelos resultados dos testes de valor agregado dos alunos lecionados por egressos desses

---

[52] Quinn, Tompkins-Stange, e Meyerson (2013) argumentam que planejar e executar estruturas de avaliação para julgar as formas institucionais alternativas que seu financiamento ajuda a criar é um dos processos sociais que tem sido usado por investidores para fortalecer os novos estreantes do campo de educação que eles financiam.

programas. Este tem sido o caso, apesar das fortes preocupações levantadas por especialistas de avaliação sobre a adequação do uso de notas em testes dos alunos para avaliar os professores e os programas de formação docente (ver, por exemplo, *Economic Policy Institute*, 2010).

A história do papel do investimento privado nas políticas públicas estadunidenses revela que as fundações sempre foram participantes-chaves nas "políticas de conhecimento" nos EUA (LAGEMANN, 1992).

> Não há nada excepcionalmente novo na questão das fundações e da formulação de políticas públicas, especialmente quando perguntamos quais táticas as fundações tinham à sua disposição na busca de políticas públicas novas ou modificadas. Elas trabalham para moldar políticas usando sua influência sobre conselhos, modelando a opinião pública da elite, se engajando em campanhas de informação pública e educação, criando projetos que sirvam como exemplo, usando os seus recursos financeiros de forma estratégica para alavancar fundos públicos e usando o *lobby* diretamente sobre o legislativo, o judiciário e a persuasão sobre o poder executivo. Elas trabalham em todos os níveis do governo (SMITH, 2009).

Apesar desse papel das fundações na conformação de políticas específicas, tem havido também, ao longo do tempo, um foco sobre o que tem sido chamado de "filantropia científica". Aqui, as fundações incentivam o estudo de problemas e a exploração de várias soluções, e há um esforço para basear a defesa de posições particulares em evidências científicas sólidas (SMITH, 2009; ZUNZ, 2012). Historicamente, também tem havido uma ênfase no desenvolvimento institucional, ao fortalecer a capacidade das instituições públicas para oferecer diversos serviços, entre eles a educação (GASSMAN, 2012). Finalmente, embora as fundações desempenhem um importante papel na educação estadunidense há muitos anos, a quantidade de dinheiro que agora destina-se ao setor educacional é muito maior do que foi no passado. Quinn, Tompkins-Stange e Meyerson (2013) informam que "os ativos de cerca de 76 mil fundações nos Estados Unidos passaram de 272 bilhões de dólares em 1995, para 625 bilhões de dólares em 2012."

Há uma crescente preocupação sobre o novo rumo dos investimentos privados na educação dos Estados Unidos e os riscos de se mudar o controle das instituições públicas de ensino para as empresas privadas, reduzindo o propósito do ensino público aos seus aspectos econômicos e ignorando os propósitos cívicos e políticos mais amplos[53] que são historicamente uma parte das nossas esperanças para o nosso sistema público de ensino (CUBAN, 2006).

> A comoditização do mundo social coloca em perigo os valores públicos coletivos e a agência política coletiva, bem como a deliberação pública necessária para a governança democrática (SALTMAN, 2010, p. 16).

Embora as investidas das fundações privadas para influenciar as políticas públicas na educação e na formação de professores não sejam novas, a novidade é o esforço para desativar e desmantelar as instituições públicas em favor de uma solução baseada na desregulamentação e nas leis de mercado sem que haja evidências empíricas sensatas ou que tal decisão tenha sido submetida a um rigoroso processo de exame da revisão por pares (RECKHOW, 2013).

Apesar de muitos dos novos "empreendimentos" na educação pública e na formação de professores serem identificados como "sem fins lucrativos", eles recebem generosas isenções fiscais e, se não o fazem diretamente, acabam por terceirizar serviços para provedores com fins lucrativos. Saltman (2010) discute esse "círculo de privatização", em que as finanças públicas delegam o controle de instituições públicas para os interesses privados e como estas são controladas, cada vez mais, por entidades privadas que usam recursos públicos.

Um exemplo das leis de mercado na formação de professores nos EUA: *o New Schools Venture Fund*

O *New Schools Venture Fund* (*New Schools*) foi fundado em 1998 pelo empresário Kim Smith[54] e os investidores de capital de risco John Doerr e Brook Byers (HORN e LIBBY, 2011). De acordo com a sua página eletrônica, o *New Schools*:

---

[53] Ver Labaree (1992) para uma discussão dos múltiplos propósitos da educação pública ao longo do tempo.

[54] Kim Smith, juntamente com outro membro fundamental da equipe do *New Schools*, Jonathan Schorr, também fez parte da equipe que fundou o *Teach for America*.

Investiu em mais de 100 organizações com ou sem fins lucrativos e arrecadou 180 milhões de dólares. O *New Schools* mantém 250 escolas em todo o país – o equivalente à 33ª maior rede de ensino do país... Os empreendimentos em capital humano do *New Schools* treinaram mais de 120.000 professores, atingindo mais de 12 milhões de alunos (2013).[55]

O *New Schools*[56] é um ator importante no recente movimento de criação das escolas básicas do tipo *charter* nos EUA e investe principalmente em empresas de gestão, também do tipo *charter*, tais como, o ASPIRE, a *Achievement Network*, KIPP, MATCH *Rocketship, Uncommon Schools*, e a *Academy for Urban School Leadership* (AUSL). O trabalho do *New Schools* em "reformar" a educação básica rendeu a ele e ao seu atual diretor executivo, Ted Mitchell, elogios da revista *Forbes*. Em 2012, a *Forbes* nomeou o *New Schools* como uma de suas duas melhores opções para as doações filantrópicas e colocou o diretor executivo Ted Mitchell na sua lista dos 15 melhores "reformadores da educação".

Embora o papel do *New Schools* na formação de professores ainda seja relativamente secundário até este momento, ele já fundou inúmeros programas alternativos de formação docente e, mais especificamente, os de "imersão",[57] incluindo o *Teach for America*, *The New Teacher Project*, a *Relay Graduate School of Education*, bem como programas de residência pedagógica para escolas do tipo *charter*, por exemplo, o MATCH. Ele criou ainda o *Urban Teacher Center*, que prepara professores para escolas públicas e escolas do tipo *charter* em Baltimore e Washington, D.C. O

---

[55] O relatório anual de 2012 do *New Schools* apresenta dados mais recentes sobre tudo, exceto sobre quantos professores têm sido preparados por seus programas de formação de docentes. Ele afirma que seus empreendimentos operam 331 escolas que registram 130.500 alunos (83% dos quais têm baixa renda) e que 350.000 alunos foram lecionados por professores treinados por seus empreendimentos. Também declara que desde sua fundação em 1998 levantou 248 milhões de dólares. <http://www.newschools.org/wp/wp-content/uploads/2012AnnualReport.pdf>.

[56] O *New Schools* fornece uma lista de seus doadores, que inclui tanto indivíduos quanto fundações, em <http://www.newschools.org/donors>. O website da Fundação Bill e Linda Gates lista um pouco mais de 76 milhões de dólares de subvenções que ela canalizou por meio do *New Schools* entre 2003 e 2012. Essas subvenções apoiaram uma variedade de atividades, mas a ênfase é no apoio a *Charter Management Organizations*.

[57] Grossman e Loeb definem os programas de "imersão" (*"early entry"*) como aqueles em que os indivíduos completam a maioria de seu programa de formação de professor enquanto são totalmente responsáveis por salas de aula, na condição de professores contratados.

objetivo do *New Schools* é promover a desregulamentação e a privatização das escolas básicas dos EUA, de modo que haja mais espaço para os novos programas que eles financiam.[58]

Na formação de professores, o *New Schools* adotou o discurso de que o sistema universitário precisa ser "rapidamente interrompido" e que os programas atuais de formação de professores servem como barreiras para o "bom ensino" por focarem bastante em uma teoria educacional considerada por eles como desnecessária (ver, por exemplo, Hess, 2009; Matthews, 2010). Os empreendimentos de formação de professores apoiados pelo *New Schools* concentram-se em promover uma formação docente com mais base na prática, em preparar professores para as "duras realidades" do ensino e em usar um modelo de responsabilização que exige que os professores demonstrem que são capazes de melhorar os resultados dos testes padronizados dos alunos antes de completar seus programas. O funcionário do *New Schools* Jonathan Schorr (2012) afirma:

> A nova geração de programas de formação de professores oferece novas soluções para um velho problema e não se compromete a criar novas faculdades de educação, mas sim a reinventá-las. A maioria dos nossos programas surge não das universidades, mas de organizações autônomas sem fins lucrativos. Mudam o lugar de grande parte de sua formação para o prédio da escola, com o objetivo de serem mais práticos do que eram os seus antepassados tradicionais.

O papel do *New Schools* no *GREAT Act*

A fim de atingir o objetivo de criar um novo mercado na formação de professores nos EUA, reduzindo o papel dos programas universitários de formação docente, e, desse modo, "criar um espaço para a inovação" (RILEY, 2011)[59], dois funcionários do *New Schools* ajudaram na

---

[58] Dados sobre o imposto de renda, indicam que o *New Schools* investiu 3.312.253 dólares no *New Teacher Project* entre 2007-2011, 1.108.125 dólares no *Teach for America* em 2009-2011, 500.000 dólares na *Relay School of Education* em 2011 e 1.563.722 dólares no *Urban Teacher Center* entre 2009-2011. Os investimentos em dois desses programas, listados na página eletrônica do *New Schools*, diferem daqueles informados pela receita federal: um milhão de dólares na *Relay Graduate School of Education* e 2.438.722 dólares no *Urban Teaching Center*. Também há nesse *website* um investimento de um milhão de dólares no programa de residência pedagógica MATCH.

[59] Para mais informações acesse: <http://www.newschools.org/blog/great-act-qa>.

articulação de uma peça legislativa que potencialmente poderá ter um grande impacto sobre a natureza da formação de professores nos Estados Unidos. Em março de 2011, quatro pessoas[60] se reuniram em Washington D.C. para discutir maneiras de desregulamentar a formação de professores e buscar apoio de legisladores simpáticos à ideia. Como resultado dessas conversas, elaborou-se o projeto de lei *"Growing Excellent Achievement Training Academies for Teachers and Principals Act"* (GREAT Act)[61] cujo propósito é abrir editais públicos, nos estados, para a criação de programas do tipo *charter* de preparação de professores e de diretores que não estariam sujeitos às mesmas regulamentações atuais que são usadas para monitorar a qualidade dos programas de formação.

Em 23 de maio de 2013, o GREAT Act foi levado tanto para a Câmara dos Deputados quanto para o Senado por dois grupos bipartidários de deputados e senadores.[62] Caso esses projetos de lei sejam aprovados no Congresso, os programas de formação docente do tipo *charter* prepaririam professores para atuar em áreas de "altas necessidades" e consideradas "difíceis" e teriam as seguintes características: (a) "seleção rigorosa" com base no potencial do candidato para ser um professor "eficiente"; (b) treinamento prático de preparação dos professores para serem eficazes desde seu primeiro dia de trabalho; e (c) capacidade de melhorar o desempenho acadêmico de seus alunos, que os candidatos devem demonstrar na conclusão do programa.

Um elemento-chave dessa legislação é que os estados devem concordar que esses programas sejam livres das "regulamentações desnecessárias" que existem para monitorar a qualidade dos atuais

---

[60] Norm Atkins, o fundador do *Teacher U/Relay Graduate School of Education*, Tim Knowles, o diretor do *Urban Education Institute* na Universidade de Chicago, Julie Mikuta, que coordena o trabalho de investimento em capital humano para o *New Schools* e Ben Riley, um membro da equipe do *New Schools*. Julie Mikuta é também uma antiga professora do *Teach for America* (TFA), Vice-Presidente do *Alumni Affairs* do TFA e antiga presidente do *Board of Stand for Children*.

[61] Essa foi uma iniciativa legislativa copatrocinada pelo senador do Colorado, Michael Bennett (Democrata), do Tennessee, Lamar Alexandar (Republicano), de Maryland, Barbara Mikulski (Democrata) e por Mark Kirk (Republicano), de Illinois.

[62] Amy Klobuchar (Minnesota - Democrata) levou o projeto de lei para o Senado, e a versão da Câmara foi levada por Tom Petri (Wisconsin - Republicano) e Jared Polis (Colorado - Democratra).

programas de formação de professores. Não está claro se esses programas serão totalmente isentos dessas regulamentações, mas a intenção é contornar as regulamentações consideradas por eles "inibidoras da formação de professores". Curiosamente, as faculdades de educação nas universidades também podem optar em serem classificadas como programas do tipo *charter* ou acadêmicos e receber verbas desses editais, caso escolham a primeira opção.

A lógica aqui é muito similar à estratégia que tem sido usada, pela administração Obama, para a implementação do *Race to the Top* (RTT). Os estados competem por recursos federais para apoiar programas de formação de professores do tipo *charter* se concordarem com as condições políticas que apoiam as reformas de "livre mercado" favorecidas por essa administração.[63] Deve-se notar que Joanne Weiss, ex-Diretora de Operações do *New Schools* e atual Chefe de Gabinete do Ministro de Educação dos EUA, Arne Duncan, foi responsável pelo edital RTT.[64]

Está muito claro que o *New Schools* procura colocar seus empreendimentos atuais e futuros em projetos-piloto de formação de professores caso o GREAT Act seja aprovado e usar esses empreendimentos para fechar e/ou reformular os programas universitários de formação docente.

> A ideia é manter a expansão de modo que, na próxima década, 10 mil professores em cidades de todo o país estejam matriculados em um programa guarda-chuva de *Relays* (CAPERTON; WHITMIRE, 2012, p. 80).

Jonathan Schorr (2012), membro da equipe do *New Schools*, publicou um artigo na *Stanford Social Innovation Review*, no qual a

---

[63] De acordo com Crowe (2011), essa estratégia foi muito bem-sucedida em conseguir que os estados mudassem suas regulamentações na área de educação, por exemplo, permitindo que programas não universitários de formação docente fossem autorizados para funcionar dentro de suas fronteiras.

[64] James Shelton, um ex-funcionário da *New Schools* e da Fundação Gates, foi trazido por Duncan para dirigir o *Office of Innovation and Improvement,* que é responsável por outros grandes editais lançados pelo Ministério da Educação – *The Innovation in Education Grants.* Dois ex-membros do *New Schools* também foram para o Ministério de Educação dos Estados Unidos como Diretor de Iniciativas Especiais no *Office of Improvement and Innovation* (Shivam Shah) e como especialista no *Office of the Secretary of Education* (Marisa Branco Bold).

Relay Graduate School of Education é caracterizada como o futuro para o campo da formação de professores nos EUA. Esse e outros artigos, tais como o de Kronholtz (2012) sobre a *Relay*, na revista *Education Next*, identificam esse programa como arrojado e inovador e Schorr (2012, p. 2) afirma que a *Relay* "tornou-se o símbolo de uma revolução para que a América aprenda a ensinar". Caperton e Whitmire (2012, p. 76) afirmam, em uma publicação do *College Board*, que a *Relay* é "uma líder no movimento para modificar a maneira como a América treina seus professores para o trabalho nas escolas mais necessitadas". Finalmente, Kronholtz (2012) faz referência a Arthur Levine, cujo relatório de 2006 sobre as faculdades de educação nos Estados Unidos é citado por todos os **reformadores**, ao declarar que a formação universitária de professores é um fracasso ao mesmo tempo em que afirma que a *"Relay* é o modelo... Ela é o futuro" (KRONHOLTZ, 2012, p. 2).[65]

Duas são as razões para a maioria dos reformadores chamá-la de um programa arrojado e inovador: sua exigência de que os professores[66] demonstrem sua capacidade de aumentar o desempenho do aluno a fim de concluírem o programa e sua ênfase sobre o que é conhecido como "participação ativa na formação clínica". Nenhum dado foi fornecido sobre o sucesso dos egressos da *Relay*, além de depoimentos pessoais, como o seguinte:

> Muitas pessoas me disseram que as aulas da *Relay* mudaram sua cultura de sala de aula. "A cultura deixou de ser complacente para ser investidora", disse Max Silverstein, um especialista em negócios da *Penn State*, atualmente lecionando em uma sala de aula da educação infantil na escola do tipo *charter Newark Legacy*. Eu ouvi a mesma coisa de Alonte Johnson, um especialista do *Morehouse College English* que

---

[65] Artigos proclamando a *Relay* como arrojada e inovadora também apareceram na *Education Week* (SAWCHUCK, 2011), no *Wall Street Journal* (LEMOV, 2012) e no *New York Times* (OTTERMAN, 2011). Esses e outros artigos elogiam o poder de inovação da *Relay* apesar do fato de que "mesmo os admiradores da *Relay* admitem que é muito cedo para afirmar se esse modelo realmente funciona" (KRONHOLTZ, 2012, p. 2).

[66] Todos os professores na *Relay* são professores contratados e se responsabilizam totalmente pela sala de aula.

leciona Inglês no ensino médio na *Kings Collegiate Center School*, no Brooklyn (KRONHOLTZ, 2012, p. 6).[67]

Por meio de uma apresentação de vídeo, Brent Maddin, o "dirigente" de planejamento e de conteúdos do programa *Relay*,[68] não demonstra nenhum interesse sobre as pesquisas de formação de professores para se referir ao desenvolvimento de seu programa e enfatiza o papel do currículo em garantir que os professores dominem as estratégias de gestão de sala de aula da *Relay*, sistematizadas por Doug Lemov (LEMOV, 2010), que também é o diretor da *Uncommon Schools*, uma das três redes de escolas do tipo *charter* envolvida na fundação da *Relay*.[69] As estratégias de Lemov (2010) baseiam-se em suas próprias observações e conversas com professores e diretores de "alto desempenho" de várias escolas do tipo *charter*. Ou seja, essas estratégias não levam em conta qualquer padrão acadêmico mínimo ou não passam por uma avaliação científica rigorosa que respalde o seu currículo de formação de professores (PIANTA, 2011). Na verdade, há evidências que demonstram os efeitos negativos da perseguição obsessiva por pontuações mais altas nos testes padronizados sobre os alunos que vivem na pobreza, quando o currículo concentra-se principalmente no treinamento para a realização desses testes (NICHOLS; BERLINER 2007; LIPMAN, 2004; McNEIL, 2000; VALENZUELA, 2005).

Além da campanha na mídia para a promoção da *Relay*, o maior esforço do *New Schools* tem sido preparar seus próprios empreendimentos para se expandirem tão logo o GREAT Act se converta em lei e comece a ser adotado pelos estados. O anúncio do *Learning to Teach Entrepreneur in Residence Program*,[70] desenvolvido recentemente em parceria com o *Teach for America* (TFA), é um exemplo desse esforço. Nesse programa, que se inicia em 2013, o *New Schools* financiará alunos ou equipes de alunos do TFA para passarem de seis a dez meses

---

[67] Depois que nossa busca na literatura por estudos sobre o impacto e eficácia do programa não retornou nenhum resultado, confirmamos com o diretor de pesquisa da *Relay*, Billie Gastic, que não há nenhuma ocorrência de pesquisa no programa.

[68] Para mais informações acesse: <http://www.teachingworks.org/training/seminarseries/event/detail/relay-graduate-school-of-education>.

[69] Otterman (2011) afirma que o trabalho de Lemov é a "espinha dorsal da instrução" na *Teacher U* que nasceu dentro da *Relay*.

[70] Para mais informações acesse: <http://www.newschools.org/initiatives/ltt-2013-eir>.

"lançando as bases para uma nova organização que irá preparar os professores para escolas em comunidades de baixa renda" (p. 1). O *New Schools* orgulhosamente afirma que:

> ...tem por objetivo desmantelar profundamente o mercado atual de formação de professores por meio do treinamento de talentos em soluções ousadas e inovadoras, em que o foco principal é a preparação de novos docentes que sejam capazes de proporcionar o desenvolvimento do aluno dentro de pelo menos um ano a partir de seu primeiro ano como professor em sala de aula (p. 1).[71]

Os empresários receberão assistência do *New Schools* e do *Teach for America* no desenvolvimento de seus empreendimentos (modelos de programas) e serão capazes de aprender:

> ..."de outros pioneiros" (outros fundadores e financiadores) no campo, passando um tempo com a atual carteira de organizações do *New School*, como a *Relay Graduate School of Education,* o *New Teacher Center*, o *Urban Teacher Center*, a *Match Charter Sposato School of Education/Match Teacher Residency*. (p. 1)

Outro esforço do *New Schools* para legitimar seus empreendimentos na formação de professores e permanecer em uma posição em que desenvolva e cresça sua influência no campo é a sua estratégia de formação, implementada a partir de 2009 – com o apoio da *Carnegie Corporation* e da *Carnegie Foundation for the Advancement of Teaching* e, mais tarde, da *Gates Foundation of a Learning to Teach Community of Practice* – envolvendo cerca de 40 programas de formação de professores, inclusive os situados em faculdades de educação da Universidade de Stanford, da Universidade de Michigan, da Universidade do Sul da Califórnia e da Universidade de Washington, e que são conhecidos como "programas de empreendedorismo", tais como a *Relay*, o *Boston*

---

[71] Todos os licenciandos da *Relay* tornam-se professores contratados que se responsabilizam totalmente por salas de aula. Uma provável consequência dessa exigência, se ela for estabelecida como a medida de uma boa formação de professores, como pretende o *New Schools*, é que haverá um crescimento de programas de "imersão", em que os licenciandos concluem a sua preparação enquanto são professores contratados.

Teacher Residency, a *Academy for Urban School Leadership Residency*, o *Match Teacher Residency*, o *The New Teacher Project* e o TFA.[72]

O *New Schools* tornou-se, desde então, parceiro da Faculdade de Educação da Universidade de Michigan para criar o *Teaching Works*, uma organização que reúne "programas de empreendedorismo" de universidades que são identificadas como "líderes e inovadoras em todo o país, envolvidas na reformulação do treinamento de professores e do apoio a professores iniciantes".[73] O *Teaching Works* realiza seminários regulares na Universidade de Michigan, em que os líderes dos vários programas membros apresentam e discutem suas experiências.[74]

Embora não haja nada de errado em reunir formadores de professores a partir de uma variedade de programas diferentes para compartilhar práticas e aprender uns com os outros, muitos "programas de empreendedorismo" objetivam reduzir ou eliminar a supervisão pública sobre a preparação dos professores e criar uma economia de mercado na formação docente nos Estados Unidos, em vez de investir nas faculdades de educação já existentes. Apesar de ambos compartilharem uma preocupação em formar professores para desenvolverem práticas de ensino em que haja, supostamente, alguma base confiável para apoiar os resultados de aprendizagem desejados dos alunos, os programas universitários e empresariais muitas vezes têm visões bastante diferentes sobre o papel do professor e de como medir o sucesso do ensino-aprendizagem. Os "programas de empreendedorismo", como a *Relay* e a residência pedagógica AUSL, foram concebidos para preparar os professores para as escolas do tipo *charter* e *turnaround*[75] que enfatizam o aumento das notas de teste dos alunos como a principal meta.[76]

Muitos programas universitários de formação de professores que estão atualmente sob ataque desenvolvem práticas pedagógicas para

---

[72] Para mais informações acesse: <http://www.newschools.org/event/learning-to-teach-community-of-practice>.

[73] Para mais informações acesse: <http://www.teachingworks.org/about/annualreport>.

[74] Para mais informações acesse: <http://www.teachingworks.org/training/seminar-series>.

[75] O termo *turnaround school* significa literalmente promover uma reviravolta nas escolas de menor desempenho, fortalecendo e acelerando as intervenções nessas escolas para melhorar o desempenho acadêmico dos alunos, especialmente, dos mais desfavorecidos. (N.T.)

[76] Ver Goodman (2013) para um exemplo de foco exclusivo sobre o aumento das pontuações dos testes em vez de um foco na aprendizagem.

o ensino de determinado conteúdo e para uma visão mais ampla do magistério e proporcionam aos licenciandos o acesso a um currículo com foco sobre a compreensão, o pensamento crítico, bem como a articulação do conhecimento com contextos da vida real (ZEICHNER, 2012). As soluções baseadas nas leis de mercado e as escolas do tipo *turnaround* são uma parte central da atual reforma educacional e contam em sua maioria com professores preparados nos "programas de empreendedorismo" para servir exclusivamente as crianças que vivem na pobreza. Há evidências substanciais em relação à estreiteza do currículo (BERLINER, 2011) e da limitação de oportunidades para os alunos interagirem com o conhecimento de forma significativa e genuína nessas versões diferenciadas de escolas (p. ex., CUBA, 2012; GOODMAN, 2013; ORFIELD e FRAKENBERG, 2013).

O argumento de alguns docentes de faculdades de educação que estão envolvidos com o *New Schools* é que tal envolvimento abrirá oportunidades para influenciá-los e informá-los sobre o campo que procuram reformar, mas que muitas vezes conhecem pouco.[77] Acreditamos que esse argumento é ilusório e que, no final, os "programas de empreendedorismo" se beneficiarão dessas parcerias com universidades de prestígio, como Stanford, Michigan e Washington, mas permitirão pouca mudança em suas agendas políticas. Tal interpretação pode ser confirmada por uma sessão no *New Schools Annual Summit* de 2012, intitulada *Treinar melhores professores: Como iniciar um programa de formação docente*, que contou com a participação de patrocinadores e reformadores de todo o país e que incluiu participantes de diversos programas de empreendedorismo (residências pedagógicas Aspire, MATCH e AUSL e a *Relay*), mas nenhum professor das universidades, embora alguns deles estivessem presentes. Além disso, ajudam a reforçar nossa compreensão dos comentários de Ben Riley do *New Schools* em um simpósio, na reunião anual de 2013 da *American Association of Colleges*

---

[77] É típico em "programas de empreendedorismo" de formação de professores ignorar a bolsa de estudo na área e a presença de analistas independentes (ver, por exemplo, Cochran-Smith e Zeichner, 2005; Darling-Hammond e Bransford, 2005; *National Research Council*, 2010; Wilson, Floden e Ferrini-Mundy, 2001) nas discussões sobre a avaliação de seus programas. A discussão do *Teaching Works* sobre a *Relay School of Education* (http://www.teachingworks.org/training/seminar-series/event/detail/relay-graduate-school-of-education) é um bom exemplo disso.

of Education, em que ele defendeu a necessidade de as faculdades de educação aceitarem as definições de responsabilização promovidas pela comunidade empresarial baseadas principalmente em resultados de testes padronizados.[78]

Uma coisa que as faculdades de educação podem ganhar por se ligarem ao *New School Venture Fund* e a seus programas é o acesso a parte do dinheiro do setor empresarial. Devido aos profundos cortes orçamentários promovidos pelos estados nas universidades públicas nos últimos anos e ao limitado grau de liberdade que as faculdades de educação têm para aumentar as mensalidades e taxas escolares (ver, p. ex., LYALL e SELL, 2006; NEWFIELD, 2008), muitas faculdades de educação públicas passaram a procurar novos recursos para substituir o apoio financeiro perdido do estado.

Em um artigo recente na *Education Week*, intitulado *Teacher-Prep programs zero in on effective practice* (SAWCHUCK, 2013), vários programas de formação de professores (MATCH & *Boston Teacher Residencies*, *Relay* e o programa de formação de professores do ensino fundamental da Universidade de Washington) foram agrupados em função do seu foco comum em fornecer experiências clínicas em escolas "de referência" para os futuros professores, em que eles aprendam, por meio de cuidadosa orientação, a aplicar um conjunto de práticas de ensino e de manejo de sala de aula, as quais – há razão para acreditar – irão ajudá-los a ter êxito nos cenários para os quais estão sendo preparados para lecionar. O que não é abordado nesse artigo nem na aliança entre "programas de empreendedorismo" e programas universitários dentro do *Teaching Works* são as diferentes visões existentes entre esses programas sobre o papel do professor e sobre o que significa ensinar bem. Por exemplo, programas como a residência pedagógica AUSL e a *Relay* enfatizam o domínio das 49 técnicas de Lemov (2010) para se tornar um "professor campeão" (por exemplo, ter uma "voz forte").[79] Os programas universitários, como aqueles da Universidade de Washington, enfatizam a compreensão dos professores sobre as comunidades em que trabalham para se tornarem "culturalmente

---

[78] Para mais informações acesse: <https://secure.aacte.org/apps/rl/res_get.php?fid=136&ref=>.

[79] Para mais informações acesse: <http://www.relay.edu/videos?vidid=6>.

competentes", adquirindo conhecimentos e habilidades para adaptar seu ensino para atender as necessidades de seus alunos, aprendendo como lecionar na e a partir de sua prática para se tornarem melhores professores e desenvolvendo um domínio mais aprofundado do conteúdo e das práticas pedagógicas para ajudar a promover a compreensão desse conteúdo, das pesquisas sobre aprendizagem e desenvolvimento, da avaliação, de como as segundas línguas são adquiridas e assim por diante. As agendas políticas desses diferentes programas são também ignoradas – um conjunto de programas que busca fortalecer a educação pública e o outro conjunto que procura desregular e criar leis de mercado na educação pública e na formação de professores.

Será que a formação de professores nas universidades fracassou e o empreendedorismo educacional é a resposta?

> Por meio da utilização de praticamente qualquer padrão, muitas, se não a maioria das 1.450 faculdades e departamentos de educação do país estão fazendo um trabalho medíocre ao preparar os professores para a realidade da sala de aula do século XXI (Duncan, 2009, p. 23).
>
> A América tem um sistema de preparação de professores falido. A maioria dos professores demonstra sentir-se mal preparada para a sala de aula, e o abandono da profissão acontece em taxas surpreendentes (Knowles, 2013, p. 6).

O mantra recitado repetidamente pelos **reformadores** na literatura acadêmica e na mídia popular de que o sistema universitário de formação de professores está falido e precisa ser substituído pela desregulamentação e maior competição[80] confirma-se por meio de várias declarações, tais como: os programas de formação de professores não são seletivos em relação aos candidatos que eles admitem; os formadores de professores gastam muito tempo com teoria à custa

---

[80] Um membro da equipe do *New Schools*, Ben Riley, se referiu à formação de professores como "o setor mais retrógrado da educação" em seus comentários para o *American Association of Colleges for Teacher Education*, em fevereiro de 2013. Para mais informações acesse: <https://secure.aacte.org/apps/rl/res_get.php?fid=136&ref=rl>.

da aquisição de competência prática; os formadores de professores carecem de experiência de sala de aula mais recente e não estão familiarizados com as escolas para as quais os docentes estão sendo preparados; cerca de metade dos professores deixa o magistério ao final de cinco anos; e a universidade não apoia adequadamente seus programas de formação de professores (ver, por exemplo, KNOWLES, 2013; KRONHOLZ, 2012; LEVINE, 2011).

Essa literatura sobre a reforma educacional jamais cita qualquer um dos principais estudos do campo revistos por pares e patrocinados por grupos como o *National Research Council*, a *American Educational Research Association* ou a *National Academy of Education* (COCHRAN-SMITH e ZEICHNER, 2005; DARLING-HAMMOND e BRANSFORD, 2005, *National Research Council*, 2010). O único estudo que é citado em quase todos os artigos que acusam o atual sistema de formação de professores é aquele conduzido por Arthur Levine (2005) sobre os programas de formação de professores das faculdades de educação.[81]

O estudo da formação de professores por Arthur Levine

Há vários aspectos do relatório de Levine (2006) que deveriam ser cuidadosamente analisados uma vez que ele é bastante citado por críticos da formação docente universitária que defendem a desregulamentação e a criação de um novo "mercado" para a formação de professores.

O primeiro relaciona-se à falta de qualquer tratamento rigoroso para o desenvolvimento desse estudo: ele, por exemplo, não foi submetido à revisão independente por pares. Embora, nesse relatório, haja elementos de verdade sobre os pontos fracos de alguns programas de formação docente, há inúmeros exemplos em que são feitas afirmações pouco fundamentadas que apenas destacam os aspectos negativos e que exageram ou são claramente imprecisas. Um exemplo de uma afirmação inverídica é a declaração sobre a suposta falta de atenção à experiência clínica em programas universitários de formação de professores:

> Atualmente, os alunos têm limitada experiência clínica ou de campo na maioria dos programas de formação docente;

---

[81] Arthur Levine é um membro do Conselho Diretor da *Relay Graduate School of Education*.

ela consiste somente no curto período de tempo gasto em estágio (p. 39).[82]

Embora essa afirmação possa ter sido verdade nos anos 1960 e 1970, ao longo dos últimos 30 anos, a maioria dos estados formula regulamentações que exigem não somente o estágio, mas também experiências clínicas adicionais anteriores ao estágio. Por exemplo, de acordo com o banco de dados da *National Association of State Directors of Teacher Education and Certification*,[83] as exigências atuais para experiências clínicas na formação de professores incluem 38 estados que requerem observação e experiências clínicas antes do estágio e 36 que exigem, no mínimo, 10 semanas de estágio. Além disso, no estado de Washington, todos os programas incluem um trabalho clínico de pelo menos 10 semanas de estágio, embora isso não seja exigido por esse estado em seus pré-requisitos para certificação.

Esses dados são confirmados por um relatório elaborado recentemente pela *American Association of Colleges for Teacher Education* (2013), que analisou respostas de uma pesquisa a 95% de seus 800 membros institucionais. Em relação à questão de quão difundidas são as experiências clínicas nos programas universitários de formação de professores, o relatório afirma:

> Na prática, todos os programas requerem estágios supervisionados ou um estágio para conclusão do curso, embora a duração exigida varie: a média da exigência, em nível de graduação, varia de um total de 500 a 562 horas (média = 14,50 semanas); a média da exigência para a pós-graduação varia de um total de 480 a 586 horas (média = 14,52 semanas). Os programas de formação também exigem que os alunos participem em experiências iniciais de campo: a média de exigência, na graduação, varia de 114 a 189 horas; a média de exigência na pós-graduação varia de 111 a 164 horas (p. 9).

Um segundo aspecto desse relatório são as afirmações extremas e insustentáveis feitas por Levine (2006), em vários pontos do seu

---

[82] Arne Duncan, Ministro da Educação dos EUA, vai mais longe em distorcer a realidade da formação docente nas universidades, afirmando que "Apenas 50% dos atuais licenciandos recebem treinamento clínico supervisionado" (2011, p. 5).

[83] Para mais informações acesse: <www.nasdtec.net>.

relatório, as quais nunca sobreviveriam a um rigoroso processo de revisão por pares. Por exemplo, ele escreve:

> A maioria das universidades, depois de uma enxurrada de relatórios, ao longo das duas últimas décadas, sobre a necessidade de fortalecer a formação de professores, fez pouco ou nada (p. 22).

Levine também procura associar a suposta falta de experiência clínica nos programas universitários de formação docente à insatisfação dos egressos em relação a seus programas. O estudo de Levine (2006) cita uma série de enquetes realizadas com formadores de professores nas universidades, diretores das faculdades de educação e egressos dos programas universitários de formação de professores:

> Alunos que eram críticos em relação a seus programas de formação docente, muitas vezes, se referiam ao preço que pagariam mais tarde por sua experiência prática limitada. Como um deles disse, "Eu não sinto que fui preparado como professor para as realidades da vida em uma escola ou sala de aula" (p. 41).

Outro egresso é citado:

> "Eu poderia falar sobre Carl Jung, plataformas, grupos de aprendizagem cooperativa (e) as vantagens do construtivismo, mas não tinha ideia sobre o que fazer quando o Johnny surta no fundo da classe ou quando a Lisa é mal-educada ou quando a Sue não come nada há três dias."

Citar o estudo de Levine (2006) como prova de que os egressos dos programas universitários de formação de professores pensam que a sua formação não os preparou para o ensino tornou-se um hábito entre os **reformadores**. Por exemplo, Schorr (2013) observa:

> Em um estudo original de Arthur Levine, mais de três em cada cinco professores disseram que seu treinamento os deixou despreparados para a sala de aula e os diretores concordaram (p. 3).

Arne Duncan, Ministro da Educação dos EUA, também se referiu aos estudos de Levine (2006), em sua palestra no *Teachers College*, na Universidade de Colúmbia:

Como vocês sabem, o mais recente e mais abrangente estudo sobre formação de professores foi realizado por Arthur Levine, Presidente do *Teachers College*... Mais de três em cada cinco alunos de faculdades de educação pesquisadas por Levine disseram que seu treinamento não os preparou adequadamente para o trabalho em sala de aula (p. 3).

Finalmente, quando o GREAT Act foi apresentado no Senado e na Câmara dos Deputados, tanto o Senador Michael Bennett (Colorado - Democrata) no Senado quanto Tom Petri (Wisconsin - Republicano) na Câmara se referiram ao estudo de Levine (2006) para argumentar a favor do projeto de lei. Nenhum outro estudo ou relatório foi citado em qualquer outra apresentação.

Um estudo importante sobre 28 programas de treinamento de professores revelou que mais de 60% dos alunos disseram que não foram adequadamente preparados para a sala de aula.[84]

De acordo com um importante estudo, 61% dos alunos das faculdades de educação relataram que elas não prepararam adequadamente seus egressos para a sala de aula, durante os seus quatro anos de curso.[85]

Embora o estudo de Levine identifique alguns problemas da formação docente dos EUA que têm sido discutidos na literatura da área por muitos anos, essa pesquisa não é a única realizada com egressos para uma avaliação dos programas de preparação.[86] Apesar de algumas das pesquisas mais recentes também mostrarem que os professores têm problemas com aspectos da sua preparação, elas apresentam uma

---

[84] Para mais informações acesse: <http://www.bennet.senate.gov/newsroom/press/release/bennet-introduces-bipartisan-bill-to-create-academies-that-prepare-great-teachers-and-principals>.

[85] Para mais informações acesse: <http://petri.house.gov/press-release/petri-polis-introduce-bipartisan-bill-improve-teacher-and-principal-preparation>.

[86] Não fica claro no estudo de Levine se aqueles que realmente participaram das pesquisas – 53% de diretores, 40% de formadores de professores e 34% de alunos – são representativos da população investigada. Além disso, fornecem-se informações inadequadas sobre como os dados foram coletados nos estudos de caso. A descrição pouco cuidadosa sobre a metodologia de pesquisa, em geral e mais especificamente sobre o estudo de caso, e a total ausência de discussão sobre o processo de análise não passariam em uma revisão independente por pares.

imagem mais positiva do que aquela apresentada por Levine. Por exemplo, um estudo recente com 500 professores iniciantes nos três primeiros anos de sua carreira, encomendado pela *American Federation of Teachers* (2013), constatou:

> A maioria dos novos professores se sentiu preparada quando começou a lecionar, mas um em cada três se sentiu despreparado... Dois terços (66%) dos novos professores se sentiram completamente (19%) ou quase (47%) preparados quando começaram a lecionar, enquanto 34% disseram que se sentiam preparados de alguma forma ou não preparados de modo algum... (p. 21).

Esse estudo também descobriu que:

> Os professores que completaram um treinamento ou programa de certificação alternativo sentiram-se menos preparados (somente 42% se sentiram completamente ou na maioria das vezes preparados) que os professores que seguiram o caminho tradicional (p. 22).

Várias outras pesquisas de egressos também apresentaram uma imagem mais positiva dos programas de formação de professores do que as pesquisas de Levine, incluindo: (a) o estudo de Eduventure (2009) com 1.504 professores que tinham cinco anos ou menos de magistério e indicou que 78% dos docentes se sentiam bem preparados quando começaram a lecionar; (b) as pesquisas do *National Comprehensive Center for Teacher Quality* e da *Public Agenda*, realizadas em 2007, com 641 professores em seu primeiro ano de atuação profissional, indicaram que 80% dos professores se sentiram muito bem preparados ou, de alguma maneira, preparados para lecionar no seu primeiro ano (*Public Agenda*, 2008); e (c) uma pesquisa de 2011 com 2.500 professores de escolas públicas primárias, selecionadas aleatoriamente, descobriu que 65% dos professores achavam seu programa de preparação excelente ou muito bom. Outros 24% relataram que o programa era bom (FEISTRIZER; GRIFFIN; LINNAJARVI, 2011).

Todas essas pesquisas revelam certa insatisfação do professor com a qualidade de sua preparação para o magistério, e nenhuma delas foi independentemente revista por pares. A questão é: por que os críticos das faculdades de educação e os defensores da desregulamentação e dos mercados citam apenas o estudo de Levine (2006) e enfatizam apenas os aspectos negativos do estudo de Levine, enquanto ignoram as coisas positivas que ele e outras pesquisas similares mencionam sobre a formação docente universitária?

Apesar das declarações negativas feitas por Levine em relação à satisfação dos egressos com a qualidade de seus programas de preparação de professores, há inúmeras partes no relatório em que Levine reconhece a excelência na formação docente universitária ou que apenas uma parte da responsabilidade pode ser colocada sobre as faculdades de educação pelos problemas no ensino público. Por exemplo, ele escreve:

> É crucial reconhecer que as fraquezas na formação docente não são as principais razões de não termos um melhor ensino. As escolas e o governo têm uma responsabilidade maior em função dos salários baixos [...] pela falta de programas para professores iniciantes, baixas exigências para a contratação de professores e condições de trabalho ruins que causam alta rotatividade dos docentes (p. 21).

Apesar desses momentos de análise mais equilibrada, o foco do relatório recai principalmente sobre os aspectos negativos da formação docente. Isso foi assimilado pela grande mídia que publicou artigos e editoriais logo depois do lançamento desse estudo com títulos como: "Estudo diz que o treinamento de professores é caótico" (FELLER 2006), "Proeminente formador de professores critica o campo" (HONAWAR, 2006), "Relatório crítico sobre a formação de professores" (FINDER, 2006), e "Não deixemos nenhum professor para trás" (DOW JONES, 2006).

Teoria *versus* prática na formação de professores

Um aspecto importante em relação à crítica que se faz sobre o papel das universidades na formação de professores é a construção de estereótipos sobre a natureza desses programas em que eles são vistos como programas que focam na teoria *em detrimento* da preparação prática. A discussão de Capperton e Whitmire (2013) sobre o que eles consideram como aspectos positivos dos programas de formação docente da *Relay Graduate School of Education* revela, claramente, essa caricatura da formação de professores nas universidades:

> Lá estão os cursos teóricos e de história da educação sem relevância prática... Os professores não são acadêmicos imponentes, eles são profissionais talentosos do campo (p. 77).
>
> O reitor da *Relay*, Brent Maddin, disse que a chave não é eliminar a teoria, mas sim destilá-la em seus pontos essenciais para um professor extremamente ocupado (p. 83).

A imagem da formação docente universitária que é apresentada na literatura atual sobre a reforma educacional nos EUA é a de programas de preparação com formadores que não lecionam há muitos anos e que estão fora de sintonia com as complexidades das escolas públicas atuais. Em contraste, os programas de formação docente defendidos pela reforma, como a *Relay*, são retratados como intensamente focados em professores treinados no domínio de práticas de ensino e de gestão de sala de aula. Por exemplo, uma aula da *Relay* é descrita como se segue:

> As aulas seguem um roteiro muito rígido. Durante os três primeiros minutos de aula tem-se o "Engajamento de Todos", por exemplo, os alunos da *Relay* devem informar sobre quantas vezes eles usam as quatro técnicas. Em seguida, nos quatro próximos parágrafos do *script*, levantam-se perguntas para o professor da *Relay*[87] propor aos alunos nos próximos quatro minutos. Cinco minutos depois, há uma avaliação, com dez questões para o professor perguntar, e, em seguida, uma transição: "Tudo bem, nossas mentes estão frescas quanto ao conteúdo de hoje e estamos prontos para seguir em frente." Então, nos próximos sete minutos há uma discussão orientada por um roteiro, cinco minutos de discussão livre em sala de aula, onze minutos para dar algum retorno para o colega e assim por diante (KRONHOLZ, 2012, p. 4).

A caricatura construída sobre os programas universitários de formação docente, comum na literatura atual sobre a reforma educacional nos EUA, ignora a crescente presença de professores da educação básica e ex-professores da educação básica, com vasta experiência em ensino, assumindo papéis importantes nesses programas de formação de profes-

---

[87] Embora a *Relay* seja autorizada a oferecer diplomas de pós-graduação no estado de Nova Iorque, ela não é uma universidade, e sim uma instituição independente do tipo "escola normal".

sores (ZEICHNER, 2010), a mudança, ao longo das duas últimas décadas, para realizar uma parte da formação diretamente nas escolas e outra mudança, ao logo de muitos anos, em direção a abordagens práticas que focam a aquisição de estratégias específicas de ensino (ZEICHNER, 2005).

O que está errado com as críticas às faculdades de educação?

A literatura "acadêmica" sobre formação docente que faz acusações sobre o sistema atual de preparação de professores apresenta qualidade variável. Embora as críticas dos **reformadores** revelem certa veracidade, suas análises simplificam enormemente uma situação que é muito mais complexa.

Defender que a formação de professores é a única responsável pelo problema da evasão de professores das escolas públicas, significa ignorar uma quantidade substancial de evidências que vinculam o abandono da profissão pelos professores às péssimas condições do trabalho docente (ver, por exemplo, JOHNSON, KRAFT e PAPAY, 2012). Apenas olhar quais professores podem elevar os resultados dos testes padronizados em um determinado momento e ignorar o problema da evasão de professores e a dificuldade de permanência de professores experientes nas comunidades mais pobres contradiz a investigação que aponta o valor da experiência do professor para o aprendizado dos alunos (RONFELDT, LOEB e PAPAY, 2013).[88] Comparar as qualificações acadêmicas dos egressos de universidades de elite que estão em alguns programas de "imersão", como o TFA, com aqueles dos programas universitários de formação de docente, em geral, ignora as evidências que mostram as melhorias feitas, ao longo dos anos, em relação à competência acadêmica dos licenciandos, especialmente daqueles que atuarão no ensino médio (ver, por exemplo, GITOMER, 2007) e não leva em consideração os desafios do tamanho da força de trabalho para o magistério nos Estados Unidos (cerca de 3,6 milhões) em comparação com outros países, como a

---

[88] Mesmo os defensores da desregulamentação aceitam os dados de pesquisas que mostram a importância da experiência do professor. Por exemplo, a "pesquisa é muito clara em relação aos professores se tornarem mais eficazes em aumentar a aprendizagem do aluno à medida que adquirem experiência de sala de aula" (CHUBB, 2012, p. 66).

Finlândia e Cingapura, que admitem apenas os melhores alunos do ensino secundário para seus programas de formação de professores (TUCKER, 2011). A acusação contra os formadores de professores nas universidades de estarem longe da realidade da sala de aula ignora a presença crescente de professores da educação básica exercendo papéis "híbridos" nos programas universitários de preparação docente (ZEICHNER, 2010).

Os defensores da interrupção do sistema universitário de formação de professores nos EUA dizem que também gostariam de admitir para o magistério somente os melhores alunos do ensino secundário e destacam o forte calibre acadêmico do TFA e de outros programas de "imersão", porém sem mencionar que os participantes desses programas na sua maioria não continuam no magistério além dos primeiros anos. Eles defendem a ideia de que é possível melhorar as escolas do país com a presença de "indivíduos academicamente mais fortes" nesses espaços mesmo que essas pessoas lecionem lá apenas por poucos anos.

Há várias questões aqui que gostaríamos de levantar. Em primeiro lugar, os "indivíduos academicamente mais fortes" recrutados pelo TFA e programas afins não desenvolverão necessariamente um ensino bem-sucedido nas escolas pobres dos EUA. No programa do TFA, coordenado por um docente da minha própria Universidade, vários alunos aceitos para lecionar conteúdos específicos em escolas de Seattle não alcançaram o padrão mínimo de excelência para iniciar um programa de formação docente nessa Universidade, naqueles mesmos conteúdos. Embora, a curto prazo, seja realmente mais barato contratar professores temporários com salários menores que serão substituídos por outros professores temporários quando aqueles forem embora, usar isso como uma estratégia para melhorar a qualidade do magistério é extremamente problemático, levando-se em conta as pesquisas sobre os efeitos negativos da alta rotatividade de professores sobre o aprendizado dos alunos. Essa estratégia se torna ainda mais problemática quando consideramos que esses professores temporários lecionam quase exclusivamente em escolas urbanas e rurais pobres (PESKE; HAYCOCK, 2006).

É claro que há necessidade de melhorarmos o nosso sistema universitário de formação de professores, e que a aprovação do programa estadual e do programa nacional de credenciamento fracassou em aprimorar ou se livrar de alguns programas considerados fracos

(*National Research Council*, 2010). A necessidade de aperfeiçoar o sistema não significa que muitas melhorias não foram e não estão sendo feitas atualmente e que a solução seja mudar de emprego ou preparar os professores via o setor privado.

Os "programas de empreendedorismo" são a solução?

As afirmações sobre a suposta superioridade dos "programas de empreendedorismo", como a *Relay*, em relação aos programas universitários são baseadas na alegação de que eles são capazes de treinar professores que conseguem, pelo menos por um ano, aumentar os resultados dos testes padronizados dos alunos das escolas públicas. Os defensores desses programas às vezes apresentam também algumas evidências baseadas nos resultados dos testes padronizados e no fato de que mais alunos de escolas do tipo *charter*, lecionados por professores egressos dos "programas de empreendedorismo", ingressam no ensino superior.

Os empresários da educação que planejam e executam programas de formação de professores recebem elogios na literatura sobre empreendedorismo educacional. Por exemplo, Hess (2006) refere-se a eles como "pioneiros", "pensadores visionários", "os motores do progresso", "imaginativo, criativo e talentoso" e essas referências são tomadas ao pé da letra em "chamadas" para desregulamentar e criar uma economia de mercado na formação de professores dos Estados Unidos.

A ausência de pesquisas demonstrando a real superioridade dos "programas de empreendedorismo" na formação de professores, apoiados pelo *New Schools* – tais como a *Relay*, a residência pedagógica MATCH e o *Urban Teaching Center* – e avaliados apenas por seus próprios padrões de qualidade, baseados nos resultados dos alunos em testes padronizados, levanta sérias dúvidas sobre a veracidade dessas afirmações.[89] Dizer repetidamente que esses programas são inovadores,

---

[89] Mesmo em alguns casos em que se pode realmente demonstrar que os alunos de escolas do tipo *charter*, onde lecionam egressos desses programas empresariais, apresentam melhores resultados de pontuação no teste e nas taxas de conclusão de curso, não se apresentam dados que comprovem se a natureza e a qualidade dos programas de formação de professores são responsáveis por esses ganhos. (Ver ZEICHNER e CONKLIN, 2005 para uma discussão sobre esse assunto).

revolucionários e audaciosos não torna essa afirmação verdadeira sem uma sólida evidência de pesquisa.[90]

Há outras preocupações relacionadas à ética dessa abordagem quando lemos na literatura sobre empreendedorismo educacional declarações como a seguinte:

> Ambos, os investidores e o público em geral, devem aceitar que não há problemas se os investimentos falharem, desde que o fracasso seja na busca de soluções focadas em resultados. (Hess, 2006, p. 253).

Não devemos nos esquecer de que essas "soluções" empresariais para os problemas da formação de professores trazem também consequências diretas para as crianças pobres, e não para os filhos dos empresários e as crianças de classe média e média alta em geral. As consequências negativas disso para a sociedade em geral são enormes em função dos efeitos resultantes da criação de um conjunto inferior de escolas para muitos alunos que vivem na pobreza. Parece contraditório, mas nenhum empresário ou qualquer outro defensor de programas empresariais de formação de professores, como a *Relay*, enviou seus próprios filhos e netos para as escolas às quais eles se referem como "extremamente inovadoras" (Riley, 2013), em que trabalham professores que ingressam no magistério por meio desses programas empresariais. É correto usar as crianças, que menos podem se dar ao luxo de experimentar a limitação de acesso a uma rica experiência de aprendizagem nas escolas, como cobaias para a revolução empreendedora na formação de professores? Nós achamos que não.

Conclusão

O futuro do sistema público de formação de professores nos Estados Unidos encontra-se ameaçado uma vez que o movimento para desregulamentar e privatizar a preparação de professores ganha

---

[90] É irônico que a formação docente das universidades seja criticada por não ser capaz de apresentar evidência demonstrando a eficácia de seus programas, quando aqueles que fazem essas críticas são, eles próprios, incapazes de fazer o mesmo.

força por meio do recebimento de recursos financeiros e apoio político. Embora não discordemos que tanto o ensino público quanto a formação docente precisam ser bastante melhorados nos EUA, não comungamos com os defensores da desregulamentação e da privatização dos programas universitários de formação docente as causas de nossos problemas e as maneiras de abordá-los.

Não há nenhuma evidência de que os programas empresariais de formação de professores, apontados como o futuro da formação docente nos EUA, são alternativas realmente ousadas, inovadoras e pioneiras. Simplesmente exigir que os professores demonstrem uma capacidade para melhorar os resultados dos testes padronizados para completar o programa de formação não é o tipo de medida de desempenho docente que precisamos usar a fim de avaliar se os professores estão realmente preparados para serem bem-sucedidos na sala de aula (ZEICHNER, 2011).

Porque ouvimos incessantemente que esses "programas de empreendedorismo" são revolucionários, isso não os torna assim. Os próprios programas são muito novos para apresentarem resultados de pesquisas longitudinais.

Uma das maiores falhas nos argumentos dos defensores da desregulamentação e da privatização na formação de professores é a sua afirmação implícita ou não de que as intervenções educacionais por si sós podem resolver nossa dívida de educação e as sérias diferenças de oportunidades que existem para alunos de diferentes origens na escola. Enquanto as melhorias no ensino, nos índices de escolaridade e na formação de professores são uma parte da solução, não devemos nos esquecer das inúmeras consequências da pobreza para muitos alunos em nosso sistema público de ensino. Sem isso, qualquer solução para os nossos problemas educacionais ficará aquém do sucesso (NOGUERA, 2011; CARTER; WEINER, 2013).

Desmontar e substituir o sistema universitário de formação de professores, que continua a preparar a maioria dos professores do país, seria um grave erro. Entre os países que tiveram um excelente desempenho em comparações internacionais em educação, nenhum tem um sistema de formação de professores "de mercado", e nenhuma dessas nações utilizou a desregulamentação e a privatização que estão sendo postas em prática nos Estados Unidos. Pelo contrário, um forte sistema universitário de formação de professores é um pré-requisito para um forte sistema de educação pública na maioria desses países (DARLING-HAMMOND; LIEBERMANN, 2012).

Os defensores da desregulamentação e da lei de mercado na formação de professores frequentemente se queixam do alto custo dos programas universitários de formação docente e do desperdício de recursos públicos. Porém, a maioria das contribuições federais para os programas de formação docente nas universidades públicas concentra-se em ajuda financeira aos alunos e não em fundos para desenvolver os próprios programas. Ao longo da última década ou mais, houve cortes severos nas contribuições estatais para nossas universidades públicas, os quais minaram os esforços para buscar novas soluções para os programas universitários de formação de professores e torná-los mais próximos e receptivos às necessidades das escolas públicas (NEWFIELD, 2008).

A administração Obama, que tem sido amplamente favorável à desregulamentação e ao desenvolvimento de um mercado na formação de professores, tem assumido uma postura irônica ao requerer a diminuição das normas para a preparação de professores enquanto exige a elevação dos padrões para alunos do ensino fundamental. Concordamos com Kevin Weiner (2011) ao argumentar o seguinte:

> As oportunidades educacionais deveriam ser um dos nossos bens públicos mais preciosos. Enquanto a educação pública de fato fornece benefícios privados importantes para as crianças e suas famílias, ela também se encontra no centro do nosso bem-estar social. As oportunidades educacionais deveriam, portanto, nunca ser distribuídas pelas forças do mercado porque os mercados existem para criar as desigualdades – eles prosperam por meio da existência de vencedores e perdedores (p. 40).

Como uma alternativa para as soluções dos problemas da formação docente apresentadas "pelo mercado" e que aqui duramente criticamos, sugerimos neste capítulo elementos do que chamamos de uma agenda de transformação para a formação de professores.[91] Acreditamos, tanto com base nas teorias de aprendizagem quanto na pesquisa empírica

---

[91] Outras publicações em que discuto uma agenda transformacional podem ser encontradas em Zeichner (2009, 2010); Zeichner; Payne (2013); e Zeichner; Bier (2013).

(ver, por exemplo, Darling-Hammond e Bransford, 2005) e em uma forte crença no setor público, que tal agenda sugere mudanças que melhor enfrentarão os problemas do campo, fornecendo educação e professores de alta qualidade para todas as crianças.

Em síntese, essa agenda enfatiza: (a) compartilhar mais responsabilidades entre universidades, escolas e comunidades locais para formar professores; (b) aproximar o processo de aprender a ensinar dos tipos de ambientes para as quais os indivíduos estão sendo preparados para lecionar, ao mesmo tempo em que se formam professores com conhecimento de conteúdo e profissional necessários e bem informados sobre os compromissos com as comunidades em que trabalham; (c) preparar professores capazes de desenvolver práticas de ensino que ajudarão a fornecer oportunidades para que os alunos interajam com o conhecimento de forma autêntica e desenvolvam a compreensão; e (d) fortalecer os sistemas alternativos de responsabilização para os programas de formação de professores para além de sua capacidade de melhorar os resultados dos alunos nos testes padronizados.

Por último e mais importante, é crucial que as agendas e as atividades dos investidores privados, como aqueles ligados ao *New Schools Venture Fund*, sejam mais transparentes para o público em geral e para os especialistas em educação, de modo que suas declarações e reivindicações possam receber o mesmo exame minucioso e crítico que qualquer outro conjunto de propostas merece em uma sociedade democrática. Isso é particularmente importante quando as propostas envolvem a transferência do controle do sistema público de formação de professores para instituições privadas.

Todos nós deveríamos participar ativamente e com muita humildade de um verdadeiro diálogo público sobre as diversas soluções para os problemas da formação de professores nos EUA. Dado o tamanho do país e da força de trabalho do magistério – mais de três milhões e meio de professores –, é improvável que qualquer sistema de formação docente possa ser desenvolvido sem incluir o envolvimento significativo das faculdades e universidades. Os problemas da educação pública e da formação de professores são muito importantes para serem delegados sem uma verificação rigorosa baseada em pesquisa científica e sem um diálogo público civil.

Referências

AMERICAN ASSOCIATION OF COLLEGES FOR TEACHER EDUCATION. *The Changing Teacher Preparation Profession: A Report from AACTE's Professional Education Data System (PEDS)*. Washington, D.C: Author, 2013.

AMERICAN FEDERATION OF TEACHERS. *Raising the Bar: Aligning and Elevating Teacher Preparation and the Teaching Profession*. Washington, D.C: Author, 2012.

BALL, S. Voting With Dollars: Philanthropy, Money, and Educational Policy. *Pedagogy, Culture, and Society*, v. 20, n. 3, p. 485-491, 2012.

BARKIN, J. Firing Line: The Grand Coalition Against Teachers. *Dissent*. 2011a. Disponível em: <http://www.dissentmagazine.org/online_articles/firing-linethe-grand-coalition-against-teachers>. Acesso em: 5 jul. 2011.

BARKIN, J. Got Dough? How Billionaires Rule Our Schools. *Dissent*. 2011b. Disponível em: <www.dissentmagazine.org/article/?article-=3781>. Acesso em: 14 fev. 2012.

BERLINER, D. Rational Responses to High-Stakes Testing: The Case of Curriculum Narrowing and the Harm That Follows. *Cambridge Journal of Education*, v. 41, n. 3, p. 287-302, 2011.

BERLINER, D. Effects of Inequality and Poverty Vs. Teachers and Schooling on America's Youth. *Teachers College Record*, v. 116, n. 1, 2014. Disponível em: <www.tcrecord.org>. Acesso em: 1° abr. 2013. ID Number 16859.

BERRY, B.; MONTGOMERY, D. *et.al. Creating and Sustaining Urban Teacher Residencies: A New Way to Recruit, Prepare and Retain Effective Teachers in High Needs Districts*. Center for Teacher Quality; The Aspen Institute. August, 2008.

BOYD, D., GROSSMAN, P.; LANKFORD, H.; LOEB, S; WYCKOFF, J. Surveying the Landscape of Teacher Education in New York City: Constrained Variation and the Challenge of Innovation. *Educational Evaluation and Policy Analysis*, v. 30, n. 4, p. 319-343, 2008.

CAPERTON, G.; WHITMIRE, R. *The Achievable Dream*. New York: The College Board, 2012.

CARNEGIE CORPORATION. *A Nation Prepared: Teaching for the 21st Century: Report on the Taskforce on Teaching as a Profession*. Hyattsvile, MD: Carnegie Forum on Education and the Economy, 1986.

CARTER, P; WEINER, K. (Eds). *Closing the Opportunity Gap: What America Must Do to Give Every Child an Even Chance*. Oxford, U.K: Oxford University Press, 2013.

CHARTERS, W. W; WAPLES, D. *The Commonwealth Teacher Training Study*. Chicago: University of Chicago Press, 1929.

CHUBB, J. *The Best Teachers in the World: Why We Don't Have Them and How We Could*. Palo Alto, CA: Hoover Institute Press, 2012.

CHUBB, J; MOE, T. *Politics and Markets in America's Schools*. Washington, D.C: Brookings Institution Press, 1990.

COCHRAN-SMITH, M; ZEICHNER, K. (Eds). *Studying Teacher Education: The Report of the American Educational Research Association Panel on Research in Teacher Education in the U.S.* New York: Routledge, 2005.

CORCORAN, S. P. Human Capital Policy and the Quality of the Teacher Workforce. In: GOLDHABER, D.; HANNAWAY, J. (Eds.). *Creating a New Teaching Profession*. Washington, D.C: Urban Institute Press, 2009. p. 29-52.

CROWE, E. *Race to the Top and Teacher Preparation*. Washington, D.C: Center for American Progress, March, 2011.

CUBAN, L. Educational Entrepreneurs Redux. In: HESS, F. M. (Ed). *Educational Entrepreneurship: Realities, Challenges, Possibilities*. Cambridge, MA: Harvard Education Press, 2006. p. 243-260.

CUBAN, L. Are Rocketship Schools the Future? Part 3. February 19, 2012. In: *Larry Cuban on school reform and classroom practice*. Disponível em: <http://larry-cuban.wordpress.com/2012/02/19/are-rocketship-schools-thefuture-part-3/>.

DARLING-HAMMOND, L. *Powerful teacher education*. San Francisco: Jossey Bass, 2006.

DARLING-HAMMOND, L. *Evaluating Teacher Effectiveness: How Teacher Performance Assessments Can Measure and Improve Teaching*. Washington, D.C: Center for American Progress, October, 2010.

DARLING-HAMMOND, L; BRANSFORD, J. (Eds.). *Preparing Teachers for a Changing World*. San Francisco: Jossey Bass, 2005.

DARLING-HAMMOND, L; LIEBERMAN, A. (Eds). *Teacher Education Around the World: Changing Policies and Practices*. New York: Routledge, 2012.

DEMOCRATS FOR EDUCATION REFORM . *Ticket to Teach*. 2011. Disponível em: <http://blogs.edweek.org/edweek/teacherbeat/TickettoTeach_1.3.11. pdf>. Acesso em: 3 jan. 2012.

DONALDSON, M. L; JOHNSON, S. M. Teach for America Teachers: How Long do They Teach? Why do They Leave? *Phi Delta Kappan*, v. 93, n. 2, p. 47-52, 2011.

DOW JONES WEB REPORT SERVICE . No teacher left behind. *Wall Street Journal*. September 22, 2006. Disponível em: <http://www.edschools.org/news/Wall_Street_Journal_092206.htm>. Acesso em: 15 abr. 2013.

DUNCAN, A. *Teacher Preparation: Reforming the Uncertain Profession*. Remarks of Secretary Arne Duncan at Teachers College, October, 2009. Columbia University. Disponível em: <http://www.ed.gov>. Acesso em: 15 nov. 2009.

DUNCAN, A. *Our Future, Our Teachers: The Obama Administration's Plan for Teacher Education Reform and Improvement*. Washington, D.C: U.S. Department of Education, September, 2011.

DUNCAN, G; MURNANE, R. (Eds). *Whither Opportunity: Rising Inequality Schools, and Children's Life Chances*. New York: Russell Sage Foundation and Chicago: Spencer Foundation, 2012.

ECONOMIC POLICY INSTITUTE. *Problems With the Use of Student Test Scores to Evaluate Teachers*. Washington, D. C.: Author, August, 2010.

EDUCATIONAL DEVELOPMENT CENTER. *Improving Teacher Preparation Programs: A Briefing Paper for Funders*. (Prepared for the W.K. Kellogg Foundation). Battle Creek, MI: W. K. Kellogg Foundation, October, 1999.

FEISTRIZER, E.; GRIFFIN, S.; LINNARJARVI, A. *Profile of Teachers in the U.S*. Washington, D.C: National Center for Education Information, 2011. Disponível em: <http://www.ncei.com/Profile_Teachers_US-2011.pdf>.

FELLER, B. Study Says Teacher Training is Chaotic. *Associated Press*. 19 set. 2006. Disponível em: <http://www.edschools.org/news/Associated_Press_091906.htm>. Acesso em: 15 abr. 2013.

FINDER, A. Report Critical of Training of Teachers. *New York Times. September 19th*. 2006. Disponível em: <www.nytimes.org>. Acesso em: 15 abr. 2013.

GASSMAN, V. What's New is Old? Philanthropic Influences on Education. *Phi Delta Kappan*, v. 93, n. 8, p. 8-11, 2012.

GITOMER, D. *Teacher Quality in a Changing Policy Landscape*. Princeton, N.J: Educational Testing Service, 2007.

GOLDHABER, D; HANNAWAY, J. (Eds). *Creating a New Teaching Profession*. Washington, D.C: The Urban Institute, 2009.

GOODLAD, J. *Educational Renewal: Better Teachers, Better Schools*. San Francisco: Jossey-Bass, 1994.

GOODMAN, J. Charter Management Organizations and the Regulated Environment: Is it Worth the Price? *Educational Researcher*, v. 42, n. 2, p. 89-96, 2013.

GROSSMAN, P; LOEB, S. *Alternative Routes to Teaching: Mapping the New Landscape of Teacher Education*. Cambridge, MA: Harvard Education Press, 2008.

HALL, P. D. Philanthropy, the Non-Profit Sector and the Democratic Dilemma. *Daedalus*, v. 142, n. 2, p. 139-158, 2013.

HARGREAVES, A; FULLAN, M. *Professional Capital*. New York: Teachers College Press, 2012.

HARTOCOLLIS, A. Who Needs Education Schools? *The New York Times*, p. 24-28. July 31, 2005.

HENIG, J. R.; HULA, R. C.; ORR, M.; PEDESCLEAUX, D. S. *The Color of School Reform: Race, Politics, and the Challenge of Urban Education*. Princeton, N.J: Princeton University Press, 2001.

HESS, F .M. Introduction. In: HESS, F. M. (Ed). *With the Best of Intentions: How Philanthropy is Reshaping K-12 Education*. Cambridge, MA: Harvard Education Press, 2005. p. 1-17.

HESS, F. M. Politics, Policy, and the Promise of Entrepreneurship. In: HESS, F. M. (Ed). *Educational Entrepreneurship: Realities, Challenges, Possibilities*. Cambridge, MA: Harvard Education Press, 2006. p. 243-260.

HESS, F. M. Revitalizing Teacher Education by Revisiting Our Assumptions About Teaching. *Journal of Teacher Education*, v. 60, n. 5, p. 450-457, 2009.

HESS, F. M. Philanthropy Gets into the Ring: Edu Funders Get Serious About Education Policy. *Education Week,* May 16th. 2012. Disponível em: <www.edweek.org>. Acesso em: 14 fev. 2013.

HOLMES GROUP. *Tomorrow's Teachers*. East Lansing, MI: Michigan State University College of Education, 1986.

HONAWAR, V. Prominent Teacher Educator Assails Field, Suggests New Accreditation Body in Report. *Education Week, 26*. Published September 20th. 2006. Disponível em: <http://www.edschools.org/pdf/Education_Week_092006.pdf>. Acesso em: 15 abr. 2013.

HORN, J; LIBBY, K. The Giving Business: Venture Philanthropy and the New Schools Venture Fund. In: KOVACS, P. (Ed) *The Gates Foundation and the future of U.S. public education*. New York: Routledge, 2011. p. 168-185.

JAIN, N. Rethinking Education: Why Our Education System is Ripe for Disruption. *Forbes Magazine*. March 24, 2013. Disponível em: <www.forbes.com>. Acesso em: 1° abr. 2013.

HUMPHREY, D. C.; WECHSLER, M. E.; HOUGH, H. J. Characteristics of Effective Alternative Certification Programs. *Teachers College Record*, v. 110, n. 1, p. 1-63, 2008.

INGERSOLL, R. *Who Controls Teachers' Work?* Cambridge, MA: Harvard University Press, 2003.

JOHNSON, S. M.; KRAFT, M; PAPAY, J. How Context Matters In High-Need Schools: The Effects of Teachers' Working Conditions on Their Professional

Satisfaction and Their Students' Achievement. *Teachers College Record*, v. 114, p. 1-39, 2012.

KATZ, S. N. Reshaping U. S. Public Education Policy. *Stanford Social Innovation Review*, 2013. Disponível em: <http://www.ssireview.org/articles/entry/reshaping_u.s._public_education_policy>. Acesso em: 15 mar. 2003.

KIRBY, S. N.; MCCOMBS, J. S.; NAFTEL, S.; BARNEY, H. *Teachers for a New Era: Some Promising Indicators of Change*. Santa Monica, CA: Rand Corporation, 2005.

KNOWLES, T. *New Pathways for Teachers, New Promises for Students: A Vision For Developing Excellent Teachers*. Washington, D.C: American Enterprise Institute, Special Report 3, January, 2013.

KRONHOLZ, J. A New Type of Ed School: Linking Candidate Success to Student Success. *Education Next*. 2012. Disponível em: <http://educationnext.org/a-new-type-of-ed-school>. Acesso em: 26 ago. 2012.

LABAREE, D. Public Goods, Private Goods: The Struggle over Educational Goals. *American Educational Research Journal*, v. 34, n. 1, p. 39-81, 1997.

LADSON-BILLINGS, G. From the Achievement Gap to the Education Debt: Understanding Achievement in U.s. Schools. *Educational Researcher*, v. 35, n. 7, p. 3-12, 2006.

LAGEMANN, E. C. *The Politics of Knowledge: The Carnegie Corporation, Philanthropy, and Public Policy*. Chicago: University of Chicago Press, 1992.

LEMOV, D. *Teach Like a Champion*. San Francisco: Jossey-Bass. LeMov, D. Practice Makes Perfect and Not Just for Jocks And Musicians. 2010. *Wall Street Journal*. October 26, 2012. Disponível em: <http://online.wsj.com/article/SB10001424052970204530504578078602307104168.html?mod=googlenews_wsj#articleTabs%3Darticle>. Acesso em: 1° nov. 2012.

LEVIN, T. Training of Teachers Is Flawed Study Says. *New York Times*, July, 21[st.], 2011. Disponível em: <http://www.nytimes.com>. Acesso em: 21 jul. 2011.

LEVINE, A. *Educating School Teachers*. The Education Schools Project. September, 2006. Disponível em: <http://www.edschools.org/pdf/Educating_Teachers_Report.pdf>.

LEVINE, A. Teacher Education Must Respond to Change in America. *Phi Delta Kappan*, v. 92, n. 2, p. 19-24, 2010.

LEVINE, A. The New Normal of Teacher Education. *The Chronicle of Higher Education*, May 8th 2011. Disponível em: <http://cronicle.com/article.The-New-Normal-of-Teacher/127430>. Acesso em: 10 maio 2011.

LIPMAN, P. *High-Stakes Education: Inequality, Globalization, and Urban School Reform*. New York: Routledge, 2004.

LIU, M. Disrupting Teacher Education. *Education Next*, v. 13, n. 3, 2013. Disponível em: <http://educationnext.org/disrupting-teacher-education>. Acesso em: 11 abr. 2013.

LYALL, K.; SELL, K. The True Genius of America at Risk: Are We Losing Our Public Universities to De Facto Privatization? Westport, CT: Prager, 2006.

MATTHEWS, J. ED School Professors Resist Teaching Practical Skills. *Washington Post, Class Struggle Blog,* October 2nd, 2010. Disponível em: <http://voices.washingtonpost.com/class-struggle/2010/09/26-week>. Acesso em: 2 out. 2010.

MCNEIL, L. *Contradictions of School Reform: The Costs of Standardized Testing.* New York: Routledge, 2000.

NATIONAL COMMISSION FOR TEACHING AND AMERICA'S FUTURE. *What Matters Most: Teaching for America's Future.* New York City: Author, September, 1996.

NATIONAL COMPREHENSIVE CENTER FOR TEACHER QUALITY & PUBLIC AGENDA.*Teaching in Changing Times. Lessons Learned: New Teachers Talk About Their Jobs, Challenges, and Long-Range Plans.* Washington, D.C: Authors, 2008. Disponível em: <http://www.public.agenda.org/files/pdf/lessons_learned_3.pdf>.

NATIONAL COUNCIL OF ACCREDITATION FOR TEACHER EDUCATION. *Transforming Teacher Education Through Clinical Practice: A National Strategy to Prepare Effective Teachers.* Washington, D.C: Author, November, 2010

NATIONAL RESEARCH COUNCIL. *Preparing Teachers: Building Evidence for Sound Policy.* Washington, D.C: National Academies Press, April, 2010.

NAVEEN, J. Rethinking Education: Why Our Education System Is Ripe for Disruption. *Forbes Magazine,* March 24th. 2013. Disponível em: <www.forbes.com/sites/naveenjain/2013/03/24/disrupting-eductaion>. Acesso em: 10 abr. 2013.

NELSON, T; JOANES, A. The End of the "Public" in Public Education. *Teacher Education Quarterly,* v. 34, n. 2, p. 5-10, 2007.

NEWFIELD, C. *Unmaking the Public University.* Cambridge, MA: Harvard University Press, 2008.

NICHOLS, S; BERLINER, D. *Collatoral Damage: How High Stakes Testing Corrupts America's Schools.* Cambridge, MA: Harvard Education press, 2007.

NOGUERA, P. A Broader, Bolder Approach Uses Education to Break the Cycle of Poverty. *Phi Delta Kappan, xx,* p. 8-14, 2011.

ODDEN, A. *Getting the Best People in the Toughest Jobs: Changes in Talent Management in Education*. Washington, D.C: Center for American Progress, 2013.

ORFIELD, G; FRANKENBER, E. (Eds). *Educational Delusions? Why Choice Can Deepen Inequality and How to Make Schools Fair*. Berkeley: University of California Press, 2013.

OTTERMAN, S. Ed schools Pedagogical Puzzle. *New York Times,* July 21st. 2011. Disponível em: <http://www.nytimes.com/2011/07/24/education/edlife/edl-24teacher-t.html?pagewanted=all>. Acesso em: 22 jul. 2012.

PARKER, W. Constructing Public Schooling Today: Derision, Multiculturalism, and Nationalism. *Educational Theory*, v. 61, n. 4, p. 413-432, 2011.

PESKE, H; HAYCOCK, K. *Teaching Inequality: How Poor Minority Students Are Shortchanged on Teacher Quality*. Washington DC: Education Trust. June 2006.

PAYZANT, T. *Should Teacher Education Take Place at Colleges and Universities?* Invited Address Presented at The Annual Meeting of the American Association of Colleges for Teacher Education, Chicago. February, 2004.

PIANTA, R.C. *Teaching Children Well: New Evidence-Based Approaches to Teacher Professional Development and Training*. Washington, D.C: Center for American Progress, November, 2011.

QUINN, R.; TOMPKINS-STRANGE, M.; MEYERSON, D. *Beyond Grant Making: Philanthropic Foundations as Agents for Change and Institutional Entrepreneurs*. Paper Presented at the Annual Meeting of the American Educational Research Association, San Francisco, CA. April, 2013.

RECKHOW, S. *Follow the Money: How Foundation Dollars Change Public School Politics*. New York: Oxford University Press, 2013.

RONFELDT, M.; LOEB, S; WYCKOFF, J. How Teacher Turnover Harms Student Achievement. *American Educational Research Journal*, v. 50, p. 4-36, 2013.

ROTHERHAM, A. *Achieving Teacher and Principal Excellence: A Guidebook for Donors*. Washington, D.C: Philanthropy Roundtable, 2008.

ROTHSTEIN, R. *Class and Schools: Using Social, Economic, and Educational Reform to Close the Black and White Achievement Gap*. Washington, D.C: Economic Policy Institute, 2004.

SALTMAN, K. *The Gift of Education: Public Education and Venture Philanthropy*. New York: Palgrave Macmillan, 2010.

SANDLER, M. *Social Entrepreneurship in Education: Private Ventures for the Public Good*. New York: Roman & Littlefield, 2010.

SAWCHUCK, S. New Advocacy Groups Shaking Up Education Field. *Education Week*. March 14th. 2012 .Disponível em: <http://www.edweek.org/ew/articles/2012/05/16/31adv-overview_ep.h31.html>.

SAWCHUCK, S. Teacher-Prep Programs Zero in on Effective Practice. *Education Week*, March, 25th, 2013. Disponível em: <www.edweek.org>. Acesso em: 1º abr. 2013.

SCHILLER, J. Venture Philanthropy's Market Strategies Fail Urban Kids. *Phi Delta Kappan*, v. 93, n. 8, p. 12-16, 2012.

SCHORR, J. A Revolution Begins in Teacher Prep. *Stanford Social Innovation Review*, v. 11, n. 1, 2012. Disponível em: <http://www.ssireview.org>. Acesso em: 12 dez. 2012.

SMITH, J. A. Private Foundations and Public Policymaking: A Historical Perspective. In: FERRIS, J. (Ed). *Foundations and Public Policy*. New York: The Foundation Center, 2009. p. 41-78.

SMITH, W. The American Teacher Corps Programme. In: HOYLE, E.; MEGARRY, J. (Eds) *Professional Development of Teachers*. London: Nichols, 1980. p. 204-218.

SMITH, K; PETERSON, L. What is Educational Entrepreneurship? In: HESS, F. M. (Ed). *Educational Entrepreneurship: Realities, Challenges, and Possibilities*. Cambridge, MA: Harvard Education Press, 2006.

SUGGS, C; DEMARRAIS, K. *Critical Contributions: Philanthropic Investment in Teachers and Teaching*. Atlanta: Kronley & Associates, July, 2011.

SYKES, G; DIBNER, K. *Fifty Years of Federal Teacher Policy: An Appraisal*. Washington, D.C: Center on Education Policy, March 2009.

TUCKER, M. *Surpassing Shanghai: An Agenda for American Education Built on The World's Leading Systems*. Cambridge, MA: Harvard Education Press, 2011.

VALENZUELA, A. *Leaving Children Behind: How "Texas Style Accountability Fails Latino Youth*. Albany, N.Y: SUNY Press, 2005.

VEDDER, R. Who Should Educate the Educators? *Chronicle of Higher Education*. September, 2011. Disponível em: <http://chronicle.com/blogs/innovations>.

WEINER, K. Free-Market Think Tanks and the Marketing of Educational Policy. *Dissent*, p. 39-44, Spring, 2011.

WEINER, K.; HINCHEY, P; MOLNAR, A. (Eds). *Think Tank Research Quality: Lessons for Policymakers, the Media, and the Public*. Charlotte, N.C: Information Age Publishing, 2010.

WILSON, S.; FLODEN, R; FERRINI-MUNDY, J. *Teacher Preparation Research: Current Knowledge, Gaps and Recommendations*. Washington, DC: U.S. Department of Education, 2001.

WOODRING, P. The Ford Foundation and Teacher Education. *Teachers College Record*, v. 62, n. 3, p. 224-231, 1960.

ZEICHNER, K. Learning from Experience with Performance-Based Teacher Education. In: PETERMAN, F. (Ed). *Designing Performance Assessment Systems for Urban Teacher Education.* New York: Routledge, 2005. p. 3-19.

ZEICHNER, K. *Teacher Education and the Struggle for Social Justice.* New York: Routledge, 2009.

ZEICHNER, K. Rethinking the Connections between Campus Courses and Field Experiences in College and University-Based Teacher Education. *Journal of Teacher Education,* v. 89, n. 11, p. 89-99, 2010.

ZEICHNER, K. Assessing State and Federal Policies to Evaluate the Quality of Teacher Preparation Programs. In: EARLEY, P.; IMIG, D.; MICHELLI, N. (Eds). *Teacher Education Policy in The United States: Issues and Tensions in an Era of Evolving Expectations.* New York: Routledge, 2011. p. 75-105.

ZEICHNER, K. The Turn Once Again Toward Practice-Based Teacher Education. *Journal of Teacher Education,* v. 63, n. 5, p. 376-382, 2012.

ZEICHNER, K.; CONKLIN, H. Teacher Education Programs. In: CO-CHRAN-SMITH, M.; ZEICHNER, K. (Eds.). *Studying Teacher Education.* New York: Routledge, 2005.

ZEICHNER, K; PAYNE, K. Democratizing Knowledge in Urban Teacher Education. In: NOEL, J. (Ed). *Moving Teacher Education into Urban Schools and Communities.* New York: Routledge, 2013. p. 3-19.

ZUNZ, O. *Philanthropy in America: A History.* Princeton, N.J: Princeton University Press, 2012.

CAPÍTULO 3

A mercantilização da formação de professores nos EUA[92]

*Os princípios do mercado e seus gestores influenciam
cada vez mais as políticas e práticas na educação.*
(BERNSTEIN, 1996)

*Ninguém terá a liberdade de procurar um ensino melhor e uma
educação mais sólida... até que a camisa-de-força intelectual
exercida pelo cartel de formação de professores seja rompida.*
(HOLLAND, 2004)

Hoje, em muitas partes do mundo, empenha-se para que a formação de professores passe por uma grande transformação. Embora minha percepção dessa situação seja altamente influenciada por minha experiência com os esforços do governo federal dos Estados Unidos, nas administrações de Clinton, Bush Sênior e Júnior, e Obama, para privatizar a educação pública e desprofissionalizar o trabalho docente (ver, por exemplo, BAINES, 2006a, 2006b, 2010; RAPHAEL; TOBIAS, 1997), está claro que aquilo que discutirei a seguir, de alguma

---

[92] Este capítulo baseia-se no texto que subsidiou uma palestra proferida pelo autor na Conferência Internacional *"Justice, Equality, and Efficiency: Educational Policy under the Situation of Multiple Societies"*, na Universidade Normal do Leste da China, Shanghai, em outubro de 2008. O texto, cujo título original é *"Competition, economic rationalization, incresed surveillance, and attacks on diversity: Neo-liberalism and the transformation of teacher education in the U.S.,"* foi publicado na *Teaching and Teacher Education*, em 2010.

maneira, é verdade em muitos países devido à grande influência do pensamento neoliberal, neogerencial e neoconservador que orienta os esforços para desmantelar a educação pública e a formação de professores nos Estados Unidos e em outros países e promovendo a expansão do capitalismo neoliberal corporativo (BATES, 2007; CARNOY, 1995; COMPTON; WEINER, 2008; FREEMAN-MOIR; SCOTT, 2007; GRIMMETT; FLEMING; TROTTER, 2009; HYPOLITO, 2004; SACHS, 2003). A promoção dessas ideias se utiliza, muitas vezes, de discursos liberais-humanistas de direitos humanos (por exemplo, "educação para todos", "qualidade") que ocultam as consequências de assumir essas ideias e mascarar outras maneiras de pensar sobre tais questões (TAMATEA, 2010).

> Continua a surgir uma variedade de políticas que parecem dirigidas a tomar o controle da educação afastando-a dos professores e formadores de professores e eliminando – sob argumentos de eficiência – os próprios mecanismos que podem ajudar os professores a efetivamente aumentar a qualidade da educação e o caráter profissional do magistério com tudo o que ele traz, como, por exemplo, um profundo conhecimento dos assuntos que irão ensinar: um conhecimento mais profundo de como ensinar esses assuntos para uma população cada vez mais diversa, pensamento crítico, crescimento cognitivo, entre outros. (TATTO, 2007a)

Há várias tendências que incidem sobre os cursos de formação inicial de professores em todo o mundo, e serão discutidas neste capítulo apenas aquelas relativas aos Estados Unidos. Elas incluem a mercantilização da formação de professores e sua sujeição às forças de mercado, as exigências de responsabilização excessivamente prescritivas por parte dos órgãos governamentais e agências de certificação que buscam controlar a essência dos currículos de formação de professores, os cortes consistentes e dolorosos nos orçamentos das instituições públicas, incluindo aquelas responsáveis pela formação docente, e os ataques aos esforços para formar professores que lecionem orientados por princípios da educação para a justiça social, por exemplo, preparando-os para se engajarem na educação multicultural e antirracista (DUTHILLEUL, 2005a; 2005b; FURLONG; COCHRAN-SMITH; BRENNAN, 2009). Concluirei este capítulo com algumas reflexões sobre o futuro da formação de professores nos Estados Unidos e proporei uma direção para responder a essas tendências.

Como disse anteriormente, embora sejam feitas referências durante toda a discussão de como essas tendências existem em outros países, o foco da análise será sobre a situação de formação de professores nos Estados Unidos. Por causa das diferenças nos sistemas de educação e de formação de professores e nas tradições culturais em diferentes partes do mundo (STEENSEN, 2006), a análise tanto dos problemas quanto da proposta de combater os efeitos negativos do neoliberalismo no magistério e na formação de professores podem não ser apropriadas em outros países.

A mercantilização da formação de professores

Muitas pressões sofridas pela formação de professores nos dias de hoje são um resultado da propagação das ideias neoliberais e das políticas de mercado, a privatização, a desregulamentação e a relação "bem privado" *versus* "bem público" (BALL, 2004) desde o ensino fundamental e médio até a formação de professores (BEYER, 2007; DAHLSTROM, 2009; HINCHEY; CADIERO-KAPLAN, 2005; KUMASHIRO, 2010).[93] De acordo com Robertson (2008, p. 12), essas políticas têm três objetivos centrais:

> (1) A redistribuição de riqueza dirigida para as elites dominantes por meio de novas estruturas de governança; (2) a transformação dos sistemas educacionais para que a produção de trabalhadores para a economia seja o principal imperativo; e (3) a quebra da educação como um monopólio do setor público abrindo-a para o investimento estratégico de empresas com fins lucrativos.

O que vemos nos Estados Unidos é um tremendo crescimento das rotas alternativas para os cursos tradicionais de formação de professores das faculdades e universidades, o que inclui iniciativas

---

[93] De acordo com Harvey (2005), o "neoliberalismo é, em primeira instância, uma teoria de práticas e políticas econômicas que propõe que o bem-estar humano pode ser promovido pelas liberdades e habilidades empresariais individuais dentro de uma estrutura institucional caracterizada por fortes direitos de propriedade privada, livre mercado e livre comércio. O papel do Estado é criar e preservar a estrutura institucional adequada a tais práticas" (p. 38).

de muitas novas empresas e universidades com fins lucrativos que entraram no "negócio" chamado "formar professores".[94] Essas rotas alternativas (por exemplo, *Kaplan, I-Teach Texas, The University of Phoenix* and *Laureate*) têm sido ativamente apoiadas pelo governo federal nas administrações de ambos os partidos, o Democrata e o Republicano (um ex-Ministro da Educação disse, em um importante relatório sobre qualidade do ensino, que ele achava que a participação em um programa de formação de professores deveria ser opcional!)[95] e pelas políticas estaduais em certas partes do país que encorajaram ativamente os modelos alternativos para a tradicional formação universitária de professores.[96] Em 2001, editais do Ministério da Educação dos Estados Unidos destinaram 40 milhões de dólares ao Conselho Americano para a Certificação de Excelência de Docência (*American Board for the Certification of Teaching Excellence* – ABCTE) que atualmente certifica professores em nove estados com base em dois exames *online* sobre conhecimento de conteúdo e conhecimento profissional. A ABCTE não requer matrícula em um curso de formação de professores ou demonstração de competência docente em uma sala de aula para conceder uma licença para o magistério.[97]

O apoio do atual governo federal aos cursos de residência docente, que definem um papel mais forte das escolas e possivelmente das comunidades na formação inicial de professores, e que abalam os tradicionais e hierárquicos modelos universitários de formação de professores, é outro exemplo de apoio governamental ao deslocamento maior dos programas de formação de professores para dentro das escolas e comunidades e fora das universidades (HOWEY, 2007).

---

[94] Essa mercantilização da formação de professores é um similar do crescimento da educação superior com fins lucrativos em geral (MOREY, 2001).

[95] Paige (2002).

[96] Um exemplo de políticas públicas que estimulam modelos alternativos para a formação de professores é a prática de colocar um limite de contenção de créditos educativos em um curso de formação inicial de professores. Ver Zeichner e Hutchinson (2008) para uma discussão sobre a evolução das políticas de certificação alternativa nos Estados Unidos.

[97] ABCTE.org. Os estados participantes nesse programa são: Flórida, Idaho, Mississippi, Missouri, New Hampshire, Pensilvânia, Carolina do Sul e Utah e Oklahoma.

O estado de Nova Iorque recentemente também autorizou programas não universitários de formação de professores, como o *Teach for America*, a conceder o grau de mestre aos professores, permitindo-lhes, com isso, cumprir a exigência do Estado de ter tal titulação nos primeiros anos de sua carreira, sem ter de se inscrever em um curso da faculdade ou universidade.

Esse "empurrão" do governo dos Estados Unidos para encorajar a desregulamentação e a competição na formação inicial de professores é muito similar ao que tem acontecido, já há alguns anos, no Reino Unido e em outras partes do mundo (ver, por exemplo, FURLONG; BARTON; MILES; WHITING; WHITTY, 2000). Mas, como Steensen (2006) aponta em sua análise das influências neoliberais sobre a formação de professores na Dinamarca e na Suécia, o impulso na direção de mercados e de maiores controles externos na formação de professores ocorre de maneiras diversas em diferentes partes do mundo por causa da interação de tradições culturais locais com as tendências globais que circulam de país para país. Desse modo, há sempre uma tensão entre o local e o global que determina as maneiras pelas quais o neoliberalismo influencia tanto o ensino quanto a formação de professores. O argumento de Steensen (2006) é demonstrado por uma recente coleção de estudos de caso sobre reformas no magistério e na formação docente em dez países diferentes (TATTO, 2007b). Nesse conjunto de estudos, o caso da Alemanha ilustra como as ideias globais têm sido apropriadas e depois transformadas em algumas áreas para ajudar a servir a interesses locais (BLOMEKE, 2006). Em outros casos, como o de Ontário, no Canadá (PITMAN, 2007), há alguma evidência de que as forças globais desempenham um papel ainda mais poderoso. Há, é claro, muita variação dentro de certos países em termos de como as políticas relacionadas ao magistério e à formação de professores se desenvolvem (TATTO; PLANK, 2007).

Um marco internacional importante na promoção de rotas alternativas aos modelos universitários de formação inicial de professores foi a criação, em 2007, do *Teach for America* – um caminho para o magistério amplamente divulgado nos Estados Unidos em colaboração com o seu clone britânico, o *Teach First* –, a partir de um programa chamado *Teach for All*. Esse programa foi concebido para apoiar empresários em outros países que gostariam de desenvolver um programa *Teach for America/Teach First* em sua região.[98]

O encorajamento de rotas alternativas para a suposta "hegemonia" da universidade sobre a formação de professores, em e por si só, não é necessariamente uma coisa ruim. Em primeiro lugar, é preciso esclarecer que faculdades e universidades só tiveram o real "monopólio" da formação inicial de professores nos Estados Unidos durante um breve período de tempo, aproximadamente entre 1960 e 1990. Durante todas as outras épocas, sempre houve múltiplos caminhos para o magistério que não envolveram faculdades e universidades (FRASER, 2007). É também verdade que caminhos alternativos não universitários para o magistério têm às vezes características progressistas e foram incentivados por alguns por causa do fracasso dos modelos tradicionais da universidade para preparar os professores a fim de serem bem-sucedidos e permanecerem em escolas que atendem estudantes que vivem em situação de pobreza (WILSON; TAMIR, 2008).

Mas o que é importante observar sobre as rotas alternativas que estão sendo encorajadas é que elas muitas vezes estão intimamente ligadas a uma visão tecnicista sobre o papel dos professores e a esforços para desgastar a autonomia dos professores e a autoridade das universidades. Inúmeros estudiosos documentaram cuidadosamente a transformação da profissão de magistério em muitas partes do mundo – o que algumas vezes tem sido chamado de "o novo profissionalismo" por aceitar a visão de que as decisões sobre **o que** e **como** lecionar devem, em grande medida, ser tomadas fora da sala de aula, em vez de pelos próprios professores (ver, por exemplo, FURLONG, 2005; ROBERTSON, 2000; SMYTH; DOW; HATTAM; REID; SHACKLOCK, 2000; TATTO, 2007a). As mesmas ideias que resultaram nesse "novo profissionalismo para o magistério" entraram no universo da formação docente para garantir que os professores estivessem preparados para assumir suas limitadas funções educacionais como funcionários que não devem exercer o seu julgamento na sala de aula (ver, por

---

[98] Miner (2010) explicita a ligação entre o *Teach for America* nos Estados Unidos e algumas das maiores fundações que tentam privatizar a educação fundamental nesse país, tal como a *Walton Family Foundation* (Wal-Mart) e a *Doris and Donald Fisher Fund* (The Gap).

exemplo, JOHNSON; FARENGA; NESS, 2005).[99] Essa tendência pode ser vista muito claramente em muitos países, tal como o uso generalizado de "paraprofessores" na Índia (KUMAR; PRIYAM; SAXENA, 2001) e de professores "plasma" na Etiópia (DAHLSTROM; LEMA, 2009) e no crescente foco em professores como meros implementadores de *scripts* de ensino em muitas partes do mundo (COMPTON; WEINER, 2008).

Um comentário sobre o profissionalismo docente

Evetts (2009) distingue duas visões de profissionalismo que existem hoje em profissões baseadas no conhecimento, tais como o magistério: o profissionalismo organizacional e o profissionalismo ocupacional. Seu argumento é que o profissionalismo organizacional (semelhante ao que foi citado acima como "o novo profissionalismo") mudou o significado do profissionalismo na educação para uma situação em que um discurso de controle passou a obscurecer as visões de prática mais tradicionais do profissionalismo ocupacional baseado na autoridade colegiada. Por um lado, os administradores defendem uma visão de profissionalismo que sugere formas tradicionais de profissionalismo ocupacional e autoridade colegiada. Na verdade, porém, a prática, muitas vezes, revela a existência de maiores controles externos e vigilância em função do chamado profissionalismo organizacional.

> O apelo desse discurso pelos gestores nas organizações de trabalho é um mito de uma visão de profissionalismo que inclui aspectos como a propriedade exclusiva de uma área de *expertise*, autonomia e discrição nas práticas de trabalho e o controle ocupacional do trabalho. Mas a realidade do profissionalismo que está realmente envolvido é muito diferente. Ele, muitas vezes, inclui a substituição de valores organizacionais por profissionais; controles burocráticos hierárquicos e gerenciais em vez de relações colegiadas; objetivos gerenciais e organizacionais em vez da confiança com base em competências e, talvez, o diploma; restrições orçamentais e racionalizações financeiras; uniformização

---

[99] Sachs (2003) aponta, corretamente, que esse mesmo tipo de gerenciamento corporativo também se tornou mais comum em outras partes do setor público além da educação.

das práticas de trabalho em vez de discrição; e o aumento dos objetivos por desempenho, da responsabilização e, às vezes, de controles políticos. (p. 24)

Apple (1996) discute uma terceira forma de profissionalismo: o chamado "profissionalismo democrático", que é visto como uma alternativa, por um lado, para o aumento do controle do Estado que corrói as habilidades dos professores para exercer seu julgamento em sala de aula e, por outro lado, para o profissionalismo ocupacional tradicional, que pode não responder às necessidades dos alunos e das comunidades (ZEICHNER, 1991). Sachs (2003) argumenta que o aspecto central do profissionalismo democrático no magistério seria uma ênfase sobre a ação colaborativa e cooperativa entre os professores e outros interessados na educação de uma maneira distinta das formas mais tradicionais de profissionalismo ocupacional. É esse modelo democrático de profissionalismo que eu vejo como a resposta necessária para as formas crescentes de profissionalismo e de controles burocráticos excessivos sobre o magistério e a formação de professores.

A natureza e as consequências de muitos caminhos não universitários para o magistério

Há evidência de que muitos programas de formação de professores nos Estados Unidos que não estão nas faculdades ou universidades atendem apenas os requisitos mínimos estabelecidos por órgãos governamentais (BAINES, 2010)[100] e que a meta desses programas é formar "professores bons o suficiente"[101] para ensinar as crianças das famílias pobres, seguindo obedientemente o currículo prescrito e as práticas educacionais que são supostamente apoiadas pela pesquisa (para aumentar os resultados dos alunos em

---

[100]Muitos desses programas usam currículos padronizados e empregam principalmente professores com titulação mínima para ministrar os cursos. Baines (2006a, 2006b, 2010) também mostrou como algumas faculdades e universidades oferecem agora "cursos aligeirados" para serem capazes de competir com os cursos não universitários.

[101]Esse termo foi usado por um alto funcionário no Ministério da Educação dos Estados Unidos em uma reunião para o Avanço do Magistério, realizada em junho de 2002, na Fundação Carnegie.

testes padronizados), mas que na realidade se alinharam aos bolsos dos amigos do governo que possuem empresas que produzem os materiais didáticos.[102] Essa abordagem serve para ampliar a lacuna entre aqueles que começam a aprender a ser pensadores e autênticos solucionadores de problemas e aqueles que são obrigados a aprender fora do contexto e a interagir com o conhecimento de maneiras artificiais (Kozol, 2005).

Essas tentativas de desprofissionalizar o magistério por meio de roteirização do currículo e testes padronizados em cada nível escolar garantem, por um lado, que as vagas ainda estarão disponíveis para os futuros professores, produzidas pelo número crescente de programas de formação docente fora do sistema formal de ensino superior. Por outro lado, em muitos lugares, o desenvolvimento profissional de professores se tornou apenas um treinamento para a "implementação do produto" alinhado com normas e testes padronizados e é cada vez mais conduzido por pessoas empregadas pelas empresas responsáveis pelos testes e editores que produzem e vendem os materiais didáticos que são comprados pelo governo. O dinheiro que usualmente ia para as escolas para financiar um maior desenvolvimento profissional controlado pelo próprio professor, por meio de grupos de pesquisa-ação e grupos de estudo basicamente, desapareceu das escolas públicas americanas (Randi; Zeichner, 2004), e o desenvolvimento profissional passou de um modelo que se concentra na aprendizagem individual e coletiva dos professores que identificam suas próprias necessidades formativas, o chamado "modelo profissional", para um modelo que se concentra em fazer com que os professores se adaptem aos imperativos institucionais, o chamado "modelo institucional" (Young, 1998).

O que está acontecendo hoje na escola pública serviu para expulsar do magistério muitos bons profissionais que não estão mais

---

[102]Dois exemplos disso são: o escândalo do programa *Reading First*, denunciado por meio de uma auditoria do próprio governo (Grunwald, 2006) e as críticas ao uso inapropriado de dinheiro em três estados para comprar materiais educacionais de uma companhia que pertencia ao irmão do presidente, Neil Bush (Thompson, 2007). Há fortes evidências de que o chamado "milagre do Texas" no qual as políticas da administração de Bush Jr., baseadas em testes padronizados, não produziram, para os alunos, os tipos de sucesso que eram por eles reivindicados (ver, por exemplo, Haney, 2000; Valenzuela, 2005).

dispostos a suportar a constante erosão da dignidade da profissão e, como consequência, mina ativamente o objetivo de melhorar a qualidade da aprendizagem para todos os alunos (GOODNOUGH, 2001; INGERSOLL, 2003). Os professores se tornaram técnicos facilmente substituíveis aos olhos de muitos estrategistas políticos. A contínua abertura para os novos programas alternativos garante maiores lucros para os investidores das novas empresas de formação de professores. Há uma enorme quantidade de dinheiro a ser ganho se a formação de professores nos Estados Unidos for definitivamente privatizada.

A solução para o problema da qualidade do ensino é, de acordo com alguns, desregulamentar a formação de professores e abrir os portões do magistério, antes mesmo da certificação, para indivíduos que não completaram um curso de licenciatura (ver, por exemplo, HESS, 2009; WALSH, 2004) em vez de melhorar às condições nas escolas públicas que expulsam os bons professores. Andrew Rosen, presidente da Faculdade Kaplan, que faz parte de uma das maiores empresas de formação de professores com fins lucrativos que entrou no mercado de formação docente dos Estados Unidos nos últimos anos, declarou o seguinte por meio de uma discussão *online* que ilustra claramente esse caso:

> Lecionar é menos lucrativo e está repleto de questões do ambiente de trabalho que muitos consideram não ser digno de investimento. Ao reduzir as barreiras para profissionais de mente brilhante, podemos aumentar o número de candidatos qualificados. (ROSEN, 2003)

Muitos dessas novas rotas alternativas para o magistério usam um modelo do tipo "aprenda enquanto você ganha", em que os licenciandos são plenamente responsáveis por uma sala de aula (geralmente de crianças pobres e de cor), enquanto completam o seu "curso aligeirado".[103] O que se exige para entrar nesses cursos é muito pouco: apenas "uma batida do coração e um cheque com fundos de uma conta no banco" (BAINES, 2006a, p. 327). O *Educational Trust* monitora de perto

---

[103] Feistritzer e Haar (2008) reportam que, em 2006, aproximadamente 50.000 pessoas atuavam como professores registrados nas escolas do país enquanto ainda estavam no processo de completar seus cursos de formação inicial de professores.

as pontuações nos testes de desempenho e outras medidas educacionais disponibilizadas para grupos de alunos diversos de escolas públicas. Descobriu-se que se você for pobre e, particularmente, se você for pobre e aluno de cor (isto é, afro-americano, latino, indígena ou de origem asiática), em muitas partes do país, é bastante provável que suas aulas sejam ministradas por professores inexperientes, que não completaram um curso integral de licenciatura, ou que lecionam disciplinas e matérias diferentes daquelas em que foram preparados (PESKE; HAYCOCK, 2006; ver também DARLING-HAMMOND, 2004; NATIONAL RESEARCH COUNCIL, 2010).

Embora a maioria dos professores que ingressam no magistério nos Estados Unidos ainda o faça por meio de cursos tradicionais em faculdades e universidades (NATIONAL RESEARCH COUNCIL, 2010), em algumas partes do país (Texas e Califórnia, por exemplo) quase o mesmo número de professores entra por uma rota alternativa que, muitas vezes, é de "via rápida" que oferece o mínimo necessário de preparação para o magistério (FEISTRITZER; HAAR, 2008).[104] Nesses programas de "via rápida" ou de "imersão" a maior parte da formação inicial acontece depois que os sujeitos assumem integralmente salas de aula (GROSSMAN; LOEB, 2008).

O corte do financiamento do ensino público fundamental e do ensino superior

Um segundo aspecto da atual situação da formação de professores nos Estados Unidos são os contínuos cortes de apoio financeiro do governo para as universidades públicas onde ainda se forma a maioria dos professores do país. Mesmo antes da recente crise na economia global, os estados enfrentaram o aumento dos custos de assistência médica para os idosos, a construção de prisões para abrigar minorias e outras pessoas pobres a quem as escolas públicas não conseguiram

---

[104]Em 2005, o número de indivíduos certificados por rotas alternativas em apenas três estados (Califórnia, Nova Jersey e Texas) respondeu por aproximadamente metade de todos os professores nos Estados Unidos certificados por meio de programas alternativos. Nesse mesmo ano, Nova Jersey relatou que perto de 40% dos novos contratados ingressaram por meio de rotas alternativas, enquanto a porcentagem no Texas e na Califórnia foi de cerca de um terço (FEISTRITZER; HAAR, 2008).

educar, e, para compensar as deficiências no apoio federal a vários cursos no ensino público fundamental e médio que os estados são obrigados por lei a fornecer (por exemplo, cursos para estudantes de atendimento especial),[105] tiveram de reduzir o financiamento para as universidades públicas (LYALL; SELL, 2006; NEWFELD, 2008). Mesmo com o aumento das demandas por formadores de professores nas universidades em função das crescentes exigências de responsabilização, os recursos dessas instituições diminuíram e foram injetados nas universidades públicas com modelos de orçamento altamente racionalizado, tais como orçamentos baseados em atividades, para gerenciar a distribuição desses recursos escassos.

Por exemplo, as dotações do Estado para um sistema de 13 *campi* da Universidade de Wisconsin diminuíram 22%, ou 223 milhões de dólares, entre 2000 e 2007, e o recurso público para essa suposta "universidade pública", em Madison, reduziu-se para aproximadamente 19% do orçamento total, em 2007 (CLARK, 2007). O resto do dinheiro necessário para administrar a universidade veio de bolsas de pesquisa, doações de particulares e taxas cobradas dos alunos. Outro exemplo do corte de fundos das universidades públicas é o da Universidade de Washington em que, entre 2009 e 2011, essa Instituição perdeu 132 milhões de dólares (33%) do seu apoio estatal (EMMERET, 2010).

Não há praticamente mais nenhuma diferença entre a universidade pública e a universidade privada nos Estados Unidos. Essa pressão para reduzir a formação de professores nas universidades, deixando as faculdades de educação e as demais instituições que formam professores "morrerem de fome", serve para fomentar o crescimento de programas não universitários e para privatizar a formação de professores.

Em relação ao ensino fundamental e médio, com a exceção de uns poucos estados ricos em recursos energéticos,[106] os governos estaduais enfrentam, há alguns anos, enormes déficits orçamentários que resultaram em cortes contínuos nos orçamentos de muitas redes

---

[105] Por exemplo, entre 2002 e 2006, o financiamento do *Title I* estava com uma insuficiência de fundos de 31,5 bilhões dólares e o IDEA com um déficit de 37,6 bilhões dólares. Recuperado do *site* da *National School Board Association*, em 8 de setembro de 2006 (www.nsba. org/site/docs/38600/38542.pdf)

[106] Alasca, Dakota do Norte e Wyoming.

de ensino nos Estados Unidos, o que tem afetado a qualidade dos programas educacionais e a garantia de desenvolvimento profissional para os professores. A situação orçamentária era tão ruim na maior rede pública de ensino em Wisconsin, a de Milwaukee, que, há alguns anos, uma diretora de escola ameaçou "fechar as portas" por falta de verbas (AARONS, 2008; BORSUK, 2008; MCNEIL, 2008).

Hiper-racionalidade e maior responsabilização[107]

Um terceiro aspecto sobre a atual situação da formação de professores nos Estados Unidos são as crescentes e frequentemente excessivas exigências de responsabilização que são colocadas sobre os cursos de licenciatura pelos governos estaduais e órgãos nacionais de certificação. Em quase todos os estados, os licenciandos são obrigados a passar por uma série de testes padronizados para entrar e completar o seu curso e para demonstrar o domínio de um conjunto de padrões de docência e de conteúdos. Durante o processo de submissão de seus programas para aprovação junto aos estados e às vezes também a um organismo de certificação nacional, os formadores de professores são obrigados a gastar muito tempo preparando relatórios de avaliação detalhados, explicitando como cada curso se alinha com as normas estaduais, além de indicadores de desempenho que mostrem exatamente quais competências os professores iniciantes são obrigados a adquirir.[108]

Não há nada de errado, em si, em testar as habilidades básicas do professor e seu domínio de conteúdo, ou fazer com que as instituições de formação de professores se responsabilizem por manter sistemas de avaliação baseados no desempenho que determinem que os seus alunos estejam preparados para cumprir com êxito um conjunto consensual de padrões de prática a fim de receberem uma licença inicial

---

[107] Por hiper-racionalidade, quero dizer: extrema pressão sobre as instituições de formação de professores para racionalizar seus cursos e sistemas de avaliação dos alunos a um ponto em que as exigências de responsabilização e submissão começam a interferir e prejudicar a realização do objetivo de formação de professores (ver WISE, 1979, para uma discussão sobre esse termo com relação ao ensino fundamental).

[108] Ver BULLOUGH, CLARK e PATTERSON (2003) para uma discussão sobre alguns dos problemas nos métodos atuais de certificação baseada na experiência de formadores de professores em uma universidade.

para o magistério.[109] Na verdade, esses tipos de dados sobre o que os egressos do curso sabem e são capazes de fazer em sala de aula não só podem ser valiosos como fontes de conhecimento sobre a qualidade do curso, como também podem se tornar fontes importantes para estimular a renovação contínua dos cursos de formação de professores (ZEICHNER, 2005b).

O problema surge quando aqueles que certificam e aprovam cursos levam o processo para além dos limites de razoabilidade, até um ponto onde o nível de detalhes que são exigidos que os formadores de professores produzam para os avaliadores começa a interferir com o cumprimento das metas dos próprios formadores e tem pouca ou nenhuma relação com a qualidade do curso de fato (JOHNSON et al., 2005).[110] Esse nível excessivo de burocratização para a aprovação dos cursos de formação de professores foi um grande problema nos anos 1970 (ZEICHNER, 2005a) e está se tornando novamente uma preocupação.

Como coordenador adjunto do programa de formação de professores da Universidade de Wisconsin, passei, por vários anos, três meses, em tempo integral, elaborando relatórios sobre os nossos cursos de licenciatura para a secretaria estadual de educação, a fim de que o estado pudesse rever se eles estavam em conformidade com as leis estaduais de certificação. Embora certos aspectos desse trabalho fossem valiosos para compreendermos melhor como os nossos alunos aprendem ou se eles realmente aprendem em nossos cursos, outros aspectos (por exemplo, alinhar centenas de aulas de artes e de ciências em todo o nosso *campus* com diretrizes de conteúdo do estado) foram claramente menos úteis e pouco relacionados com a qualidade do curso. Assim, enquanto algumas formas de responsabilização para as instituições de formação de professores são razoáveis e necessárias, em um número crescente de estados as demandas atuais para os

---

[109] Mostrou-se pela pesquisa, no entanto, que algumas formas de testes do professor tiveram um efeito negativo sobre os esforços para desenvolver uma força de trabalho docente mais étnica e racialmente diversificada (DARLING-HAMMOND; CHUNG WEI, 2009).

[110] Um estudo recente feito pelo *National Research Council* sobre a formação de professores nos Estados Unidos concluiu que não há evidência empírica que sustente a competência das práticas de aprovação, quer sejam estaduais ou nacionais, sobre os cursos de licenciatura e recomendou um amplo estudo nessa área (*National Research Council*, 2010).

formadores de professores racionalizarem seus cursos têm ido além da esfera da razoabilidade e começam a interferir com a capacidade dos formadores de realizar seus objetivos.

Por exemplo, estudos recentes em Maryland e na Califórnia mostraram que embora, em algumas situações, os formadores de professores satisfizessem as crescentes exigências prescritivas de aprovação do curso enquanto ainda mantinham controle intelectual sobre seus programas (KORNFELD; GRADY; MARKER; RUDDELL, 2007; RENNERT-ARIEV, 2008), preciosos recursos foram gastos para fazer frente às exigências que os formadores perceberam que não aumentavam a qualidade de seus cursos. Esses recursos poderiam ter sido usados para outros fatores que contribuiriam para melhorar a qualidade dos cursos, como o fortalecimento da parceria escola-universidade. Rennert-Ariev (2008), que conduziu o estudo em Maryland, usou o termo "ventriloquismo burocrático" para se referir às "manifestações superficiais de conformidade aos imperativos externos [que] se tornaram mais importantes do que o engajamento intelectual autêntico" (p. 8). Em muitos cursos de formação de professores em todo o país se criou um conflito pelas atuais exigências de responsabilização entre autenticidade (fazer o que se sabe que é o melhor em termos da aprendizagem de seus alunos) e performatividade (fazer o que precisa ser feito apenas para atender às demandas de responsabilização, mesmo quando se sabe que não é o melhor para os alunos).

Toda uma indústria de portfólios eletrônicos surgiu com essas novas exigências. Poucas empresas (por exemplo, *Live Text, Chalk & Wire*) comercializam agressivamente sistemas de portfólio para faculdades e universidades, a fim de que elas pudessem fornecer os dados necessários para obter a aprovação de seus cursos. Esses sistemas de portfólio enfatizam aspectos burocráticos como, por exemplo, manter-se a par do desempenho dos estagiários sobre as normas e, na maior parte das vezes, não conseguem tirar proveito do potencial dos portfólios para aprofundar a aprendizagem dos futuros professores (BULLOUGH, 2008). Várias das empresas de portfólio e as duas empresas que fazem a maior parte dos testes usados nacionalmente (a ETS e a NES) passaram a patrocinar as reuniões anuais da principal associação de formação de professores nos Estados Unidos – a *The American Association of Colleges for Teacher Education* (AACTE). As pessoas, ao entrar em uma sessão plenária durante um encontro da AACTE, provavelmente verão telas gigantescas com o logotipo de uma das empresas de testes, tais como a *Educational Testing Service* (ETS), a fabricante da maioria dos testes utilizados em cursos norte-americanos de formação de professores, ou de uma das empresas que comercializam sistemas de portfólio eletrônicos, como a *Live Text*.

Uma forma extrema de responsabilização chamada de "imperativo de impacto positivo" (HAMEL; MERZ, 2005) está sendo levada a sério pelos formuladores de políticas em algumas partes do país,[111] e alguns preveem que a formação de professores "baseada em resultados" que virá com o uso do "imperativo de impacto positivo" se tornará a regra nos Estados Unidos em poucos anos. Com essa exigência, as instituições de formação de professores serão avaliadas e classificadas com base em resultados de testes padronizados dos alunos lecionados pelos egressos dos cursos de formação docente. Isso é semelhante a avaliar e aprovar faculdades de medicina com base em quantos pacientes são curados em função de cuidados médicos recebidos por seus egressos. Há várias razões pelas quais o "imperativo de impacto positivo" é uma má ideia, mesmo que se aceite a avaliação de valor agregado para vincular o desempenho dos alunos a professores de uma maneira que exclui outras explicações para o desempenho do aluno no teste: (a) Nenhuma outra escola profissional é responsabilizada pelo desempenho de seus egressos depois de eles deixarem o curso de formação; (b) Mesmo que se aceite a avaliação de valor agregado para vincular o desempenho do aluno no teste aos professores de uma forma que exclui outras explicações sobre as diferenças de pontuação no teste dos alunos, os custos envolvidos na implementação desse tipo de avaliação desviariam enormes recursos para longe de outras atividades de formação do professor que, sem dúvida, fariam muito mais para melhorar a qualidade dos cursos de licenciatura (ZEICHNER, 2005a, 2005b); e (c) há graves problemas técnicos e educacionais associados com a metodologia de utilização de avaliação de valor agregado em termos dos resultados dos testes dos alunos para avaliar os cursos de

---

[111] Atualmente, na Louisiana e na Flórida, as instituições de formação de professores são classificadas publicamente de acordo com os resultados dos testes padronizados dos alunos lecionados por egressos de seus cursos.

formação de professores. Por exemplo, Darling-Hammond e Chung Wei (2009, p. 54) argumentam que:

> Além do fato de os testes não serem normalmente disponíveis na maioria das áreas e níveis de ensino, somam-se novas preocupações pois estes não medem muitos tipos importantes de aprendizagem; além disso, são medidas imprecisas de aprendizagem para populações específicas de alunos (por exemplo, novos aprendizes da língua inglesa e alguns estudantes de atendimento especial), e o que parece ser os "efeitos" de um dado professor pode refletir em outros professores e experiências de aprendizagem, diferenciais domésticos, ou aspectos do ambiente escolar que influenciam o magistério (por exemplo, opções curriculares, recursos e apoios, tamanhos das classes, se um professor é contratado fora do seu campo curricular, etc.). As análises de valor agregado descobriram que os professores parecem muito diferentes quanto à sua competência medida, dependendo de que métodos estatísticos são usados, inclusive se e como as características dos alunos são controladas, se os efeitos da escola são controlados e como os dados faltantes são tratados. Além disso, as avaliações de competência parecem altamente instáveis: um dado professor é susceptível de ter sua competência avaliada diferentemente de classe para classe e de ano para ano. Assim, embora os modelos de valor agregado possam se mostrar úteis na observação de grupos de professores para fins de pesquisa e possam fornecer uma medida de competência do professor entre vários, são problemáticos enquanto primeira e única medida para a tomada de decisões sobre os professores ou mesmo sobre os cursos de formação docente.

Vários anos atrás, a reportagem de capa do *Education Week*, uma importante revista da área de educação nos Estados Unidos, elogiou o estado da Louisiana por implementar esse sistema para seus cursos de formação de professores (HONAWAR, 2007). A Louisiana é o estado que menos investe em educação, saúde e outros sistemas de serviços sociais. Sob a lógica do atual governo, porém, os estados que mais apoiam as suas políticas (por exemplo, Texas, Louisiana e Mississippi) são bem classificados em relatórios de qualidade de ensino, mais em função de sua complacência do que por causa da qualidade real de seus sistemas educacionais. Os estados com maior qualidade educacional são, muitas vezes, os menos apoiados pelos imperativos de responsabilização (ZEICHNER, 2009).

Tudo isso junto – os requisitos para informações extremamente detalhadas sobre os sistemas de avaliação institucional, os testes, e assim por diante – força os formadores de professores a gastar seu tempo em coisas que eles não acreditam que irão ajudá-los a fazer seu trabalho melhor, só para parecer que estão fazendo o que se espera para obter a aprovação de seus cursos. Isso é tempo e dinheiro que poderiam ser gastos, alternativamente, para realmente melhorar seus cursos. Muito tempo e dinheiro estão sendo gastos hoje em dia nas instituições de formação de professores nos Estados Unidos em coisas que não têm nenhuma relação com a melhoria da qualidade de seus cursos (JOHNSON *et al.*, 2005).

Ataques à educação multicultural

Um último elemento sobre a situação atual da formação docente nos Estados Unidos são os ataques de neoconservadores sobre o conteúdo adequado para a formação de um professor. Esses ataques têm se concentrado principalmente na educação multicultural ministrada em cursos de licenciatura e na formação de professores que possam contribuir para eliminar as lacunas entre estudantes de diferentes origens raciais, étnicas e de classe social que não só têm persistido em escolas fundamentais e médias, mas que cresceram abruptamente sob as políticas do governo atual. Esses ataques ao foco na justiça social e no multiculturalismo com a redução dos padrões acadêmicos culpam os formadores de professores das universidades pelos problemas contínuos na educação de alunos de escolas públicas, que são cada vez mais pobres e de cor. Esses ataques à educação multicultural desviam a atenção das reais influências sobre os problemas nas escolas públicas – uma variedade de fatores, incluindo o subfinanciamento do ensino público, a falta de acesso à moradia digna a preços acessíveis, transporte, saúde e empregos que pagam salários decentes.

Um exemplo da crítica realizada por grupos externos à justiça social e aos esforços de educação multicultural foi uma tentativa bem-sucedida, em 2006, para forçar o principal organismo nacional de certificação na formação de professores nos Estados Unidos, o Conselho Nacional de Certificação da Formação de Professores (*The National Council for Accreditation of Teacher Education*), a retirar o termo "justiça social" de seus padrões de certificação para os cursos de formação de professores (WASLEY, 2006).[112]

Um segundo aspecto da crítica sobre as faculdades de educação envolve a construção de uma distinção mais simplificada entre o ensino centrado no professor e o ensino centrado no aluno, bem como a adoção de uma caricatura de formadores de professores como defensores de um modelo inquestionável de ensino centrado no aluno. A educação multicultural nos cursos de formação de professores é muitas vezes acusada da falta de preocupação com os padrões acadêmicos (ver, por exemplo, GREENE; SHOCK, 2008). Por exemplo, em um relatório sobre a formação docente na Califórnia feito pelo *Pacific Research Institute for Public Policy*, Izumi e Coburn (2001) citam o psicólogo da Universidade Estadual da Flórida, K. Anders Ericksson, que descreve os formadores de professores dessa Universidade como "construtivistas radicais", que agem de maneiras extremas que poucos formadores de professores realmente apoiariam.

> Os construtivistas radicais recomendam contextos educacionais em que os alunos são forçados a tomar a iniciativa e a orientar a sua própria aprendizagem. Muitos construtivistas radicais até desencorajam o professor de corrigir os alunos quando o seu raciocínio e ideias são inválidos porque tais críticas podem comprometer a sua autoconfiança em seu raciocínio independente e desafiar a sua autoestima. (p. 9)

Enquanto todas essas forças estão agindo na formação de professores a partir de fora (cortes nos recursos, privatização, maior responsabilização e ataques ao multiculturalismo), dentro dos cursos de licenciatura nas faculdades e nas universidades, os formadores

---

[112] O NCATE realmente não tinha "uma exigência de 'justiça social'": tinha uma exigência de que todos os cursos de formação de professores que listaram "justiça social" como meta teriam que avaliar, individualmente, a disposição de cada aluno para promover a justiça social. Uma vez que praticamente todos os cursos tinham tal objetivo, a orientação foi por uma exigência de justiça social de fato.

de professores de todos os lugares reivindicam cursos que formem professores para lecionar em prol da justiça social, para proporcionar às crianças de todo mundo uma educação de alta qualidade e para trabalhar contra as forças que estão levando ao aumento da desigualdade e do sofrimento no mundo de hoje (McDONALD; ZEICHNER, 2009). A formação de professores para a justiça social se tornou um lema como aconteceu com o ensino reflexivo, nas décadas de 1980 e 1990, e é difícil encontrar um curso de licenciatura nos Estados Unidos que não reivindique ter a justiça social como parte central de sua missão na formação de novos docentes.

Nos Estados Unidos, a reação dos formadores de professores nas universidades às forças externas de privatização, maior responsabilização, cortes de orçamento e ataques ao multiculturalismo tem sido compreensivelmente defensiva, mas tem como resultado uma excessiva simplificação dos motivos das críticas externas e uma incapacidade de reconhecer e de lidar com alguns pontos fracos do ainda dominante sistema de formação inicial de professores universitários (WILSON; TAMIR, 2008). Atualmente publicam-se novos artigos e trabalhos acadêmicos e se levantam argumentos importantes em congressos científicos nacionais questionando se as faculdades e universidades deveriam continuar a se envolver na formação inicial de professores conforme tem ocorrido, historicamente, nos Estados Unidos (ver, por exemplo, DUNCAN, 2009; HARTOCOLIS, 2005; LEVINE, 2006; NEW YORK TIMES, 2009; PAYZANT, 2004). Na sequência, encontra-se um breve resumo de como acho que os formadores de professores nos Estados Unidos deveriam responder à situação atual, permitindo que o país forme um corpo docente preparado para fornecer uma educação de alta qualidade para todas as crianças.

O futuro para a formação docente nos Estados Unidos

Do meu ponto de vista, os formadores de professores das faculdades e das universidades não devem rebater as críticas externas defendendo acriticamente todos os cursos universitários de formação de professores. Por meio da pesquisa e da própria constatação empírica, está muito claro que nos Estados Unidos há uma diversidade muito ampla em termos de qualidade tanto nos cursos de licenciatura tradicionais quanto nos alternativos (Cochran-Smith; Zeichner, 2005; Cochran-Smith; Feiman-Nemser; McIntyre, 2008; Darling-Hammond, 2006): estes variam daqueles que são rigorosos e de alta qualidade para aqueles que provavelmente devem ser fechados.

Também não é uma questão de definir, a partir de estudos e pesquisas, "o melhor tipo de curso" a ser seguido por todos; mesmo porque atualmente não há consenso sobre o que seria "o desejável" para os cursos de formação de professores. Todavia, formar professores para obedientemente implementar currículos prescritos e roteirizados é um objetivo muito diferente de formar professores para ser profissionais reflexivos e exercer um julgamento consciente em suas salas de aula, bem como adaptar o seu ensino para atender às necessidades de seus alunos. Embora a pesquisa possa potencialmente dar contribuições importantes para a política e a prática na formação de professores, as decisões sobre tais políticas e práticas são, inevitavelmente, mediadas por considerações morais, éticas e políticas, quer reconhecidas abertamente ou não (Zeichner, 2005a, 2005b).

As recentes sínteses de pesquisas sobre formação de professores nos Estados Unidos (ver, por exemplo, Cochran-Smith; Zeichner, 2005; Cochran-Smith et al., 2008; Darling-Hammond; Bransford, 2005; National Research Council, 2010) apontaram a necessidade de que várias coisas aconteçam para melhorar a qualidade da formação universitária do professor, incluindo um foco maior em formar professores para ensinar os alunos de diversas classes e etnias que frequentam as escolas públicas dos Estados Unidos (incluindo, os que não falam o inglês como primeira língua), construir ligações mais estreitas entre os componentes dos cursos de licenciatura do *campus* e as escolas e comunidades nas quais os futuros professores lecionarão, desenvolver uma integração maior entre as diferentes áreas nos cursos de formação de professores, e assim por diante. As pesquisas começaram a sistematizar também as características comuns de cursos de licenciatura bem-sucedidos em formar professores que fazem alunos de diferentes perfis aprenderem de modo significativo (ver, por exemplo, Boyd et al., 2008; Darling-Hammond, 2006; Zeichner; Conklin, 2005). Precisamos encontrar maneiras de garantir que essas características estejam presentes em todos os modelos de formação inicial de professores, quer tradicional, quer alternativo, e fazer isso exigirá um maior investimento de recursos sociais na formação de professores e na pesquisa sobre a formação docente (ZEICHNER, 2005ª; 2005b).

A solução para os problemas atuais na educação pública estadunidense – em que a força de trabalho para o magistério é de aproximadamente 3,6 milhões de professores que ensinam em cerca de 90.000 escolas ou outras instituições de ensino – não é apenas suprir a insuficiência de recursos para escolas públicas excessivamente reguladas com professores que atendem aos padrões mínimos do estado e que só se preocupam em aumentar os resultados dos testes padronizados por meio da implantação das diretivas externas e *scripts* de ensino. Não devemos desistir da ideia de formar professores que sejam capazes de exercer seu julgamento em sala de aula, em prol dos interesses de seus alunos, de dar aos professores a garantia de um desenvolvimento profissional significativo que reconheça o conhecimento como uma habilidade que os docentes trazem para essas experiências, e de tratá-los com respeito. Os esforços subjacentes para melhorar a qualidade da formação de professores são a necessidade de lutar pela sobrevivência da educação pública e pela dignidade do trabalho docente nas escolas públicas. Para fazer isso, é claro, também precisamos resolver todos os "índices podres" e injustiças que existem além das escolas (proporcionando acesso à habitação, alimentos nutritivos, saúde e empregos que pagam um salário digno. BERLINER, 2006).

As tentativas de defender a formação universitária de professores nos Estados Unidos isolada de outras formas de luta por justiça social na educação pública e na sociedade em geral serão vistas como ações em causa própria e fracassarão. Em resposta a esses problemas e às críticas externas, precisamos reconhecer e enfrentar as forças neoliberais e neoconservadoras que se relacionam aos problemas atuais da educação pública e da formação de professores e começar a desafiá-las, em vez de demonizar e culpar indivíduos em particular. Tem sido muito raro, na literatura sobre formação de professores dos Estados Unidos, qualquer discussão sobre o pensamento neoliberal e neoconservador ligado a esses problemas atuais (ver HINCHEY; CADIERO-KAPLAN, 2005; SLEETER, 2008; WEINER, 2007, como exceções). O que descrevi neste capítulo em relação à formação de professores nos Estados Unidos acontece claramente em muitas partes do mundo, muitas vezes com o auxílio de organizações como o Banco Mundial e a OCDE (DAHLSTROM, 2007; REIMERS, 1994; ZEICHNER; NDIMANDE, 2008).

Por causa da crescente influência da agenda liberal, tanto na educação fundamental quanto na formação de professores, a própria ideia de educação pública como a conhecemos nos Estados Unidos corre sério risco (2006). Os comentários de Hess, em uma publicação do *American Enterprise Institute*, defendendo um espaço maior para "o mercado" na educação pública e na formação de professores, questionam ainda a necessidade de escolas públicas.

> Há um crescente reconhecimento de que pode ser possível servir a propósitos públicos e cultivar virtudes cívicas em outros lugares que não as escolas do estado. Considere-se que as escolas públicas podem ser aquelas que servem a fins públicos, independentemente de como são financiadas, operadas e monitoradas. Qualquer escola que ajude as crianças a dominar a leitura, a escrita e a matemática e outros conhecimentos essenciais promoverá propósitos significativos e públicos. (p. 62-63)

Essa lógica neoliberal transforma a educação de um bem público em um item do consumidor privado. Apple (2001) argumenta que isso começa a transformar a própria ideia de democracia (de bem comum) tornando-a, não um conceito político, mas um conceito econômico, e que um dos efeitos desse pensamento é a destruição do que poderia ser mais bem visto como "democracia compacta" substituindo uma versão muito mais rarefeita de individualismo possessivo.

Um forte e bem sustentado sistema de educação pública é essencial para a construção da sociedade democrática que os Estados Unidos aspiram ser. Barber, um importante estudioso da democracia, argumentou em resposta aos recentes ataques à educação pública, dizendo que:

> Ao atacar a educação pública, os críticos atacam o próprio fundamento de nossa cultura democrática cívica. As escolas públicas não são apenas escolas para o público, mas escolas de caráter público: instituições onde aprendemos o que significa ser público e a começar a seguir a estrada em direção à identidade nacional e cívica comum. Elas são as bases de nossa cidadania e os alicerces da nossa

democracia. Difamar os professores e diretores de escolas públicas e reduzir os orçamentos das escolas públicas, mesmo subsidiando iniciativas de educação privada, nos coloca em um duplo risco: ao colocarmos nossos filhos em risco, minamos o nosso futuro comum, e, ao mesmo tempo, ao restringirmos as condições de liberdade para alguns, minamos o futuro da democracia para todos. (BARBER, 1997, p. 22)

É essencial que os formadores de professores se levantem e estejam continuamente em colaboração com os educadores da escola pública, os pais e os alunos na luta para proteger e fortificar tanto o ensino público fundamental quanto um sólido papel para as faculdades e universidades na formação de professores. A sobrevivência de nossas esperanças de construir uma sociedade verdadeiramente democrática depende disso.

Esse modelo novo e mais colaborativo de formação de professores que se pretende nos Estados Unidos para apoiar o desenvolvimento de modos mais democráticos de profissionalismo docente deve levar a uma maior democratização dos cursos de licenciatura e à construção de parcerias fortes entre as universidades, escolas e comunidades, que sejam menos hierárquicas e mais inclusivas do conhecimento que existe em todas as três esferas. A formação universitária de professores nos Estados Unidos precisará se tornar mais intimamente ligada com e mais relevante do que é atualmente para apoiar as lutas progressistas em escolas e comunidades, caso ela queira sobreviver. Por causa das forças conservadoras que existem nas universidades, que muitas vezes minam a verdadeira colaboração com os que estão fora da academia (ver, por exemplo, de DUFFY, 1994), haverá necessidade de desenvolver novos espaços híbridos por meio dos quais serão possíveis formas mais igualitárias de interação na formação de professores, tal como já começou a ocorrer em alguns países, como Israel (GORODETSKY; BARAK, 2008).

Esse é um momento delicado para a formação de professores nos Estados Unidos. Há uma real oportunidade para estabelecer formas de profissionalismo democrático no magistério e na formação de professores, em que universidades, escolas e comunidades se reúnam em novas maneiras de formar professores que darão a todas as crianças a mesma qualidade de educação. No entanto, há também um perigo real de que a formação de professores nos Estados Unidos passe a ser regida por uma "economia de mercado" completamente divorciada das universidades e que o professor "bom o suficiente" para os "filhos dos outros", que apenas implementa fielmente os *scripts* de ensino (porém, não mais do que isso), vai se tornar a norma. A fim de superar os enormes desafios colocados pela conjuntura atual, os formadores de professores em universidades estadunidenses devem ir além de uma reação puramente defensiva em relação às forças discutidas neste capítulo e assumir uma postura mais "pró-ativa" aprendendo a fazer as coisas da maneira que não foram feitas antes.

Referências

AARONS, D. Districts Cut Back Bussing, Seek Ways to Save Energy. *Education Week*. Disponível em: <www.educationweek.org>. Acesso em: 27 set. 2008.

APPLE, M. *Cultural Politics and Education*. New York: Teachers College Press, 1996.

APPLE, M. W. *Educating the "Right Way"*. New York: Routledge, 2001.

BAINES, L. Deconstructing Teacher Certification. *Phi Delta Kappan*, v. 88, n. 4, p. 326-329, 2006a.

BAINES, L. The Transmorgrifcation of Teacher Education. *The Teacher Educator*, v. 42, n. 2, p. 140-156, 2006b.

BAINES, L. *The Teachers We Need Vs. The Teachers We Have*. Lanham, MD: Roman Littlefield, 2010.

BALL, S. Everything for Sale: The Commodification of Everything. *The Annual Education Lecture*. London Institute of Education, 2004.

BARBER, B. Public Schooling: Education for Democracy. In: GOODLAD, J.; MCMANNON, T. (Eds.). *The Public Purpose of Education and Schooling*. San Francisco: Jossey Bass, 1997. p. 21-32.

BATES, R. Regulation and Autonomy in Teacher Education: System or Democracy. In: TOWNSEND, T.; BATES, R. (Eds.). *Handbook of Teacher Education: Globalization, Standards and Professionalism in Times of Change*. Dordrecht: Springer, 2007. p. 127-140.

BERLINER, D. *Our Impoverished View of Educational Reform. Teachers College Record*. Disponível em: <www.tcrecord.org>. Acesso em: 10 set. 2006.

BERNSTEIN, B. *Pedagogy, Symbolic Control and Identity*. London: Routledge, 1996.

BEYER, L. Teacher Education and the New Professionalism: the Case of the USA. In: FREEMAN-MOIR, J.; SCOTT, A. (Eds.). *Shaping the Future: Critical Essays on Teacher Education*. Rotterdam: Sense Publishers, 2007. p. 25-42.

BLOMEKE, S. Globalization and Educational Reform in German Teacher Education. *International Journal of Educational Research*, v. 45, p. 315-324, 2006.

BORSUK, A. J. MPS Board Backs Away from Ideas of Dissolving the District. *Milwaukee Journal Sentinel*. Disponível em: <jsonline.com> Acesso em: 26 set. 2008.

BOYD, D. *et al.* Surveying the Landscape of Teacher Education in New York City: Constrained Variation and the Challenge of Innovation. *Educational Evaluation and Policy Analysis*, v. 30, n. 4, p. 319-343, 2008.

BULLOUGH, R. *Counter Narratives: Studies of Teacher Education and Becoming and Being a Teacher.* Albany: Suny Press, 2008.

BULLOUGH, R.; CLARK, C.; PATTERSON, R. Getting in Step: Accountability, Accreditation and the Standardization of Teacher Education in the United States. *Journal of Education for Teaching*, v. 29, n. 1, p. 35-51, 2003.

CARNOY, M. Structural Adjustment and the Changing Face of Education. *International Labor Review*, v. 134, n. 6, p. 653-674, 1995.

CLARK, K. *Declines in Spending on Public Higher Education in Wisconsin: An Analysis of the University of Wisconsin System Budget.* Madison: Wiscape Policy Brief, University of Wisconsin-Madison, 2007.

COCHRAN-SMITH, M.; FEIMAN-NEMSER, S.; McIntyre, D. J. (Eds.). *Handbook of Research on Teacher Education.* 3. ed. New York: Routledge, 2003.

COCHRAN-SMITH, M.; ZEICHNER, K. (Eds.). *Studying Teacher Education.* New York: Routledge, 2005.

COMPTON, M.; WEINER, L. (Eds.). *The Global Assault on Teaching, Teachers and Their Unions.* New York: Palgrave Macmillan, 2008.

DAHLSTROM, L. When Eagles are Allowed to Fly: a Global and Contextual Perspective on Teacher Education in Ethiopia. *International Journal of Progressive Education*, v. 3, n. 3, p. 6-19, 2007.

DAHLSTROM, L. Education in a Post-Neoliberal Era: a Promising Future for the Global South. *Power and Education*, v. 1, n. 2, p. 167-177, 2009.

DAHLSTROM, L.; LEMMA, B. Critical Perspectives on Teacher Education in Neo-Liberal Times: Experiences from Ethiopia and Namibia. *SARS*, v. 14, n. 1-2, p. 29-42, 2009.

DARLING-HAMMOND, L. Inequality and the Right to Learn: Access to Qualified Teachers in California's Public Schools. *Teachers College Record*, v. 106, n. 10, p. 1936-1966, 2004.

DARLING-HAMMOND, L. *Powerful Teacher Education.* San Francisco: Jossey-Bass, 2006.

DARLING-HAMMOND, L.; BRANSFORD, J. (Eds.). *Preparing Teachers for a Changing World.* San Francisco: Jossey Bass, 2005.

DARLING-HAMMOND, L.; CHUNG WEI, R. Teacher Preparation and Teacher Learning: A Changing Policy Landscape. In: SYKES, G.; SCHNEIDER, B.; PLANK, D. (Eds.). *Handbook of Education Policy Research*. New York: Routledge, 2009. p. 613-636.

DUFFY, G. Professional Development Schools and the Disempowerment of Teachers and Professors. *Phi Delta Kappan*, v. 75, n. 8, p. 596-600, 1994.

DUNCAN, A. *Teacher preparation: Reforming an uncertain profession*. New York City: Remarks by U.S. Secretary of Education Arne Duncan at Teachers College, Columbia University, 2009.

DUTHILLEUL, Y. *Developing Teachers' Knowledge and Skills: Policy Trends in OECD Countries*. Paris: UNESCO International Institute for Educational Planning, 2005a.

DUTHILLEUL, Y. *Teacher Education, Professional Development and Certification Policies in Latin America*. Paris: UNESCO International Institute for Educational Planning, 2005b.

EMMERET, M. *Letter to the University Community*. Seattle: University of Washington, 2010.

EVETTS, J. The Management of Professionalism: A Contemporary Paradox. In: GEWIRTZ, S. *et al*. (Eds.). *Changing Teacher Professionalism: International Challenges and Ways Forward*. London: Routledge, 2009.

FEISTRITZER, E.; HAAR, C. *Alternative Routes to Teaching*. Upper Saddle River: Pearson Education Inc, 2008.

FODERARO, L. Alternative Pathway for Teachers Gains Ground. *New York Times*. Disponível em: <http://www.nytimes.com/2010/04/19/education/19regents.html>. Acesso em: 18 abr. 2010.

FRASER, J. W. *Preparing America's Teachers: A History*. New York: Teachers College Press, 2007.

FREEMAN-MOIR, J.; SCOTT, A. (Eds.). *Shaping the Future: Critical Essays on Teacher Education*. Rotterdam: Sense Publishers, 2007.

FURLONG, J. New Labour and Teacher Education: the end of an era. *Oxford Review of Education*, v. 31, p. 119-134, 2005.

FURLONG, J. *et al. Teacher Education in Transition: Re-Forming Professionalism*. Buckingham: U.K. Open University Press, 2000.

FURLONG, J.; COCHRAN-SMITH, M.; BRENNAN, M. *Policy and Politics in Teacher Education: International Perspectives*. London: Routledge, 2009.

GOODNOUGH, A. Strain of Fourth-Grade Tests Drives off Veteran Teachers. *New York Times*, June 14, 2001. P.A-1. Disponível em: <http://www.nytimes.

com/2001/06/14/nyregion/strain-of-fourth-grade-tests-drives-off-veteran-teachers.html>. Acesso em: 24 jun. 2003.

GORODETSKY, M.; BARAK, J. The Educational-Cultural Edge: A Participative Learning Environment for Co-Emergence of Personal and Institutional Growth. *Teaching and Teacher Education*, v. 24, p. 1907-1918, 2008.

GREENE, J.; SHOCK, C. Adding up to Failure: Ed Schools Put Diversity Before Math. *City Journal*, v. 18, n. 1, 2008. Disponível em: <www.city-journal. org/2008>. Acesso em: 10 jan. 2010.

GRIMMETT, P.; FLEMING, R.; TROTTER, L. Legitimacy and Identity in Teacher Education: A Micro-Political Struggle Constrained by Macro-Political Pressures. *Asia-Pacific Journal of Teacher Education*, v. 37, n. 1, p. 5-26, 2009.

GROSSMAN, P.; LOEB, S. (Eds.). *Taking Stock: an Examination of Alternative Certification*. Cambridge: Harvard Education Press, 2008.

GRUNWALD, M. Billions for an Inside Game on Reading. *The Washington Post*. Disponível em: <http://www.washingtonpost.com/wp-dyn/content/article/2006/09/29/AR2006092901333.html>. Acesso em: 10 out. 2006.

HAMEL, F.; MERZ, C. Reforming Accountability: A Preservice Program Wrestles with Mandated Reform. *Journal of Teacher Education*, v. 56, n. 2, p. 157-167, 2005.

HANEY, W. The Myth of the Texas Miracle in Education. *Educational Policy Analysis Archives*, v. 41, n. 8, 2000.

HARTOCOLIS, A. Who Needs Education Schools? *New York Times Education Life*, 31 jul. 2005, p. 22-28.

HARVEY, D. *A Brief History of Neo-Liberalism*. New York: Oxford University Press, 2005.

HESS, F. The Human Capital Challenge: Toward a 21st Century Teaching Profession. In: GOLDHABER, D.; HANNAWAY, J. (Eds.). *Creating a New Teaching Profession*. Washington: Urban Institute Press, 2009.

HESS, F. M. *Tough Love for Schools: Essays on Competition, Accountability, and Excellence*. Washington: AEI Press, 2006.

HINCHEY, P.; CADIERO-KAPLAN, K. The Future of Teacher Education and Teaching: Another Piece of the Privatization Puzzle. *Journal of Critical Educational Policy Studies*, v. 3, n. 2, 2005. Disponível em: <http://www.jceps. com>. Acesso em: 17 set. 2007.

HOLLAND, R. G. *To Build a Better Teacher: The Emergence of a Competitive Education Industry*. Westport: Prager, 2004.

HONAWAR, V. Gains Seen in Retooled Teacher Education. *Education Week*, 26 out. 2007. Disponível em: <www.edweek.org>. Acesso em: 27 out. 2007.

HOWEY, K. *A Review of Urban Teacher Residencies in the Context of Urban Teacher Preparation, Alternative Routes to Teaching and a Changing Teacher Workforce.* Washington: National Council of Accreditation for Teacher Education, 2007.

HYPOLITO, A. M. Teachers' Work and Professionalization: The Promised Land or Dream Denied? *Journal for Critical Education Policy Studies*, v. 2, n. 2, 2004. Disponível em: <www.jceps.com>. Acesso em: 19 ago. 2007.

INGERSOLL, R. *Who Controls Teachers' Work: Power and Accountability in America's Schools.* Cambridge: Harvard University Press, 2003.

IZUMI, L. T.; COBURN, K. G. *Facing the Challenge: Teacher Training and Teacher Quality in California's Schools of Education.* San Francisco: Pacific Research Institute, 2001.

JOHNSON, D. *et al. Trivializing Teacher Education: The Accreditation Squeeze.* Lanham: Roman & Littlefield, 2005.

KORNFELD, J. *et al.* Caught in the Current: A Selfstudy of State-Mandated Compliance in a Teacher Education Program. *Teachers College Record*, v. 109, n. 8, p. 1902-1930, 2007.

KOZOL, J. *The Shame of American Education: The Restoration of Apartheid Schooling in America.* New York: Crown, 2005.

KUMAR, K.; PRIYAM, M.; SAXENA, S. The Trouble with Para-Teachers. *Frontline*, v. 18, n. 22, 2001. Disponível em: <www.hinduonnet.cim/fline/fl1822/18220930.htm>. Acesso em: 15 jan. 2010.

KUMASHIRO, K. Seeing the Bigger Picture: Troubling Movements to End Teacher Education. *Journal of Teacher Education*, v. 61, n. 1-2, p. 56-65, 2010.

LEVINE, A. Will Universities Maintain Control of Teacher Education? *Change*, v. 38, n. 4, p. 36-43, 2006.

LYALL, K.; SELL, K. *The True Genius of America at Risk: Are We Losing Our Public Universities to de facto Privatization?* Westport: Prager, 2006.

MCDONALD, M.; ZEICHNER, K. Social Justice Teacher Education. In: AYERS, W.; QUINN, T. C.; STOVALL, D. (Eds.). *Handbook on Social Justice in Education.* New York: Routledge, 2009. p. 595-610.

MCNEIL, M. State Fiscal Woes Start to Put Squeeze on K-12 budgets. *Education Week*, 27 mai. 2008. Disponível em: <www.educationweek.org>. Acesso em: 27 set 2008.

MINER, B. Looking Past the Spin: Teach for America. *Rethinking Schools*, v. 24, n. 1, 2010. Disponível em: <rethinkingschools.org> Acesso em: 10 mai. 2010.

MOREY, A. The Growth of For-Profit Higher Education: Implications for Teacher Education. *Journal of Teacher Education*, v. 52, n. 4, p. 300-311, 2001.

NATIONAL RESEARCH COUNCIL. *Preparing Teachers: Building Evidence For Sound Policy.* Washington: National Academies Press, 2010.

NEW YORK TIMES. Do Teachers Need Education Degrees? *Room for Debate*, ago. 2009. Disponível em: <www.newyorktimes.com>. Acesso em: 11 out. 2009.

NEWFELD, C. *Unmaking the Public University.* Cambridge: Harvard University Press, 2008.

PAIGE, R. *Meeting the Highly Qualified Teacher Challenge: The Second Annual Report on Teacher Quality.* Washington: U.S. Department of Education, 2002.

PAYZANT, T. *Should Teacher Preparation Take Place at Colleges and Universities? Invited Address at the Annual Meeting of the American Association of Colleges for Teacher Education,* 2004.

PESKE, H. G.; HAYCOCK, K. *Teaching Inequality: How Poor and Minority Students\Are Shortchanged on Teacher Quality.* Washington: Education Trust, 2006.

PITMAN, A. Ontario, Canada: The State Asserts its Voice or Accountability Supersedes Responsibility. In: TATTO, M. (Ed.). *Reforming Teaching Globally.* Oxford: Symposium Books, 2007. p. 97-118.

RANDI, J.; ZEICHNER, K. New Visions of Teacher Professional Development. In: SMYLIE, M.; MIRETSZKY, D. (Eds.). *Preparing the Teacher Workforce: Yearbook of the National Society for the Study of Education.* Chicago: University of Chicago Press, 2004. p. 180-227.

RAPHAEL, J.; TOBIAS, S. Profit-Making or Profiteering? Proprietaries Target Teacher Education. *Change*, v. 29, n. 6, p. 44-49, 1997.

REIMERS, F. Education and Structural Adjustment in Latin America and Sub-Saharan Africa. *International Journal of Educational Development*, v. 14, p. 119-129, 1994.

RENNERT-ARIEV, P. The Hidden Curriculum of Performance-Based Teacher Education. *Teachers College Record*, v. 110, n. 1, p. 105-138, 2008.

ROBERTSON, S. A Class Act: Changing Teachers' Work, the State, and Globalization. New York: Falmer Press, 2000.

ROBERTSON, S. Remaking the World: Neoliberalism and the Transformation of Education and Teachers' Labor. In: COMPTON; M.; WEINER, L. (Eds.). *The Global Assault on Teaching, Teachers and Their Unions.* New York: Palgrave Macmillan, 2008. p. 11-36.

ROSEN, A. For-Profit Teacher Education. The Chronicle of Higher Education, *Colloquy Live*, Thursday September 4, 230 pm, 2003. A transcrição foi recuperada em: <http://chronicle.com/colloquylive>. Acesso em: 6 set. 2003.

SACHS, J. *The Activist Teaching Profession.* Buckingham: Open University Press, 2003.

SLEETER, C. Equity, Democracy, and Neo-Liberal Assaults on Teacher Education. Teaching and Teacher Education, v. 24, n. 8, p. 1947-1957, 2008.

SMYTH, J. et al. Teachers' Work in a Globalizing Economy. London: Routledge, 2000.

STEENSEN, J. Global Trends on Local Grounds: The Case of Teacher Education in Denmark and Sweden. Umeå University. In: DAHLSTRÖM, L.; MANNBERG, J. (Eds.). Critical Educational Visions And Practices In Neo-Liberal Times. 2006. p. 91-102.

SWEDEN. Global South Network Publisher.

TAMATEA, L. The Dakar Framework: Constructing and Deconstructing the Global Neo-Liberal Matrix. Globalisation, Societies and Education, v. 3, n. 3, p. 311-334, 2010a.

TATTO, M. T. International Comparisons and the Global Reform of Teaching. In: TATTO, M. T. (Ed.). Reforming Teaching Globally. Oxford: Symposium Books, 2007a. p. 7-18.

TATTO, M. T. (Ed.). Reforming Teaching Globally. Oxford: Symposium Books, 2007b.

TATTO, M. T.; Plank, D. The Dynamics of Global Teaching Reform. In: TATTO, M. T. (Ed.). Reforming Teaching Globally. Oxford: Symposium Books, 2007. p. 267-278.

THOMPSON, M. W. Bush Brother's Firm Faces Inquiry over Purchases. New York Times, 27 nov. 2007. Recuperado de <www.nytimes.org> em 11.07.07.

VALENZUELA, A. (Ed.). Leaving Children Behind: How Texas Style Accountability Fails Latino youth. Albany: Suny Press. Sector Improvement Programme, 2005.

WALSH, K. A Candidate-Centered Model for Teacher Preparation and Licensure. In: HESS, F.; ROTHERHAM, A.; WALSH, K. (Eds.) A Qualified Teacher in Every Classroom. Cambridge: Harvard Education Press, 2004. p. 119-148.

WASLEY, P. Accreditor of Education Schools Drops Controversial "Social Justice" Language. The Chronicle of Higher Education, June 16, 2006. Recuperado de http://chronicle.com em 24.06.06.

WEINER, L. A Lethal Threat to Teacher Education. Journal of Teacher Education, v. 58, n. 4, 2007, p. 274-286.

WILSON, S.; TAMIR, E.; The Evolving Field of Teacher Education. In: COCHRAN-SMITH, M.; FEIMAN-NEMSER, S.; MCINTYRE, D. J. (Eds.). Handbook of Research on Teacher Education. 3. ed. New York: Routledge, 2008. p. 908-935.

WISE, A. Legislated Learning: The Bureaucratization of the American Classroom. Berkeley: University of California Press, 1979.

YOUNG, M. Rethinking Teacher Education for a Global Future: Lessons from the English. Journal of Education for Teaching, v. 24, n. 1, p. 51-62, 1998.

ZEICHNER, K. Contradictions and Tensions in the Professionalization of Teaching and the Democratization of Schooling. *Teachers College Record*, v. 92, n. 3, p. 363-379, 1991.

ZEICHNER, K. Learning from Experience with Performance-Based Teacher Education. In: PETERMAN, F. (Ed.). *Designing Performance Assessment Systems for Urban Teacher Preparation*. New York: Erlbaum; Routledge, 2005a. p. 3-20.

ZEICHNER, K. A Research Agenda for Teacher Education. In: CO-CHRAN-SMITH, M.; ZEICHNER, K. (Eds.). *Studying Teacher Education*. New York: Routledge, 2005b. p. 737-759.

ZEICHNER, K. *Teacher Education and the Struggle for Social Justice*. New York: Routledge, 2009.

ZEICHNER, K.; CONKLIN, H. Teacher Education Programs. In: CO-CHRAN-SMITH, M.; ZEICHNER, K. (Eds.). *Studying Teacher Education*. New York: Routledge, 2005. p. 645-735.

ZEICHNER, K.; HUTCHINSON, E. The Development of Alternative Certification Policies and Programs in the U.S. In: GROSSMAN, P.; LOEB, S. (Eds.). *Alternative Routes to Teaching*. Cambridge: Harvard Education Press, 2008, p. 15; 29; 209-214.

ZEICHNER, K.; NDIMANDE, B. Contradictions and Tensions in the Place of Teachers in Educational Reform: Reflections on Teacher Preparation in the U.S.A. and Namibia. *Teachers e Teaching: Theory and Practice*, v. 14, n. 4, p. 331-343, 2008.

CAPÍTULO 4

As políticas de responsabilização na formação de professores dos Estados Unidos[113]

Estados como a Louisiana lideram o caminho na construção de sistemas de dados longitudinais que permitem a esses estados rastrear e comparar o impacto de novos professores egressos dos cursos de licenciatura sobre o desempenho de seus alunos ao longo de alguns anos... A Louisiana usa essa informação para identificar, pela primeira vez, os cursos eficazes e ineficazes – e as universidades usam os dados resultantes para renovar e fortalecer seus cursos de formação docente... A Lousiana é o único estado do país que rastreia a eficácia de seus cursos de formação de professores. Cada estado deveria fazer o mesmo... É uma ideia simples, mas óbvia – as faculdades de educação e os secretários municipais de educação deveriam saber quais cursos de licenciatura são eficazes e quais precisam ser melhorados. (DUNCAN, 2009, p. 5)

Neste capítulo, examino as justificativas para as várias políticas federais e estaduais, existentes e propostas, relacionadas à responsabilização em cursos de formação inicial de professores nos Estados Unidos. Atualmente existe pouca ou nenhuma evidência empírica que apoie a eficácia de políticas de responsabilização no programa estadual de aprovação de cursos e no credenciamento nacional (WILSON; FLODEN; FERRINI MUNDY, 2001; WILSON; YOUNGS, 2005; NATIONAL RESEARCH COUNCIL, 2010). Examinarei também as justificativas para

---

[113] Este texto foi originalmente publicado, em 2011, como um capítulo do livro *"Teacher Education Policy in the United States: Issues and Tensions in an Era of Evolving Expectations"*, da Editora Routledge, com o seguinte título: *"Assessing State and Federal Policies to Evaluate the Quality of Teacher Preparation Programs."*

políticas e ações baseadas em vários outros aspectos, que incluem: como os cursos de formação inicial de professores são avaliados em outras profissões; os métodos atuais para avaliar o conhecimento dos professores e suas habilidades de ensino; os custos e os benefícios associados a essas práticas e quais são as maneiras razoáveis para manter os cursos de formação de professores que "prestam conta" por seu trabalho. Discutirei a provável potencialidade de uma ação de responsabilização tanto para evidenciar a qualidade dos cursos de formação de professores quanto para contribuir para sua melhoria.

Embora esta análise discuta várias políticas e práticas diferentes,[114] darei atenção especial a duas ações de responsabilização que estão sob intensa discussão no atual contexto político estadunidense: (a) o desenvolvimento de uma rigorosa avaliação do desempenho do professor que seria usada para a conclusão de um curso de formação e licenciamento inicial do professor para exercício do magistério (b) e, como observado na citação acima, a avaliação da qualidade de um curso de formação de professores com base em uma análise de "valor agregado" aos resultados de testes padronizados de alunos de escolas de ensino fundamental e médio lecionados por egressos de cursos de licenciatura. Esta segunda ação, denominada "imperativo de impacto positivo" (HAMEL; MERZ, 2005, p. 158) tem recebido ampla cobertura, em grande parte acrítica, na imprensa nacional e na mídia de radiodifusão (ABRAMSON, 2010; GLENN 2010). Ambas ações têm sido endossadas pelo atual Ministério da Educação (DUNCAN, 2010) e é importante que recebam um cuidadoso exame pois sua implementação ainda é limitada. De acordo com o discurso do Ministro, em outubro de 2009, vários outros estados (Flórida, Tennessee, Texas, Delaware) têm feito movimentos para implementar o "imperativo de impacto positivo" como uma maneira de responsabilização do curso de formação de professores. Os programas que contam com fundos federais como o *Race to the Top* incentivaram os Estados a se juntar aos esforços federais. Um novo relatório sobre a respon-

---

[114] Estas incluem a aprovação de cursos de licenciatura, teste de habilidades básicas, conteúdo e conhecimento profissional e vários modos de avaliar a qualidade da docência dos professores.

sabilização na formação de professores foi lançado e amplamente divulgado enquanto este capítulo estava sendo escrito (CROWNE, 2010). Comentarei também as recomendações feitas especificamente nesse relatório.

Políticas de governo relacionadas à qualidade dos cursos de formação de professores

Nos últimos 30 anos, tanto as secretarias estaduais de educação quanto o governo federal têm aprovado várias políticas com o objetivo de avaliar a qualidade dos cursos de formação de professores que preparam docentes para a certificação inicial. Apesar da aprovação da Lei de Ensino Superior, em 1998, e da Lei do Ensino Fundamental e Médio, em 2001, e dos esforços do governo federal para incentivar o estabelecimento de novos cursos de formação de professores, por meio de editais que incentivam o uso de certas práticas (CLARKE, 1969; EARLEY, 2000a), foram principalmente os estados e não o governo federal que formularam políticas e regulações no que diz respeito à responsabilização na formação de professores (BALES, 2006; IMIG; IMIG, 2008).

Antes dos anos 1980, os estados adotavam um "modelo de indução" para avaliação de cursos de formação de docentes e os aprovavam à medida que julgavam o grau em que tais cursos continham os componentes que eram exigidos nesses estados, tanto em termos de oportunidades para os licenciandos estudarem tópicos específicos, quanto à presença de disciplinas obrigatórias (alfabetização) ou o número exigido de horas dedicadas a conteúdos específicos (mínimo de nove horas em alfabetização). Essas exigências, normalmente, incluíam também um número mínimo de horas que tinham de ser usadas em experiências clínicas (teórico-práticas) antes do estágio de tempo integral e requeriam ainda um número mínimo de horas para o prórpio estágio. Por muitos anos, os estados licenciaram professores para o exercício do magistério baseados simplesmente na conclusão de um curso de formação de docentes por eles aprovado (CRONIN, 1983; DARLING-HARMMOND et al., 2005).[115]

---

[115] Como Conant (1963) e Cronin (1983) chamam a atenção, a Comissão Nacional sobre Formação de Professores e Padrões Profissionais (*National Commission on Teacher Ed-*

Durante as primeiras vezes que me deparei com os processos de aprovação de cursos de formação de professores no estado de Wisconsin, nos anos 1970, o processo, que ocorria a cada cinco anos, consistia da visita de uma equipe da secretaria estadual de educação e de vários educadores do ensino fundamental para verificar os conteúdos e os tópicos exigidos em cada curso de formação de professores, checando se havia sido cumprido o número mínimo necessário de horas ou créditos para diferentes componentes do curso, como o estágio ou matérias acadêmicas. Durante esse período, muitos estados deixaram para as instituições formadoras os julgamentos sobre a qualidade dos candidatos ao magistério. A competência do candidato era normalmente julgada apenas por avaliações baseadas em observações em sala de aula feitas por supervisores da universidade, nela própria ou nas escolas e por mentores e administradores das escolas, nas próprias instituições de ensino básico, uma prática que tem se mostrado altamente falível para medir a eficácia do professor (PORTER; YOUNGS; ODDEN, 2001; CHUNG WEI; PECHEONE, 2010; WILSON, 2009).

Ao contrário de alguns países onde há padrões nacionais relacionados à aprovação de cursos de licenciatura e à qualidade do curso de formação de professores (WANG et al., 2003), nos Estados Unidos, os estados estabelecem individualmente suas próprias políticas. Há, no entanto, certo grau de superposição entre as exigências estaduais e as exigências do credenciamento nacional voluntário (www.ncate. org ou www.teac.org)[116] e dos consórcios de estados que concordaram com o uso de inúmeros padrões comuns no que diz respeito ao magistério e aos cursos de formação de professores (www.nasdtec. org, www.csso.org). Apesar dessas áreas de superposição, o fato de os estados, individualmente, estabelecerem suas próprias políticas de

---

ucation and Professional Standards – TEPS), que era um braço da Associação Nacional de Educação (*National Education Association*), e as comissões de padrão profissional em alguns estados exercem vários graus de influência tanto na certificação de professores quanto na responsabilização dos cursos de formação de docentes. Esses autores também afirmaram que os estados têm diferido no grau em que a educação superior exerce um papel na determinação e monitoramento desses processos.

[116] Quarenta e três estados adotaram ou integraram critérios para avaliar a qualidade de cursos de formação de professores de agências de credenciamento nacional voluntária (Ministério de Educação dos Estados Unidos, 2009).

responsabilização dos cursos de formação docente, resultou em requerimentos de responsabilização e de licenciamento que foram chamados de "inapropriados" no relatório mais recente sobre a qualidade do professor elaborado pelo Ministério de Educação dos Estados Unidos (*U.S. Department of Education*, 2009).

Tendo início nos anos 1970, em vários estados do sul dos Estados Unidos, e depois se alastrando para outras regiões do país, nos anos 1980, os estados começaram a exigir uma série de testes para a entrada e conclusão dos cursos de formação de professores, e, consequentemente, estes se tornaram mais prescritivos em termos do currículo dos cursos de licenciatura (CRONIN, 1983; PRESTINE, 1989).[117] Esses testes incluem provas de habilidades básicas (atualmente, em 27 estados),[118] testes sobre conhecimento profissional e pedagogia (atualmente, em 28 estados) e testes sobre o conteúdo de matérias acadêmicas essenciais (atualmente, em 37 estados) e outro sobre conteúdos específicos do objeto de ensino (atualmente, em 32 estados) (NASDTEC, 2010). Existem hoje cerca de 1.100 diferentes testes usados para a licença inicial de professores em todo os Estados Unidos, com cada estado escolhendo seus próprios testes e sua própria pontuação de aprovação (CROWE, 2010). De acordo com um relatório do *Education Trust* (BRENNAN, 1999), a maioria dos testes estaduais é vista como muito fácil e sem relevância para garantir que os professores tenham as habilidades acadêmicas necessárias para serem bem-sucedidos na escola. Eles também dizem muito pouco se as práticas docentes desses professores terão sucesso ou não na sala de aula (GOLDHABER, 2010; WILSON; YOUNGS, 2005). Apesar dessas e de outras críticas sobre o valor dos atuais testes para o ingresso no magistério (BERRY, 2010), os índices de aprovação nesses testes são usados como um componente do sistema de responsabilização dos cursos de formação de professores em 32 estados. Por exemplo, em Nova Iorque, 80% dos que completam

---

[117] Sempre existiram testes para a obtenção de uma licença inicial para exercício do magistério (ELSBREE, 1939), mas muitos deles eram localmente administrados por secretarias municipais de educação.

[118] Esses valores em relação aos números de estados com determinados tipos de testes de certificação vêm do mais recente relatório sobre a qualidade dos professores do Ministério de Educação dos Estados Unidos (*U.S. Department of Education*, 2009).

os cursos de licenciatura devem fazer os testes para evitar sanções por parte do Estado (NASDTEC, 2010).

Durante os anos 1970, os estados começaram a introduzir a avaliação de desempenho na formação de professores, e a formação de professor baseada em competência ou em desempenho (C/PBTE – *Competency/Performance Based Teacher Education*) era exigida, ou havia planos para exigi-la, em mais de 20 estados para a aprovação dos cursos de licenciatura e da licença inicial para o magistério (GAGE; WINNE, 1975). A certa altura, exigia-se que todos os projetos da *National Teacher Corps* (Corporação Nacional de Professores) usassem avaliação baseada em desempenho (HOUSTON; HOWSAM, 1972) e a *American Association of Colleges for Teacher Education* - AACTE (Associação Americana de Faculdades para a Formação de Professores) incentivou os cursos de formação docente a serem avaliados com base em competência. A AACTE forneceu muitos recursos para ajudar as instituições formadoras a implementar essa avaliação sobre aspectos específicos de seus cursos, tal como a educação multicultural (AACTE, 1974). A C/PBTE[119] foi defendida como uma alternativa para a responsabilização dos cursos de formação de professores. Os requisitos para a licença estadual com C/PBTE deveriam possibilitar aos cursos inovar e desenvolver diferentes abordagens e foram o fator-chave no movimento em prol das rotas alternativas para o magistério (SYKES; DIBNER, 2009).

Por diversas razões, inclusive o custo da implementação e a falta de pesquisa para fundamentar as conexões entre as competências do professor e o aprendizado do aluno (HEATH; NIELSON, 1974), a C/PBTE desapareceu temporariamente da formação dos professores nos Estados Unidos, com exceção de poucos estados, como a Flórida e a Geórgia, e de cursos como os da Faculdade Alverno, em Milwaukee (ZEICHNER, 2005). Por volta do ano 2000, a C/PBTE ganhou novamente impulso nas comunidades responsáveis pela formação de professores nos Esta-

---

[119] O termo "C/PBTE" é usado aqui de uma maneira geral, como era utilizado na década de 1970 para descrever uma abordagem geral de formação de professor que focava em candidatos ao magistério que demonstravam o domínio de um conjunto de habilidades. Na prática, os cursos variavam entre aqueles que se concentravam em aspectos isolados da docência e outros que focavam aspectos mais ou menos integrados da docência baseados em um quadro conceitual claro (LISTON; ZEICHNER, 1991).

dos Unidos com a adoção de avaliação baseada em desempenho pelo *National Council for Accreditation of Teacher Education* – NCATE (Conselho Nacional de Credenciamento da Formação de Professores) e a implementação, por alguns estados, dos padrões de desempenho para o licenciamento inicial de professores e a aprovação do curso (VALLI; RENNERT-ARIEV, 2002). Os padrões para o magistério em 16 estados, nessa versão atual da C/PBTE, foram desenvolvidos em parte pelo *Interstate New Teacher Assessment and Support Consortium* – INTASC (Consórcio Interestadual de Avaliação e Apoio a Novos Professores), que é parte do *Council of Chief State School Officers* – CCSSO (Conselho dos Secretários Estaduais de Educação) (www.ccsso.org).

Por exemplo, enquanto eu ainda trabalhava em Wisconsin em 2004, a aprovação estadual dos cursos de formação de professores mudou de um sistema que focava apenas na avaliação de alguns elementos desses cursos (p. ex., Os tópicos e créditos exigidos na formação de professores estão contemplados no currículo?) para um sistema de responsabilização que enfatizava a avaliação baseada em desempenho dos candidatos a professores. Alguns estados, como Wisconsin, examinam hoje a qualidade dos sistemas de avaliação de desempenho em instituições formadoras para a aprovação dos cursos de licenciatura, enquanto outros estados, como Washington, também querem ver, na avaliação de desempenho dos candidatos a professor, evidência de que eles adquiriram certo nível de competência em relação aos padrões estaduais de ensino. Atualmente cerca de 19 estados exigem uma avaliação de desempenho para a licença inicial de professores (NASDTEC, 2010).[120]

Formadores de professores reagem de maneiras diferentes em relação a essa mudança para avaliação baseada em desempenho como uma parte da licença inicial do professor e da aprovação estadual dos cursos de licenciatura. De um lado, há uma preocupação de que a avaliação do desempenho afete negativamente a capacidade dos formadores de professores de se engajar em práticas que acreditam ser necessárias para formar bem os professores, assim como de desviar a atenção dos formadores e os limitados recursos de suas instituições

---

[120] Os dados na página eletrônica da NASDTEC (*National Association of State Directors of Teacher Education and Certification*) são de 2004.

para atividades que consideram não relacionadas ao cerne de sua missão (BERLAK, 2010; KORNFELD *et al.*, 2007; RENNERT-ARIEV, 2008). Em contrapartida, existe o argumento de que os dados da avaliação de desempenho do professor (ao contrário dos dados da análise de valor agregado), potencialmente fornecem aos formadores informações úteis que podem ser usadas para aperfeiçoar seus cursos (PECK; GALLUCI; SLOAN, 2010) e servem como forma de aprendizagem para candidatos ao magistério (DARLING-HARMMOND, no prelo; DIEZ; HAAS, 1997; CHUNG WEI; PACHEONE, 2010). Na maioria das vezes, no entanto, a C/PBTE não tem sido completamente implantada em muitas instituições formadoras, apesar das exigências estaduais, por causa dos custos e de outras questões associadas à verdadeira implementação dessa ideia (ZEICHNER, 2005). As secretarias estaduais de educação experimentam, ao longo dos anos, cortes em seus orçamentos e pessoal e, em muitos casos, não têm a capacidade de monitorar e impingir um sistema genuíno de avaliação baseado em desempenho (DARLING-HARMOND, 2005).

O que é uma abordagem razoável para a responsabilização na formação de professores nos Estados Unidos?

Exames para licença de professores e coerência do sistema

Dada a falta de evidência empírica relacionada às políticas de responsabilização na formação de professores, uma maneira de começar a formular uma posição sobre um sistema de responsabilização para a formação docente é olhar como se avalia a qualidade em outras escolas profissionais. Quando se averigua como outras profissões examinam a prontidão de seus candidatos para a prática profissional e como avaliam a qualidade dos cursos de formação inicial que os preparam é claro que há muito mais uniformidade, pelo país, no que diz respeito a como esses outros profissionais são licenciados. Crowne (2010) e Neville, Sherman e Cohen (2005) discutem a licença e as exigências de aprovação de cursos em inúmeras profissões, tais como medicina, direito, contabilidade, enfermagem e engenharia, e todas essas áreas têm ou um exame nacional para o licenciamento do exercício profissional ou um exame estadual com algum componente nacional antes de permitirem que os candidatos comecem a exercer a profissão. Algumas escolas profissionais também usam a avaliação de desempenho e a observação e avaliação estruturada da prática *in loco*.

Crowne (2010) recomenda uma grande revisão dos exames para licenciamento de professores e uma maior uniformidade, em todo o país, tanto nos padrões para o exercício do magistério, quanto nas políticas e processos de aprovação de cursos de licenciatura. Ambas recomendações são razoáveis dadas às práticas em outras profissões. No entanto, como aponta Berry (2010), apenas aumentar as pontuações de corte nos atuais exames de licenciamento de professores, como alguns sugeriram, não necessariamente levará a melhorias. Por exemplo, a pesquisa de Goldhaber (2007) mostrou que o aumento da nota de corte nos exames de licenciamento da Carolina do Norte para o nível adotado em Connecticut eliminaria professores que demonstraram produzir maior efeito na aprendizagem de seus alunos por meio dos resultados em testes padronizados. Outras análises mostraram os desproporcionais índices de fracasso, em alguns exames, de candidatos a professores pertencentes a minorias étnico-raciais (Gitomer; Latham; Ziomek, 1999; Villegas; Davis, 2008). A recomendação de Crowne (2010) – de uma grande revisão dos exames de licenciamento de professores e de torná-los mais uniformes em conteúdo e notas de corte em todo o país – parece fazer sentido como uma orientação geral.

Independentemente disso, devemos ter em mente a forte evidência empírica relacionada à importância de construir uma força de trabalho no magistério mais etnicamente e racialmente diversa graças ao seu impacto positivo sobre o aprendizado do aluno, particularmente o aluno pertencente a minorias étnico-raciais (Villegas; Davis, 2008). Também devemos lembrar que o propósito dos exames para licenciamento inicial do exercício da profissão é separar os candidatos que são minimamente competentes daqueles que não são. O relatório do *National Research Council* - NRC (Conselho Nacional de Pesquisa) sobre o exame para o magistério concluiu que "um conjunto de testes bem planejados não pode medir todos os pré-requisitos de um início de docência competente" (Mitchell *et al.*, 2001, p. 165). Esse grupo conclui que são necessárias múltiplas medidas em relação à eficácia do professor iniciante e que as decisões sobre licença para exercício da profissão não deveriam ser feitas apenas com base em exames de licenciamento. Então, enquanto a recomendação de Crowe (2010) de que precisamos elevar os padrões para exercício da profissão por meio de um novo conjunto de exames de licenciamento de professores e que sejam mais uniformes no país faz sentido até certo ponto: há perigos reais em elevar muito a nota de corte. "Estabelecer notas de corte substancialmente mais altas nos exames de licenciamento significaria reduzir a diversidade do grupo de candidatos ao magistério" (MITCHELL et al., 2001, p. 167). E, como concluiu a pesquisa de Goldhaber (2007), significaria retirar da sala de aula professores potencialmente competentes.

Avaliação da competência do professor na sala de aula

Ao longo da história da formação de professores nos Estados Unidos, os candidatos a professor tiveram de demonstrar sua competência em sala de aula como parte do programa de conclusão do curso (FRASER, 2007). Na maior parte de sua história, esses julgamentos foram realizados por supervisores da faculdade ou universidade e mentores da escola por meio de breves observações da sala de aula. A falta de confiabilidade dessas medidas de avaliação da qualidade da docência tem sido demonstrada na literatura (CHUNG WEI; PECHEONE, 2010; PORTER; YOUNGS; ODDEN, 2001; WILSON, 2009). A recomendação de Crowne (2010) de que sistemas de responsabilização na formação docente "deveriam incluir uma medida de efetividade do professor em relação à aprendizagem de seus alunos do ensino fundamental" (p. 12) é razoável e pode ser abordada de várias maneiras. Um modo de obter avaliações sobre as habilidades do professor para promover o aprendizado do aluno é fortalecer os fracos sistemas de avaliação dos estagiários que existem em muitas experiências clínicas (teórico-práticas) de formação ao longo do país.[121]

Quando comecei minha carreira como formador de professores nos anos 1970, foram feitos esforços para utilizar alguns instrumentos

---

[121] Ver Wesley e McDiarmid (2004) para uma discussão sobre as várias maneiras de associar a formação de professores ao ensino e ao aprendizado do aluno.

mais estruturados de observação de salas de aula na supervisão do estagiário (SIMON; BOYER, 1974) e para construir um corpo sólido de pesquisas e práticas na supervisão de experiências clínicas (teórico-práticas) de formação docente (GOLDHAMMER, 1969). O objetivo desses esforços era aumentar a qualidade da mentoria e a avaliação de candidatos a professor durante suas experiências clínicas (teórico-práticas), com foco nos alunos e sua aprendizagem.

Hoje há um amplo consenso de que a qualidade da supervisão e da avaliação das experiências clínicas (teórico-práticas) na formação inicial de professores é altamente desigual (AACTE, 2010). Atualmente há vários esforços, como o projeto *Working with Teachers to Develop Fair and Reliable Measures of Effective Teaching* (Trabalhando com Professores para Desenvolver Medidas Justas e Confiáveis de Ensino Eficaz), criado pela Fundação Bill e Melinda Gates (http:// gatesfoundation.org/highschools/Documents/met-framing-paper. pdf), para desenvolver mais qualidade das avaliações de qualidade da docência baseadas em observação de salas de aula. Outros esforços notáveis para fazer da avaliação direta da docência em sala de aula, uma característica central da responsabilização educacional, incluem o *Classroom Assessment Scoring System* ou CLASS (Avaliação do Sistema de Pontuação na Sala de Aula) (PIANTA; HAMRE, 2009) e uma estrutura de observação baseada na avaliação de desempenho da ETS Praxis III (DANIELSON, 1996).[122] Melhorar a qualidade e a consistência da avaliação dos candidatos a professor pelo supervisor e pelo mentor é uma importante parte da estratégia de medida de efetividade dos professores em sala de aula antes de dar a eles a licença inicial para o magistério ou permitir que trabalhem como professores designados. O uso de guias de observação, planejadas com fins de pesquisa, em avaliações baseadas em sala de aula na experiência clínica (teórico-prática) do professor iniciante requer algumas adaptações. Porém, sabemos, com base nas adaptações de partes dos instrumentos de observação sistemática realizadas durante a pesquisa sobre a eficácia do professor, nos anos 1970, que isso é uma tarefa factível (ACHESON; GALL, 1980).

---

[122]ETS Praxis é uma série de testes (do *Educational Testing Service* – ETS) para candidatos a professor, como parte do processo de certificação e licença profissional. (N. T.).

Não é muito comum que se exija dos supervisores de faculdades e universidades ou dos mentores de escolas uma formação específica para o desenvolvimento de seu trabalho como avaliadores de candidatos a professor. De fato, os professores do ensino fundamental que realizam a maior parte da mentoria e da avaliação dos candidatos a professores, na maioria dos cursos de licenciatura, raramente recebem alguma compensação e o apoio justificados pelo importante papel que desempenham e pelo tempo que dedicam a esse trabalho em muitos cursos de formação de professores (ZEICHNER, 2006).[123] Melhorar a consistência e a qualidade da supervisão dos candidatos a professor deveria ser uma prioridade nos esforços para aumentar a eficácia de como avaliamos a qualidade da docência dos candidatos a professor.

Outra estratégia para introduzir uma medida de efetividade da docência que inclua a capacidade de ser bem-sucedido em relação ao aprendizado do aluno, como uma parte da licença inicial para exercer a profissão, é utilizar uma avaliação de alta qualidade de desempenho do professor. Berry (2010) e Darling-Hammond (2009; no prelo) fornecem detalhes de um caso convincente para o uso de tal avaliação, baseada em evidência de pesquisa, de professores iniciantes em Connecticut e das avaliações do *National Board* (ver também DARLING-HAMMOND; CHUNG WEI, 2009). Durante os últimos anos, pesquisadores em Stanford têm desenvolvido uma rigorosa avaliação de desempenho do professor (*Performance Assessment for California Teachers* ou PACT), que é usada em mais de 30 instituições de formação de professores na Califórnia. Apesar de algumas preocupações sobre essa avaliação e sobre a falta de fundos para apoiar sua implementação (BERLAK, 2010), ela tem se mostrado, em alguns casos, capaz de predizer a efetividade do professor em relação ao aprendizado do aluno e de apoiar a melhoria do aprendizado

---

[123]O altamente divulgado Relatório Conant (1963) enfatizou o componente clínico (teórico-prático) da formação de professores como a coisa mais importante que podia ser feita para aumentar a qualidade da formação docente nos Estados Unidos e destacou a falta de preparação e de apoio para professores que recebem estagiários como um dos aspectos mais fracos do sistema. Por exemplo, "os professores que recebem estagiários deveriam ter tempo livre para ajudar esses estudantes; deveriam também ter uma compensação crescente pelo reconhecimento de seu talento e responsabilidade" (p. 62).

docente e dos cursos de licenciatura (CHUNG WEI; PECHEONE, 2010; NEWTON; WALKER; DARLING-HAMMOND, 2010; PECHEONE; CHUNG, 2006; PECK; GALLUCI; SLOAN, 2010).

A AACTE e o CCSSO apoiam atualmente um projeto que envolve 20 estados e desenvolve uma avaliação de desempenho – nacionalmente disponível – baseada no PACT, atendendo aos elevados padrões de confiabilidade e validade e que pode ser usada em uma variedade de estados para os candidatos demonstrarem seu domínio dos padrões estaduais de docência.[124] Essa avaliação combina apreciações de conteúdos presentes em cursos de formação de professores com um "evento de coroamento" sobre a docência utilizada em todas as instituições (DIEZ, 2010). Esse "evento de coroamento" sobre a docência, que é normalmente realizado ao final do estágio, encoraja os licenciandos a documentar suas práticas por meio do uso de linguagem acadêmica, o planejamento, o ensino, a avaliação e a reflexão, de acordo com um conjunto de guias e normas. As respostas desses candidatos a professor são, então, avaliadas de acordo com uma série de critérios cuidadosamente planejados e testados em campo. Estudos abrangentes continuam a ser realizados sobre o PACT (CHUNG WEI; PECHEONE, 2010; PECHEONE; CHUNG, 2006) e sobre a nova avaliação de desempenho, nacionalmente disponível, que se baseia nele.[125]

Recentemente tive minha primeira experiência direta com o PACT nos cursos de formação de professores para o ensino fundamental e médio da Universidade de Washington-Seattle que eu atualmente dirijo. A implementação dessa avaliação é compreensivelmente um empreendimento mais complicado e mais caro do que o atualmente existente na maioria dos cursos. Tem-se, por exemplo, a necessidade de formar o avaliador, criar oportunidades para se aprender a partir do currículo dos cursos de formação de professores,

---

[124] <http://aacte.org/index.php?/Programs/Teacher-Performance-Assessment-Consortium-TPAC/teacher-perfomance-assessment-consortium.html>.

[125] Informação detalhada sobre o PACT pode ser encontrada em <http://www.pacttpa.org/_main/hub.php?pageName=Hpme> e informação sobre o projeto do CCSSO e da AACTE para desenvolver uma avaliação nacional de desempenho baseada no PACT pode ser encontrada em <http://aacte.org/index.php?/Programs/Teacher-Performance-Assessment-Consortium-TPAC/teacher-performance-assessment-consortium.html>.

coordenar a avaliação juntamente com aqueles que estão nos locais de estágio nas escolas e assim por diante (ou seja, uma boa avaliação requer recursos!). O tipo de dado sobre a docência de nossos licenciandos, candidatos a professores, que é sistematizado a partir dessa avaliação, é inestimável. Por exemplo, em nosso curso de formação de professores para o ensino médio, dedicamos várias reuniões para discutir sobre as inúmeras maneiras de avaliação de desempenho do professor (inclusive, os artefatos dessa avaliação) que envolveram os formadores de professores da universidade e da escola. Essas discussões levaram a modificações no currículo do curso para o próximo ano. Por exemplo, vários de nossos licenciandos, candidatos a professor do ensino médio, tiveram baixa pontuação no componente "linguagem acadêmica"; então, realizamos algumas mudanças no currículo com foco nesse componente considerado um "ponto fraco" do curso.

Há outras avaliações de desempenho além dessa do PACT, tal como a avaliação do ETS Praxis III[126] e os protocolos para avaliar amostras dos trabalhos dos licenciandos desenvolvidos originalmente na Universidade de Western Oregon (McConnery; Schalock & Schalock; 1998).[127] O objetivo da CCSSO e da AACTE é desenvolver um modelo de avaliação do desempenho da formação de professores mais uniforme do que o modelo atual para permitir que cada estado escolha quais avaliações utilizarão. Mesmo se se verificar que existe mais de uma avaliação de desempenho usada pelos estados, deveria haver um requisito de que todas essas avaliações satisfizessem um conjunto de padrões comuns no que diz respeito à sua qualidade psicométrica.

O uso de portfólios para a avaliação da qualidade da docência dos candidatos a professor já é bastante difundido nos cursos de licenciatura dos Estados Unidos (Delandshere; Petrosky, 2010). Porém, a maioria desses portfólios não é organizada dentro dos padrões do PACT e da *Teacher Work Sample Methodology* (Metodologia de Amostras do Trabalho do Professor), desenvolvida no estado do Oregon, e, por isso, não tem a qualidade psicométrica para ser usada efetivamente como uma ferramenta de avaliação somativa (Chung Wei; Pecheone, 2010; Wilkerson; Lang, 2003).

---

[126] Ver <http://www.ets.org/praxis/institutions/praxisiii/>.

[127] Ver <http://www.wou.edu/education/worksample/twsm/>.

Finalmente, outra maneira de avaliar a efetividade da docência dos candidatos a professor depois que eles completam seus cursos de licenciatura e de supostamente julgar a qualidade desses cursos, é usar a análise de valor agregado (VAA) para cruzar dados sobre o aumento na pontuação em testes padronizados realizados pelos alunos nas escolas e os cursos nos quais os professores se graduaram e, então, classificar esses cursos, em cada estado, de acordo com a suposta contribuição de seus egressos ao aprendizado desses alunos nas escolas. Atualmente, como já foi apontado, a mídia nacional está obcecada por essa estratégia (ABRAMSON, 2010; GLENN, 2010; HONOWAR, 2007; KELDERMAN, 2010) e o Ministério de Educação, como ilustrado na citação de abertura deste capítulo, percorre o país promovendo essa ideia. O estado da Louisiana é recorrentemente identificado como o modelo que os outros estados devem seguir nessa área (NOELL; BURNS, 2006), juntamente com a Flórida, que já começou a classificar os cursos de formação de professores de acordo com essa análise de valor agregado (GLENN, 2010).

Nos últimos anos, tem havido muita discussão sobre o uso da VAA para associar o aumento na pontuação dos testes padronizados realizados pelos alunos nas escolas a seus professores e aos respectivos cursos de licenciatura que eles frequentaram. Por exemplo, os pesquisadores mostraram que usar a análise de valor agregado para medir a efetividade da docência requer pelo menos três anos de coleta e análise de dados (McCAFFEY; LOCKWOOD; MARIANO; SETODJI, 2005). Outros pesquisadores questionam os pressupostos nos quais os modelos de VAA estão baseados e alertam para seu uso cuidadoso (ROTHSTEIN, 2010). Alguns pesquisadores levantam também questões sobre os próprios testes que são usados como medidas do aprendizado dos alunos (DARLING-HAMMOND; CHUNG WEI, 2009). Finalmente, há um amplo consenso de que a VAA não deve servir como a única base para a tomada de decisões sobre os professores, uma vez que os resultados que se conseguem por meio da VAA variam de acordo com a maneira como os pesquisadores manipulam os dados (BRAUN, 2005).

O relatório do *National Research Council* (Conselho Nacional de Pesquisa) sobre formação de professores nos Estados Unidos examinou a relevância da VAA para avaliar a docência e os cursos de licenciatura.

O relatório reforça algumas preocupações que têm sido levantadas sobre esse método, incluindo:

> Que os métodos de valor agregado não separam adequadamente o papel dos professores ou suas características individuais de outros fatores que influem no rendimento acadêmico dos alunos na escola... há preocupações sobre as próprias medidas dos resultados acadêmicos dos alunos e a medição acurada em relação aos atributos da formação dos professores... Outra preocupação é que os testes de rendimento dos alunos desenvolvidos no contexto de altas apostas em metas de responsabilização podem fornecer uma compreensão distorcida sobre os fatores que influenciam o desempenho do aluno. (2010, p. 29)

Depois de reconhecer essas e outras preocupações, o relatório conclui:

> Como acontece com qualquer projeto de pesquisa, os modelos de valor agregado podem fornecer evidência convincente ou compreensão limitada da adequação do modelo à questão da pesquisa e de sua implementação. Os modelos de valor agregado podem proporcionar informação valiosa sobre uma boa formação do professor, mas não conclusões definitivas, e serão melhor considerados em conjunto com outras evidências a partir de uma variedade de outras perspectivas. (2010, p. 29)

Muito poucos daqueles que advogam pela utilização da VAA para avaliar a qualidade dos cursos de formação de professores defendem o seu uso isolado como medida de efetividade na docência, inclusive Crowne (2010). Levin (1980) sugeriu levar em consideração a relação "custo-benefício" para tomar decisões sobre o uso de alguns componentes dos sistemas de responsabilização tanto em termos da licença ao exercício da profissão quanto em relação ao curso de formação de professores. Quando se segue o conselho de Levin, a questão que surge é saber se valem a pena o tempo e o custo gastos para coletar dados de valor agregado com a finalidade de o curso "prestar contas", em função da falta de consenso sobre como fazê-lo e a questionável qualidade da informação que ele fornece. Não seria possível criar um rigoroso e consistente sistema de responsabilização na formação de professores que desse atenção às habilidades dos professores de efetivamente ensinarem aos alunos, utilizando todas as outras maneiras de avaliar a qualidade do curso de licenciatura discutidas acima e implementá-las de uma maneira mais rigorosa e consisitente do que é atualmente?

Há vários argumentos que podem ser levantados e, no mínimo, discutidos em relação ao uso da VAA como um componente da responsabilização na formação de professores. Nenhum dos artigos das revistas *Chronicle of Higher Education* ou *Education Week* (GLENN, 2010; HONOWAR, 2007), o programa no *National Public Radio* (ABRAMSON, 2010), ou artigos em jornais locais (MATUS, 2009) discutiram em qualquer detalhe a preocupação que os estudiosos têm demonstrado sobre essa metodologia, ou o fato de que os pesquisadores discordam sobre se e/ou como esta deve ser usada. Sequer levantaram se tal abordagem, como forma de avaliar as escolas profissionais, era razoável. Em uma das recentes declarações sobre o atual relatório do *Center for American Progress* (Centro para o Progresso Americano) está implicitamente expresso que, a menos que um estado esteja usando a VAA para avaliar e classificar seus cursos de formação de professores, ele não "mantêm os cursos de licenciatura que efetivamente prestam conta pela eficácia dos professores que formam" (CENTER FOR AMERICAN PROGRESS, 2010, p. 1).

A primeira pergunta que deveria ser feita sobre a VAA é se há quaisquer outras escolas profissionais avaliadas com base nos resultados apresentados pelo aluno/cliente/paciente depois de os futuros profissionais terem completado seu curso de preparação. Usar a VAA como um componente de um sistema de responsabilização da formação de professores seria a mesma coisa que avaliar escolas de medicina de acordo com o modo como os seus egressos seriam capazes de ajudar pacientes a se curar, ou quantos casos os graduados das faculdades de direito ganhariam ou perderiam, ou quantos clientes seriam auditados pela Receita Federal, no caso de egressos do curso de Contabilidade, e assim por diante. Enquanto Crowne (2010) e outros críticos da formação de professores estão ansiosos por aproveitar os sistemas de responsabilização de outras escolas profissionais a fim de defender maior uniformidade desse sistema na formação docente, ninguém mencionou o fato de que não há uma única profissão em que os cursos de formação sejam responsabilizados pelos resultados apresentados pelos estudantes/clientes/pacientes após a data da formatura de seus egressos. Como foi apontado em discussões sobre a responsabilização em outras profissões (NEVILLE; SHERMAN; COHEN, 2005), os exames para licenciamento do exercício da medicina que, às vezes, incluem um componente de avaliação de desempenho, avaliam a prontidão do candidato para a prática e a qualidade da formação médica. Exigir que os cursos de formação de professores sejam obrigados a adotar um padrão de responsabilização que nenhuma outra escola profissional foi obrigada a seguir é uma atitude para qual não foi fornecida uma única justificativa.

Uma segunda questão que deveria ser levantada sobre o uso da VAA para a responsabilização dos cursos de formação de professores é se os dados que ela fornece sobre as características desses cursos estão relacionados a resultados positivos. Embora os coordenadores dos cursos de licenciatura sejam sempre mencionados em artigos da imprensa utilizando os resultados da VAA para promover melhorias em seus cursos (MATUS, 2009), a realidade é que estabelecer uma classificação de instituições formadoras por meio da VAA produz muito pouca, se é que produz alguma, informação sobre quais características dos cursos estão associadas a que resultados. Embora existam uns poucos exemplos de projetos de pesquisa que usam a VAA combinada com outros métodos para esclarecer as características específicas dos cursos de formação de professores que se associam aos resultados positivos e negativos dos alunos nas escolas (BOYD *et al.*, 2008), o tipo de análise dos dados que tem sido produzido na Louisiana e na Flórida não é sofisticado o bastante para fornecer informações que esclareçam os aspectos particulares dos cursos de licenciatura ou de suas práticas pedagógicas que poderiam ser úteis para o seu aperfeiçoamento. No entanto, como foi discutido anteriormente, há exemplos de como informações específicas sobre a docência de um candidato a professor, obtidas a partir de uma rigorosa avaliação do desempenho do docente, podem ser utilizadas para apoiar a reforma e melhoria dos cursos de formação (PECK; GALLUCI; SLOAN, 2010).

Os custos comparativos da implementação de um sistema de responsabilização guiado pela VAA e do desenvolvimento de avaliações de alta qualidade do desempenho do professor para serem usados para a conclusão do curso de licenciatura, juntamente com os dados produzidos para fomentar a reforma e melhoria desse curso, sugerem que fortalecer a avaliação da sala de aula baseada em observação e o desenvolvimento de avaliações de alta qualidade do desempenho são atividades que valem muito mais a pena do que investir em VAA para avaliar a efetividade da docência de egressos dos cursos de formação de professores.

Embora Harris e McCaffey (2010) argumentem que o custo para criar medidas de valor agregado (VA) seja praticamente baixo nos Estados Unidos, haja vista o atual sistema de testes padronizados do país, reconhecem que os custos associados ao cálculo das medidas de VA são apenas uma parte do que é preciso para se adotar uma abordagem de VAA a fim de avaliar a docência. Além de calcular as medidas atuais, esses autores afirmam que os educadores precisariam ser treinados em como usar as medidas do VA, compreender suas limitações, bem como investimentos precisariam ser feitos para a superação de alguns problemas técnicos que têm limitado a utilização do VA.

Discussão

Neste capítulo, discuti brevemente várias políticas existentes e propostas para o fortalecimento da avaliação do sistema de formação de professores nos Estados Unidos. Na medida em que apoiei certas recomendações específicas e princípios gerais defendidos no relatório do *Center for American Progress* (Centro para o Progresso Americano), recentemente lançado, sobre avaliação da formação docente (CROWNE, 2010) – tais como se engajar em uma ampla revisão dos exames para licenciamento de professores, criando maior uniformidade nas políticas e práticas em todo o país, utilizando avaliações de alta qualidade da docência do candidato ao magistério como parte do licenciamento inicial para exercício da profissão e aprovação dos cursos de formação de professores, e mantendo todos os cursos de licenciatura sob os mesmos padrões de responsabilização – também argumentei contra a classificação desses cursos baseada unicamente nas pontuações de VAA a partir dos resultados que os alunos da escola obtêm nos testes padronizados como uma maneira razoável, de custo eficaz e útil para avaliar a efetividade da docência dos candidatos a professor e para avaliar a qualidade dos cursos de formação docente.

Além disso, nenhuma outra escola profissional é responsabilizada pelos resultados obtidos por alunos/pacientes/clientes após o término do curso de preparação, e os dados que são produzidos pela VAA, desprovidos de informação sobre as especificidades da docência e os contextos em que ela acontece, não contribuem para o aperfeiçoamento do ensino ou dos cursos de formação de professores. Seria uma boa estratégia investir na melhoria tanto das avaliações de experiências clínicas (teórico–práticas) baseadas em observação de sala de aula quanto desenvolver uma avaliação de alta qualidade do desempenho do professor a ser realizada ao término do estágio. Ambos os tipos de avaliação forneceriam informações muito mais específicas sobre a habilidade dos candidatos a professor para efetivamente produzirem o aprendizado do aluno e, embora sejam caras, terão um impacto muito maior na melhoria da qualidade da formação de professores dos Estados Unidos do que uma abordagem de VAA.

Como alcançar maior uniformidade nacional

Há diferentes maneiras de nos movimentarmos rumo a uma maior uniformidade em termos da licença inicial do professor para o exercício do magistério e da responsabilização dos cursos de licenciatura de todo os Estados Unidos. Alguns autores (DARLING-HAMMOND; BARATZ-SNOWDEN, 2005) defendem um credenciamento nacional obrigatório dos cursos de formação de professores de maneira similar ao que acontece em outras profissões. Também é potencialmente possível produzir maior consistência nas exigências e políticas estaduais por meio da cooperação voluntária entre as secretarias estaduais de educação e os conselhos que estabelecem os padrões profissionais. Em função das críticas que foram dirigidas à natureza burocrática do credenciamento nacional da formação de professores no passado (JOHNSON et al., 2005)[128] e pelo fato de que há pouca evidência empírica quanto ao valor do programa nacional de credenciamento (NATIONAL REASEARCH COUNCIL, 2010; WILSON; YOUNGS, 2005), a ideia de cooperação voluntária defendida por Crowe (2010) parece ser uma abordagem razoável pelo menos por enquanto.

---

[128] Tem havido esforços recentes para modernizar o credenciamento nacional e baseá-lo em resultados (www.ncate.org, www.teac.org)

Pode-se questionar, entretanto, a probabilidade de o estado voluntariamente concordar em adotar os mesmos padrões de licenciamento para exercício do magistério. A longo prazo, alguma forma obrigatória de credenciamento nacional dos cursos de licenciatura será provavelmente a única maneira de construir um sistema nacional de responsabilização mais uniforme para a formação de professores nos Estados Unidos. A prioridade deveria ser dada às recentes recomendações do Conselho Nacional de Pesquisa (2010) para se empreender uma avaliação independente para o credenciamento dos cursos de formação docente. Essa avaliação poderia levar a uma revisão do atual sistema e então a uma exigência de que todos os cursos de formação de professores sejam nacionalmente credenciados. Se o sistema replanejado for eficiente e se tornar mais manejável e de custo compensador, bem como significativo no sentido de trazer maior qualidade para os atuais cursos de licenciatura[129], contribuindo para a melhoria dos mesmos, ele provavelmente será bem recebido pelas instituições de formação de professores.

É muito interessante que pessoas como Crowne (1020) se inspirem em outras profissões de uma maneira muito seletiva. Embora recorram à responsabilização de outras profissões como uma justificativa para buscar maior uniformidade na responsabilização da formação de professores, falham em explicitar que, na maioria dessas outras profissões, a profissão em si desempenha um significativo papel na definição e no estabelecimento dos respectivos padrões de responsabilização.

Qualquer que seja o sistema de responsabilização a ser desenvolvido para a formação de professores nos Estados Unidos, este deve incluir a ideia de que a profissão em si exercerá um papel significativo na definição e no estabelecimento dos padrões para o magistério e para os cursos de formação de professores, juntamente com a busca de uma maior uniformidade nacional.

A responsabilização da formação de professores de alta qualidade é cara

Outra questão que precisa ser encarada no estabelecimento de padrões de qualidade mais altos para a licença inicial dos professores e

---

[129]NCATE já está envolvida em otimizar seu sistema e fortalecer a associação com o aprendizado do aluno do ensino fundamental e sua habilidade de apoiar o contínuo aperfeiçoamento dos cursos (CIBULKA, 2009).

de responsabilização dos cursos é que um sistema de maior qualidade custará mais do que o que está atualmente em vigor. O relatório do Conselho Nacional de Pesquisa (2010) sobre formação de professores nos Estados Unidos e o relatório mais recente do Ministério da Educação dos Estados Unidos (U.S. DEPARTMENT OF EDUCATION, 2009) sobre a qualidade da docência no país indicam que algo entre 70% e 85% dos novos professores se formaram em algum tipo de curso de licenciatura em uma faculdade ou universidade. Em função do declínio, ao longo dos anos, do apoio financeiro estadual às universidades públicas, onde é formada a maioria dos professores estadunidenses (LYALL; SELL, 2006), bem como os contínuos cortes nos orçamentos das agências estaduais de educação que implementariam, isoladamente ou em conjunto com órgãos nacionais de credenciamento (DARLING-HAMMOND et al.,2005), uma parte substancial de um novo sistema de responsabilização e de melhor qualidade, a questão de como esse novo sistema será financiado nos Estados Unidos é um problema sério que precisa ser resolvido.

Uma estratégia usada no passado para financiar componentes do sistema de responsabilização na formação de professores foi repassar os custos para os futuros docentes. No entanto, com o amplo uso dos exames para licenciamento de professores em vários pontos de todo o país e o aumento acentuado das taxas de matrícula e mensalidades nas faculdades e nas universidades para compensar as reduções de financiamento do Estado, se tornou muito caro para os egressos dos cursos de licenciatura atender as exigências estaduais para a obtenção da licença inicial para o exercício do magistério.[130] A implementação de uma avaliação do desempenho de professor de alta qualidade, com boa confiabilidade e validade, e o incremento de uma avaliação em sala de aula, baseada em observações diretas durante as experiências clínicas (teórico-práticas), também serão muito caras. Em 2010, por exemplo, para implantar na Universidade de Washington-Seatle uma versão do PACT para cerca de 130 formandos, gastamos aproximadamente $35.000 para o treinamento dos avaliadores e seu pagamento para a prestação do serviço (cerca de $273 por graduando). Esses custos não

---

[130] As taxas atuais para a realização dos testes mais amplamente usados são: Praxis I ($130), Praxis II ($65-115), e uma taxa de registro de $50. Ver http://www.ets.org/praxis/about/fees

incluem o salário de meio período da pessoa da equipe que coordena todo o processo, nem da equipe de funcionários e do corpo docente que participaram para assegurar a infraestrutura de apoio necessária à avaliação e para integrá-la ao currículo dos cursos de formação de professores. Atualmente o estado de Washington exige uma avaliação de desempenho baseada em evidência em todos os seus cursos de formação docente, e há discussões sobre como os custos para a melhoria dessa avaliação serão pagos. Transferir os custos para os formandos, que já pagam altos valores de taxas para a sua formação e para a realização dos exames de licenciamento, é problemático dado os efeitos negativos que isso teria no intuito de construir uma força de trabalho no magistério do estado que seja mais representativa da população daquele estado.

Quando se segue a sugestão de Levin (1980) de levar em consideração a relação custo-benefício ao lidar com o problema da avaliação da efetividade da docência dos egressos dos cursos de licenciatura como um componente da responsabilização desses cursos, não há dúvidas de que a opção mais cara seria a implementação da VAA para classificar os cursos de formação de professores em cada estado. O dinheiro que seria gasto na implementação dessas análises em cada estado e no treinamento de pessoas para usá-las, poderia ser mais bem utilizado para apoiar reformas na formação docente que as pesquisas mostram serem mais eficientes para o estabelecimento de cursos de licenciatura de alta qualidade, tais como: fomentar o componente clínico (teórico-prático) da formação e sua conexão com o resto do curso (BOYD et al., 2008); melhorar a qualidade das avaliações baseadas em observações de sala de aula e de desempenho, e reconhecer a necessidade de avaliação do próprio sistema de responsabilização na formação de professores. O retorno do investimento nessas e em outras despesas seria maior do que o do investimento em uma cara VAA do sistema de responsabilização que fornece dados muitos limitados para melhorar a docência e os cursos de formação de professores.

Identificar e punir os "culpados" versus
ajudar os cursos a se tornarem melhores

Sykes e Dibner (2009), por meio de uma revisão das políticas federais relacionadas à docência nos Estados Unidos durante os últimos

50 anos, fazem uma distinção entre as políticas de sansões orientadas para identificar e punir os "culpados" (EARLEY, 2000a) e as políticas de responsabilização que os autores defendem por terem sido pensadas para contribuir para o aperfeiçoamento dos docentes, das escolas e dos cursos de formação de professores. Há certo cinismo entre vários críticos do atual sistema de responsabilização da formação de professores. Sempre surgem acusações de que os formadores de professores procuram escapar impunes de algo "desonesto". Uma declaração de Crowne (2010) é um bom exemplo dessa atitude cínica. Referindo-se à Lei de Educação Superior de 1998 e aos relatórios estaduais sobre os índices de aprovação dos candidatos a professor em exames de conteúdo, Crowne afirma:

> Pouco depois da obrigatoriedade do relatório sobre os índices de aprovação dos candidatos a professor em exames de conteúdo, um significativo número de instituições e de agências estaduais se uniram às associações profissionais de formação de professores – a Associação Americana de Faculdades de Formação de Professores ou AACTE, bem como com a NCATE – para encontrar uma maneira de burlar o sistema. O truque que inventaram foi exigir que os candidatos fossem aprovados em todos os testes antes de se graduar. Isso permitiu aos cursos relatar 100 % de aprovação nesses exames. (2010, p. 9)

Essa acusação de Crowne (2010) sobre a "trapaça" das instituições de formação de professores é incoerente.[131] Ela levanta uma questão sobre os próprios propósitos desses exames. Não é objetivo exigir que os candidatos sejam aprovados nos exames de licenciamento para garantir que aqueles que recebem licenças iniciais para o magistério tenham domínio das habilidades básicas e das disciplinas em suas áreas de certificação em um certo nível de competência? Esse objetivo não teria sido cumprido se as instituições de formação de professores não recomendassem os licenciandos se eles não fossem aprovados nos testes?

---

[131] Pode-se argumentar que exigir que os candidatos passem em um teste de conteúdo antes do estágio é uma postura mais ética a ser tomada, dados os efeitos que a falta de um conhecimento mínimo do conteúdo poderia ter sobre os alunos, e o investimento de tempo e dinheiro que os candidatos precisariam fazer para realizar uma experiência clínica (teórico-prática) de tempo integral. Sou grato a Mary Diez por chamar a minha atenção para isso.

A mim me parece que desenvolver um sistema justo e rigoroso para monitorar a qualidade da formação dos professores que feche os cursos de licenciatura mais fracos, tanto os tradicionais quanto os alternativos, e que contribua para a melhoria desses cursos pode não ser o verdadeiro objetivo de alguns críticos das faculdades de educação que defendem o uso da VAA na formação docente. Como argumenta Diez (2010), muita ênfase em *provar* que os cursos de formação de professores funcionam ou não funcionam pode substituir a ideia de *melhorá-los*. O que deveríamos buscar em um sistema de responsabilização na formação de professores é uma leitura profunda e precisa da qualidade dos professores que os cursos recomendam ao estado para certificação inicial e um sistema que contribui para o contínuo aperfeiçoamento dos cursos de formação.

A ideia de classificar publicamente a formação de professores em um estado de acordo com o desempenho dos candidatos a professor nos exames de licenciamento não é nova, como pode ser visto por meio da Tabela 1, que mostra a classificação das instituições de formação de professores em Wisconsin, em 1863, publicada no *Wisconsin Journal of Education*. Embora seja uma ideia razoável exigir que os cursos de formação de professores "prestem conta" pelo desempenho de seus graduados nos exames de licenciamento no momento da conclusão do curso, esse tipo de classificação geral de instituições nos mostra muito pouco sobre a qualidade da docência dos egressos dessas instituições. Ainda assim, ele pode fornecer alguma informação útil, posto que o desempenho dos candidatos nos vários conteúdos disciplinares cobertos nos exames pode ser usado para examinar aspectos particulares do currículo.

Tabela 1 – Sumário de Médias

	Nº total examinado	Aritmética Int.	Aritmética escrita	Álgebra	Sons "El"	Ortografia	Análise	Gramática	Composição	Leitura	Geografia	Geografia Física	Fisiologia	História	Teoria e Prática	Caligrafia	Total
Racine High School	6	78,3	87,5	81,7	78,3	86,7	61,7	69,2	60	85	66,7	73,3	75,8	72,5	66,7	75	74,4
Lawrence University	7	75,5	86,4	73,5	68,5	86,4	75,5	77,1	71,4	78,5	56,4	62,9	73,5	65	72,1	77,1	73,3
Allen Grove Academy	13	77,7	76,2	75,5	78,8	80,4	66,5	67,7	52,3	83,1	73,5	68,1	66,2	62,3	62,3	79,6	71,3
Plateville Academy	11	76,8	78,2	64,5	76,3	86,3	60	70,9	62,7	83,2	55,9	63,2	55,4	48,2	65,9	79,5	68,5
Wisconsin Female College	6	72	78,3	67,5	48,3	69,2	73,3	65,8	65	78,3	63,3	67,5	65	63,3	75	62,5	67,6
Fond du Lac High School	4	72,5	72,5	83,7	71,2	81,2	51,2	68,7	63,7	76,2	57,5	50	65	41,2	68,7	80	66,9
Evansville Simnary	20	68,5	74	61	72,7	74	53,2	56,7	57	72,5	61	64,2	62	66,2	70,7	75,5	65,9
Milton Academy	15	76,3	77	58,7	63	76	43,7	59,3	69,3	82,3	52,3	55,3	55	58,3	65	78,7	64,7
Oshkosh High School	3	70	73,3	68,3	70	78,3	46,7	68,3	70	76,7	55	41,6	61,6	50	63,3	71,7	64,3

A Tabela 2 mostra uma classificação de faculdades de educação realizada recentemente no estado da Flórida e publicada no jornal *St. Petersburg Times*, em novembro de 2009. O artigo se inicia com uma frase, escrita em letras maiúsculas, que afirma que uma grande universidade local, a Universidade do Sul da Flórida, "está em nono lugar entre as 10 instituições de ensino desde que o *Florida Comprehensive Assessment Test* – FCAT (Teste de Avaliação Integral da Flórida) passou a ser usado para medir os egressos".

Apesar dessa classificação, definida pelo percentual de graduados de cada curso em que 50% ou mais de seus alunos obtiveram ganhos de aprendizagem, informar a respeito da qualidade das dez faculdades de educação da Flórida baseada nas pontuações em matemática e leitura dos alunos do ensino fundamental lecionados por egressos de diferentes cursos de licenciatura, tal uso da análise de valor agregado não satisfaz nem mesmo os padrões mínimos para o uso desse método, tais como utilizar pelo menos três anos de dados de testes, usar a VAA combinada com outras medidas de efetividade, etc. (BERRY, 2010; NATIONAL RESEARCH COUNCIL, 2010). Na verdade, há muito pouca informação útil fornecida nessa classificação que possa ser usada para a melhoria dos cursos de licenciatura. Pode-se argumentar que a rude classificação das instituições de formação de professores realizada em 1863 é um modo mais razoável e útil de responsabilização do que isso que foi feito na Flórida em 2009.

Tabela 2 - Classificação de Cursos de Formação de Professores

Universidade	Percentual de Professores com 50% ou Mais de Alunos Obtendo Ganhos de Aprendizagem	% de "Alto Desempenho"*
Flórida A&M	80	7
Atlântica da Flórida	84	19
Costa do Golfo da Flórida	77	14
Internacional da Flórida	85	23
do Estado da Flórida	81	20
Universidade do Centro da Flórida	83	20

Universidade	Percentual de Professores com 50% ou Mais de Alunos Obtendo Ganhos de Aprendizagem	% de "Alto Desempenho"*
Universidade da Flórida	84	18
Universidade do Norte da Flórida	84	11
Universidade do Sul da Flórida	76	15
Universidade do Oeste da Flórida	70	11

*Baseado em ganhos de aprendizagem que foram significativos no FCAT.

A advertência do *National Research Council* (Conselho Nacional de Pesquisa) sobre os perigos de simplificação ao se classificar publicamente as instituições de formação de professores com base na pontuação em testes pode também ser aplicada à classificação de instituições somente pela VAA.

> A classificação pública das instituições de ensino, baseando-se simplesmente na pontuação em testes, pode levar a conclusões errôneas sobre a qualidade da formação de professores. Embora o percentual de graduados aprovados nos testes de licenciamento inicial forneça um ponto de partida para avaliar a qualidade de uma instituição, as simples comparações entre instituições, baseadas em seus índices de aprovação, são difíceis de interpretar por muitas razões... Por si só, as pontuações de aprovação nos testes de licenciamento não fornecem informação adequada para se julgar a qualidade dos cursos de formação de professores... O governo federal não deveria utilizar índices de aprovação nos testes de licenciamento inicial como a única base para comparar estados e cursos de licenciatura ou para a retenção de fundos, imposição de outras sanções ou premiação de cursos de formação de professores. (MITCHELL *et al.*, 2001, p. 170-171)

Os problemas reais e como não corrigi-los

Está claro, por meio de análises da comunidade de formação de professores (WILSON; YOUNGS, 2005), dos críticos das faculdades de educação, como Crowe (2010), com base nos painéis científicos promovidos pelo Conselho Nacional de Pesquisa (MITCHELL *et al*., 2001; NRC, 2010), que há problemas reais com o sistema de responsabilização da formação de professores nos Estados Unidos que precisam ser explicitados, incluindo o uso de diferentes padrões para avaliar professores e cursos de licenciatura, diferentes regras de responsabilização para diferentes tipos de cursos, e a necessidade de incluir uma medida de efetividade da docência de alta qualidade tanto no processo de licenciamento inicial quanto na avaliação da qualidade dos cursos de formação de professores. Ninguém argumentou que o atual sistema de responsabilização para os cursos de formação docente seja suficiente e que não precise ser aperfeiçoado.

Uma estratégia que tem se tornado bastante comum acontece quando os francos defensores da desregulamentação na formação de professores e críticos das faculdades de educação se autoproclamam "não partidários" e emitem suas próprias avaliações sobre os cursos de licenciatura. Não há exemplo melhor disso do que os relatórios que têm sido produzidos pelo *National Council of Teacher Quality* – NCTQ (Conselho Nacional de Qualidade dos Professores) nos últimos anos.

Sem qualquer esforço para a realização de uma revisão verdadeiramente imparcial por especialistas, o NCTQ afirma:

> Tanto os padrões de aprovação de cursos de licenciatura criados pelos estados quanto os padrões de credenciamento estabelecidos por organizações privadas não fornecem indicação da qualidade de formação de uma instituição em relação a outra... Infelizmente, isso deixa no escuro os consumidores, os professores e as escolas que contratam professores... Como uma organização de pesquisa e consultiva não partidária, comprometida em garantir que cada criança tenha um professor competente, o NCTQ entra nesse vazio para ajudar os consumidores a distinguir as faculdades de educação boas, ruins e as medíocres. Fazemos isso elevando o nível de tal avaliação. (NCTA, 2010)[132]

Essa instituição, supostamente não partidária, que não é reconhecida pelo governo federal ou por qualquer associação profissional

---

[132] Recuperado de www.nctq.org/p/response/evaluation_faq.jsp, em 7 de agosto de 2010.

como uma instituição de credenciamento, lançou seu próprio conjunto de padrões para definir um curso de formação de professores de alta qualidade[133] e começou a ir de estado a estado aplicando seus critérios e emitindo relatórios sobre a qualidade de diferentes cursos de formação de professores e, nacionalmente, sobre cursos de formação docente em áreas como alfabetização e matemática (WALSH; GLASER; WILCOX, 2006). O relatório mais recente sobre cursos de formação de professores foi publicado no Texas (NCTQ, 2010). Esse grupo, assim como outros, tem o direito de expressar seus argumentos sobre o que seja um bom curso de formação de professores. Há dois problemas fundamentais, entretanto, com a atual estratégia do NCTQ.

Em primeiro lugar, embora os padrões usados para avaliar os cursos de formação de professores sejam descritos como frutos de uma "opinião de consenso" de um grupo imparcial, como é mostrado na citação abaixo, os membros do grupo que desenvolveu esses padrões incluem alguns dos mais severos críticos das faculdades de educação e defensores da desregulamentação da educação básica e da formação de professores, como Chester Finn, Michael Podgursky, Frederick Hess, Michael Feinberg, Kate Walsh e Michelle Rhee (FORDHAM FOUNDATION, 1999; HESS, 2001; WALSH, 2004). É difícil reconhecer esse grupo como "não partidário".[134]

> Os padrões foram desenvolvidos durante cinco anos de estudo e são o resultado de contribuições feitas pelos principais pensadores e profissionais não apenas de toda a nação mas de todo o mundo. Sempre que pudermos, devemos

---

[133] Os padrões do NCTQ se baseiam em requisitos de admissão e saída de cursos de formação de professores de alfabetização e matemática. Não tratam da qualidade do desempenho dos candidatos a professores nas salas de aula (www.nctq.org).

[134] Na sua página eletrônica (nctq.org), sua missão é expressa como "fornecer uma voz alternativa para as organizações existentes e construir um caso para uma agenda de reformas abrangentes que desafiariam a atual estrutura e regulamentação da profissão." O problema não é que o NCTQ tem sido adepto de uma agenda de desregulamentação e críticos das faculdades de educação para aconselhá-los no desenvolvimento de seus padrões. Também não estou sugerindo que certa quantidade de desregulamentação na formação de professores seja uma coisa ruim. O problema é que o NCRQ descreve publicamente sua posição como não partidária, puramente a serviço dos consumidores, e que ele não é transperente sobre a agenda política que impulsiona seu trabalho.

olhar para os países que têm estabelecido um ensino de altíssimo desempenho baseado nas experiências de outras profissões e na opinião de consenso. (NCTQ, 2010)

Em segundo lugar, para um grupo que se baseia tanto nas chamadas "abordagens científicas" do ensino de leitura e matemática,[135] é irônico que não tenha submetido seu trabalho à avaliação dos acadêmicos para passar por rigorosa revisão e crítica por pares. Os recentes relatórios de pesquisa *sobre a formação de professores nos Estados Unidos*, tanto da *American Educational Research Association* – AERA (Associação Americana de Pesquisa Educacional) quanto do Conselho Nacional de Pesquisa, passaram por vários níveis de revisão por pares, antes e depois de sua publicação (COCHRAN-SMITH; ZEICHNER, 2005; NATIONAL RESEARCH COUNCIL, 2010). Por que o NCTQ é tão relutante em ter suas avaliações dos cursos de formação de professores submetidos à rigorosa e imparcial revisão por pares nos periódicos mais conceituados?[136] Sua estratégia tem sido divulgar seus chamados "relatórios científicos" diretamente na imprensa. Esta, por sua vez, publica relatos sobre as conclusões dos relatórios do NCTQ inferindo que eles foram submetidos à revisão científica por pares. Às vezes, como em um artigo da *Houston Chronicle* (MELLON, 2010) sobre o relatório do Texas, a mídia cita uns poucos formadores de professores que questionam a metodologia do NCTQ, mas isso é "equilibrado" por citações de secretários de educação daquele estado que endossam esse relatório. A página eletrônica do NCTQ contém um espaço para os secretários de educação assinalarem seu apoio ao trabalho do NCTQ.

Esse enganoso processo de avaliar cursos de formação docente de uma maneira supostamente objetiva é guiado por uma agenda política para desregulamentar a formação de professores em vez de ser orientado por qualquer senso de rigor científico. No que diz respeito tanto à popularidade da VAA quanto à aceitação não crítica dos relatórios

---

[135] Afirmações que estão em conflito com as análises recentes do Conselho Nacional de Pesquisa (2010).

[136] Ver <http://aacte.org/index.php?/Traditional-Media/Resources/aacte-members-respond-to-nctq-qresearchq-efforts.html> para uma série de cartas de associações profissionais estaduais de formação de professores e de diretores de faculdades de educação detalhando algumas das preocupações metodológicas e éticas existentes em relação às avaliações do NCTQ.

do NCTQ, a mídia[137] tem agido de maneira irresponsável por não discutir publicamente as questões existentes sobre a VAA ou indicar se um relatório foi ou não submetido à genuína revisão científica pelos pares. Para ser justo, os defensores das faculdades de educação, algumas vezes, se comportam de maneira semelhante ao grupo anterior, ou seja, não científica, ao publicar relatórios que não são submetidos à rigorosa revisão por pares. Dessa maneira, indivíduos de ambos os grupos, o da profissionalização e o da desregulamentação, têm em certa medida simplificado demais e distorcido a posição de suas críticas (WILSON; TAMIR, 2008), enquanto os relatos da mídia ocasionalmente incluem citações de educadores com diferentes pontos de vista.

Para além da disputa ideológica

A existência de um forte sistema de escolas públicas é um elemento essencial de nossa sociedade democrática, e, considerando o que conhecemos sobre a importância dos professores para a melhoria da qualidade da educação (National Academy of Education, 2009), formar bons professores para todas as crianças que frequentam nossas escolas públicas é uma atividade extremamente importante que deveria estar acima da disputa ideológica. O que o nosso país precisa é de um sistema de responsabilização na formação de professores que seja o resultado de uma discussão aberta e fundamentada e de um debate de diferentes posições sobre os objetivos e os meios para atingi-los, e uma genuína revisão por pares das descobertas das pesquisas e das recomendações de políticas. A relação de custo-benefício sugerida por Levin (1980), a qual requer cuidadoso exame dos benefícios sociais e dos custos associados com elementos particulares de um sistema de responsabilização de formação de professores, seria uma boa maneira de realizar essa análise.

A aceitação acrítica pela mídia dos posicionamentos de *qualquer* grupo interfere com o objetivo de fortalecer nosso sistema de responsabilização de formação de professores. É urgente que o Ministério de Educação dos Estados Unidos coordene uma avaliação imparcial

---

[137] Isso inclui algumas das revistas nacionais sobre educação mais importantes, como a *Chronicle of Higher Education* e a *Education Week*.

da responsabilização na formação de professores, por meio do estabelecimento de critérios comumente aceitos pela pesquisa, incluindo a revisão por pares, assim como proposto pelo Conselho Nacional de Pesquisa (2010), e que o Ministério aloque recursos para apoiar determinadas práticas e políticas de formação de professores fundamentadas pelos resultados de tais investigações científicas.

Todavia, parece claro que as políticas públicas, em qualquer área, não são definidas em consonância com resultados de pesquisa e que a pesquisa não pode ditar as especificidades de determinadas políticas na educação ou em qualquer outro campo (KITSON; HARVEY; MC-CORNICK, 1988; STEVENS, 2007). Defender um exame mais fundamentado e mais cuidadoso dos resultados de pesquisas relacionadas à responsabilização na formação de professores e das metodologias que foram usadas para produzir esses resultados não sugere que essas pesquisas conseguirão ser diretamente traduzidas em políticas públicas. Há diferenças legítimas que precisam ser negociadas sobre aspectos fundamentais do magistério e da formação de professores relacionadas aos propósitos da educação pública, o papel dos docentes, como o aprendizado dos alunos pode ser medido, e assim por diante, que nunca serão capazes de ser resolvidas somente por meio da pesquisa, mesmo que ela seja de alta qualidade (COCHRAN-SMITH; ZEICHNER, 2005). Poder participar de um debate aberto sobre os objetivos da educação pública e da formação de professores é um dos benefícios fundamentais de viver em uma sociedade democrática, e deveríamos insistir para que as nossas agências governamentais e a mídia apoiassem tal discussão em vez de provocar um curto-circuito nesse processo.

O ex-secretário de educação de Illinois, Joseph Cronin, em sua análise da história da regulamentação estadual na formação de professores nos Estados Unidos, adverte os formuladores de políticas públicas sobre os perigos da adoção de soluções supostamente simples[138] para problemas de responsabilização na formação de professores:

---

[138]Garantias a professores de que os cursos de licenciatura assegurariam a qualidade de seus graduados e promessas para remediar quaisquer deficiências, sem custo para as redes de ensino, são algumas das soluções supostamente simples para responsabilização dos cursos de formação de professores (EARLEY, 2000a).

Acima de tudo, os legisladores e os membros das comissões de estudo deveriam se lembrar que qualquer mudança não apenas pode fracassar em resolver um problema específico como pode, de fato, criar novos problemas não antecipados naquele momento... Vocês envolvidos com reformas na formação de professores, lembrem-se das palavras imortais de H. L. Mencken: "Para cada problema complicado há uma solução simples e ela, geralmente, não funciona". (1983, p. 190)

Rever o sistema de responsabilização da formação de professores nos Estados Unidos é uma tarefa complexa que requer que todos nós nos coloquemos acima de nossos próprios interesses e que aprendamos a trabalhar de maneira mais produtiva com aqueles que possuem posições diferentes das nossas.

Referências

ABRAMSON, L. Study Tries to Track LA Teachers. January 2010. *All things considered*. 4. ed. Disponível em: <www.npr.org>. Acesso em: 10 jan. 2010

ACHENSON K. GALL, M. *Technique in the Clinical Supervision of Teachers*. New York: Longman, 1980.

AMERICAN ASSOCIATION OF COLLEGES FOR TEACHER EDUCATION. *Achieving the Potential of Performance-Based Teacher Education*. Washington: Autor, 1974.

AMERICAN ASSOCIATION OF COLLEGES FOR TEACHER EDUCATION. *The Clinical Preparation of Teachers: A policy brief*. Washington: Author, 2010.

BALES, B. Teacher Education Policies in the United States: The Accountability Shift Since 1980. *Teaching and Teacher Education*, v. 22, p. 395-407, 2006.

BERLAK, A. Coming Soon to Your Favorite Credential Program: National exit exams. *Rethinking schools*, v. 25, n. 1, 2010. Disponível em: <www.re-thinkingschools.org>. Acesso em: 30 de ago. 2010 .

BERRY, B. *Strengthening State Teacher Licensure Standards to Achieve Teaching Effectiveness*. Washington, DC: Partnership for Teacher Quality, 2010. Disponível em: <www.aacte.org>. Acesso em: 24 jun. 2010.

BOYD, D. *et al*. Surveing the Landscape of Teacher Education in New York City: Constrained Variation and the Challenge of Innovation. *Educational Evaluation and Policy Analysis,* v. 30, n. 4, p. 319-343, 2008.

BRAUN, H. *Using Student Progress to Evaluate Teachers: A Primer on Value-Added Models.* Princeton: Educational Testing Service, 2005.

BRENNAN, J. *Study Finds Teacher Licensure Tests to Be Mostly High School Level: If This Is All We Expect Teachers to Know Why Send Them to College?* Washington: The Education Trust, 1999.

CENTER FOR AMERICAN PROGRESS. *Better Teachers, Better Students: Event Proposes Ways to Measure the Effectiveness of Teacher Training Programs.* Disponível em: <www.americanprogress.org>. Acesso em: 3 ago. 2010.

CHUNG WEI, R; PECHEONE, R. Assessment for Learning in Preservice Teacher Education. In: KENNEDY, M. (Ed.). *Teacher Assessment and the Quest for Teacher Quality.* San Francisco: Jossey-Bass, 2010. p. 69-132.

CIBULKA, J. The Redesign of Accreditation to Inform Simultaneous Transformation of Educator Preparation and P-12 Schools. *Quality Teaching,* v. 18, n. 2, 2009. Disponível em: <www.ncate.org>. Acesso em: 1º ago. 2010.

CLARKE, S. The Story of Elementary Teacher Education Models. *Journal of Teacher Education,* v. 20, n. 3, p. 283-293, 1969.

COCHRAN-SMITH, M.; ZEICHNER, K. (Eds.) *Studying Teacher Education.* New York: Routledge, 2005.

CONANT, J. *The Education of American Teachers.* New York: McGraw Hill, 1963.

CRONIN, J. M. State Regulation of Teacher Preparation. In: SHULMAN, L.; SYKES, G. (Eds.). *Handbook of Teaching and Policy.* New York: Longman, 1983. p. 171-191.

CROWE, E. *Measuring What Matters: A Stronger Accountability Model for Teacher Education.* Washington: Center for American Progress, 2010.

DANIELSON, C. *Enhancing Professional Practice: A Framework for Teaching.* Alexandria: Association of Supervision and Curriculum Development, 1996.

DARLING-HAMMOND, L. Recognizing and Enhancing Teaching Effectiveness. *International Journal of Educational and Psychological Assessment,* 3, 1-24, 2009.

DARLING-HAMMOND, L. *Evaluating Teacher Effectiveness: How Teacher Performance Assessments Can Measure and Improve Teaching.* Washington, DC: Center for American Progress. (no prelo).

DARLING-HAMMOND, L.; BARATZ-SNOWDEN, J. (Eds.) *A Good Teacher in Every Classroom.* San Francisco: Jossey-Bass, 2005.

DARLING-HAMMOND, L.; CHUNG WEI, R. Teacher Preparation and Teacher Learning: The Changing Policy Landscape. In: SYKES, G.; SCHNEIDER, B.; Plank, D. (Eds.). *Handbook of Education Policy Research.* New York: Routledge, 2009, p. 613-636.

DARLING-HAMMOND, L. *et al.* Implementing Curriculum Renewal in Teacher Education: Managing Organizational and Policy Change. In: DARLING-HAMMOND, L.; BRANSFORD, J. (Eds.). *Preparing teachers for a changing world.* San Francisco: Jossey-Bass, 2005. p. 442-479.

DELANDSHERE, G.; PETROSKY, A. The Use of Portfolios in Preservice Teacher Education. In: KENNEDY, M. (Ed.). *Teacher Assessment and the Quest for Teacher Quality.* San Francisco: Jossey-Bass, 2010. p. 9-42.

DIEZ, M. It is Complicated: Unpacking the Flow of Teacher Education Impact on Student Learning. *Journal of Teacher Education,* v. 61, n. 5, p. 441-450, 2010.

DIEZ, M.; HAAS, J. No More Piecemeal Reform: Using Performance Assessment to Rethink Teacher Education. *Action in Teacher Education,* v. 19, n. 2, p. 17-26, 1997.

DUNCAN, A. *Teacher Preparation: Reforming the Uncertain Profession.* Address given by Secretary of Education Arne Duncan at Teachers College. Columbia University, 2009.

EARLEY, P. Finding the Culprit: Federal Policy and Teacher Education. *Educational Policym,* v. 14, n. 1, p. 25-39. 2000a.

EARLEY, P. *Guaranteeing the Quality of Future Educators: Report on a Survey of Teacher Warranty Programs.* Washington: American Association of Colleges for Teacher Education, 2000b.

ELSBREE, W. *The American Teache*r. New York: American Book Co, 1939.

FORDHAM FOUNDATION. *Better Teachers and How to Get More of Them.* Dayton: Autor, 1999.

FRASER, J. *Preparing America's Teachers: A History.* New York: Teacher College Press, 2007.

GAGE, N.; WINNE, P. Performance-Based Teacher Education. In: RYAN, K. (Ed.). *Teacher Education.* Chicago: University of Chicago Press, 1975. p. 146-172.

GITOMER, D.; LATHAM, A. S.; ZIOMEK, R. *The Academic Quality of Prospective Teachers: The Impact of Admissions and Licensure Testing.* Princeton: Educational Testing Service, 1999.

GLENN, D. Education Schools Are Scrutinized for Graduates' Success as Teachers. *Chronicle of Higher Education,* 2010. Disponível em: <http://chronicle.com>. Aceso em: 5 ago. 2010.

GOLDHABER, D. Everyone's Doing It, but Does It Tell Us About Teacher Effectiveness? *Journal of Human Resources* v. 52, n. 4, 2007, p. 765-794.

GOLDHABER, D. Licensure Tests: Their Use and Value for Increasing Teacher Quality. In: KENNEDY, M. (Ed.). *Teacher Assessment and the Quest for Teacher Quality.* San Francisco: Jossey-Bass, 2010. p. 133-162.

GOLDHAMMER, R. *Clinical Supervision: Special Methods for the Supervision of Teachers.* New York: Holt, Rinehart & Winston, 1969.

HAMEL, F.; MERZ, C. Reforming Accountability: A Preservice Program Wrestles With Mandated Reform. *Journal of Teacher Education*, v. 56, n. 2, p. 157-167, 2005.

HARRIS, D.; MCCAFFEY, D. Value Added: Assessing Teacher's Contribution to Student Achievement. In: KENNEDY, M. (Ed.). *Teacher Assessment and the Quest for Teacher Quality.* San Francisco: Jossey-Bass, 2010. p. 251-283.

HEATH, R. W.; NIELSON, M. The Research Base for Performance-Based Teacher Education. *Review of Educational Research* v. 44, n. 4, p. 463-484, 1974.

HESS, F. *Tear Down the Wall: The Case of a Radical Overhaul of Teacher Certification.* Washington: Progressive Policy Institute, 2001.

HONOWAR, V. Gains Seen in Retooled Teacher Education. *Education Week.* 2007. Disponível em: <www.edweek.org>. Acesso em: 27 out. 2007.

HOUSTON, W. R.; HOWSAM, R. *Competency-Based Teacher Education.* Chicago: Science Research Associates, 1972.

IMIG, D.; IMIG, S. From Traditional Certification to Competitive Certification. In: COCHRAN-SMITH, M.; FEIMAN-NEMSER, S.; MCINTYRE, D. J. (Eds.). *The Handbook of Research in Teacher Education.* 3. ed. New York: Routledge, 2008. p. 886-907.

JOHNSON, D. *et al. Trivializing Teacher Education: The Accreditation Squeeze.* Lanham: Roman Littlefield, 2005.

KELDERMAN, E. Teacher-Education Programs Are Unaccountable and Undemanding Report Says. *Chronicle of Higher Education*, July 29 2010. Disponível em: <http://chronicle.com>. Acesso em: 30 jul. 2010.

KITSON, A.; HARVEY, G.; MCCORMICK, B. Enabling Implementation Of Evidence-Based Practice: A Conceptual Framework. *Quality on Healthcare*, 7, p. 149-158, 1998.

KORNFELD, J. *et al.* Caught in the Current: A Self Study of State-Mandated Compliance in a Teacher Education Program. *Teachers College Record*, v. 109, n. 8, p. 1902-1930, 2007.

LEVIN, H. M. Teacher Certification and the Economics of Information. *Education Evaluation & Policy Analysis*, v. 2, n. 4, p. 5-18, 1980.

LISTON, D.; ZEICHNER, K. *Teacher Education and the Social Conditions of Schooling.* New York: Routledge, 1991.

LYALL, K.; SELL, K. *The True Genius of America at Risk: Are We Losing Our Public Universities to De Facto Privatization?* Westport: Praeger, 2006.

MATUS, R. State Rates Teacher Prep Programs. *St. Petersburg Times*, November 19, 2009. Disponível: <www.tampabay.com>. Acesso em: 4 jan. 2010.

MCCAFFREY, D. M.; LOCKWOOD, J. R.; MARIANO, L.; SETODJI, C. Challenges for Value-Added Assessment of Teacher Effects. In: LISSITZ, R. (Ed.). *Value-Added Models in Education: Theory and Applications*. Maple Grov: JAM Press, 2005. p. 111-144.

MCCONNERY, A. A.; SCHALOCK, M. D.; SHALOCK, H. D. Focusing Improvement and Quality Assurance: Work Samples as Authentic Performance Measures of Prospective Teacher's Effectiveness. *Journal of Personnel Evaluation in Education*, 11, p. 334-363, 1998.

MELLON, E. Colleges Slammed Over Teacher Preparation. *Houston Chronicle*, April 28 2010. Disponível em: <texas_houstonchronicle_article_apr282010. pdf>. Acesso em: 6 ago. 2010.

MITCHELL, K. ROBINSON, D.; PLAKE, B.; KNOWLES, K. *Testing Teacher Candidates: The Role of Licensure Tests in Improving Teacher Quality*. Washington: National Academy Press, 2001.

NATIONAL ACADEMY OF EDUCATION. *Teacher Quality*. 2009. Disponível em: <www.naeeducation.org>. Acesso em: 2 de jan. 2010.

NASDTEC. 2010. Disponível em: <www.nasdtec.org>. Acesso em: 22 ago. 2010.

NATIONAL COUNCIL ON TEACHER QUALITY. Ed School Essentials: Evaluating the Fundamentals of Teacher Training Programs in Texas. 2010. Disponível em: <http://www.nctq.org/edschoolreports/texas>. Acesso em: 6 ago. 2010.

NATIONAL RESEARCH COUNCIL *Preparing Teacher: Building Evidence for Sound Policy*. Washington: National Academies Press, 2010.

NEVILLE, K. S., SHERMAN, R. H.; COHEN, C. E. *Preparing and Training Professionals: Comparing Education to Six Other Fields*. New York City: The Finance Project, 2005. Disponível em: <www.financeproject.org>. Acesso em: 6 jan. 2007.

NEWTON, S., WALKER, L.; DARLING-HAMMOND, L. *Predictive Validity of the Performance Assessment for California Teachers*. Stanford University: Stanford Center for Opportunity Policy in Education, 2010.

NOELL, G. H.; BURNS, J. L. Value-Added Assessment of Teacher Preparation: An Illustration of Emerging Technology. *Journal of Teacher Education* v. 57, n. 1, p. 37-50, 2006.

PECHEONE, R.; CHUNG, R. Evidence in Teacher Education: The Performance Assessment for California Teachers. *Journal of Teacher Education*, v. 57, n. 1, p. 22-36, 2006.

PECK, C.; GALLUCI, C.; SLOAN, T. Negotiating Implementation of High-Stakes Performance Assessment Policies in Teacher Education: From Compliance to Inquiry. *Journal of Teacher Education* v. 61, n. 5, p. 451-460, 2010.

PIANTA, R.; HAMRE, B. Conceptualization, Measurement, and Improvement of Classroom Processes: Standardized Observation Can Leverage Capacity. *Educational Researcher* v. 38, n. 2, p. 109-119, 2009.

PORTER, A.; YOUNGS, P.; ODDEN, A. Advances in Teacher Assessments and Their Uses. In: RICHARDSON, V. (Ed.). *Handbook of Research on Teaching*. 4. ed. Washington: American Educational Research Association, 2001. p. 259-297.

PRESTINE, N. The Struggle for the Control of Teacher Education: A Case Study. *Educational Evaluation & Policy Analysis*, v. 11, n. 3, p. 285-300, 1989.

RENNERT-ARIEV, P. The Hidden Curriculum of Performance-Based Teacher Education. *Teachers College Record*, v. 110, n. 1, p. 105-138, 2008.

ROTHSTEIN, J. Teacher Quality in Educational Production: Traking, Decay, and Student Achievement. *Quarterly Journal of Economics* v. 123, n. 1, p. 175-214, 2010.

SIMON, A.; BOYER, G. *Mirrors for Behavior: An Anthology of Classroom Observation Instruments*, v. 3. Philadelphia: Research for Better Schools, 1974.

STEVENS, A. Survival of the Ideas That Fit: An Evolutionary Analogy for the Use of Evidence in Policy. *Social Policy and Society* v. 6, n. 1, p. 25-35, 2007.

SYKES, G. *Fifty Years of Federal Teacher Policy: An Appraisal*. Washington: Center of Education Policy, 2009.

SYKES, G.; DIBNER, K. *Fifty Years of Federal Teacher Policy: An Appraisal*. Washington: Center of Education Policy, 2009.

U.S. DEPARTMENT OF EDUCATION. *The Secretary's Sixth Annual Report on Teacher Quality*. Washington: Office of Postsecondary Education, 2009.

VALLI, L.; RENNERT-ARIEV, P. New Standards and Assessments? Curriculum Transformation in Teacher Education. *Journal of Curriculum Studies* v. 34, n. 2, p. 201-206, 2002.

VILLEGAS, A. M.; DAVIS, D. E. Preparing Teachers of Color to Confront Racial/Ethnic Disparities In Educational Outcomes. In: COCHRAN-SMITH, M.; FEIMAN-NEMSER, S.; MCINTYRE, D. J. (Eds.). *Handbook of research on teacher education*. 3. ed. New York: Routledge, 2008. p. 583-605.

WALSH, K. A Candidate-Centered Model for Teacher Preparation and Licensure. In: HESS, F.; ROTHERDAM, A.; WALSH, K. (Eds.). *A Quality Teacher in Every Classroom?* Cambridge: Harvard Education Press, 2004. p. 223-254.

WALSH, K.; GLASER, D.; DUNNE WILCOX, D. *What Education Schools Aren't Teaching About Reading and What Elementary Teachers Aren't Learning*. Washington: National Council on Teacher Quality, 2006.

WANG, A. H.; COLEMAN, A. B., COLEY, R. J.; PHELPS, R. P. *Preparing Teachers Around the World*. Princeton: Educational Testing Service, 2003.

WASLEY, P.; MCDIARMID, G. W. Connecting the Assessment of New Teachers To Student Learning and to Teacher Preparation. Prepared for the National Commission on Teacher and America's Future Summit on High Quality Teacher Preparation, Austin, TX, June 28-30, 2004. Disponível em: <http://www.nctaf.org/resources/events/2004_summit-1/documents/Wasley--McDiarmid_Final_-_NCTAE.pdf>. Acesso em: 4 ago. 2009

WILKERSON, J. R.; LANG, W. S. Portfolios, The Pied Piper of Teacher Certification Assessments: Legal and Psychometric Issues. *Education Policy Analysis Archives* v. 11, n. 45, 2003. Disponível em: <http://epaa.asu.edu/eppa>. Acesso em: 12 fev. 2004.

WILSON, S. Measuring Teacher Quality for Professional Entry. In: GITOMER, D.H. (Ed.). *Measurement Issues and Assessment for Teaching Quality*. Thousand Oaks, CA: Sage, 2009. p. 8-29.

WILSON, S.; FLODEN, R.; FERRINI-MUNDI, J. *Teacher Preparation Research: Current Knowledge, Gaps, and Recommendations*. Seattle: Center for the Study of Teaching and Policy, University of Washington, College of Education, 2001.

WILSON, S.; TAMIR, E. The Evolving Field Of Teacher Education. In: COCHRAN-SMITH, M.; FEIMAN-NEMER, S.; MCINTYRE, D. J. (Eds.). *Handbook of Research on Teacher Education*. 2. ed. New York: Routledge, 2008. p. 908-935.

WILSON, S.; YOUNGS, P. Research on Accountability Processes in Teacher Education. In: COCHRAN-SMITH, M.; ZEICHNER, K. (Eds.). *Studying Teacher Education*. New York: Routledge, 2005. p. 645-736.

WISCONSIN JOURNAL OF EDUCATION. Examination of Teachers. *Wisconsin Journal of Education* v. 7, n. 19, 1863.

ZEICHNER, K. Learning from Experience With Performance-Based Teacher Education. In: PETERMAN, F. (Ed.). *Designing Performance Assessment Systems for Urban Teacher Education*. New York: Routledge, 2005. p. 3-19.

ZEICHNER, K. Reflections of a University-Based Teacher Educator on the Future of College and University-Based Teacher Education. *Journal of Teacher Education* v. 57, n. 3, p. 326-340, 2006.

CAPÍTULO 5

A questão da internacionalização da formação de professores nos EUA

Este capítulo aborda dois aspectos sobre a importante questão da internacionalização da formação do professor que atualmente recebe muita atenção nos Estados Unidos[139]: (1) quais são os propósitos de se engajar em um trabalho como esse; e (2) o que os professores, denominados "globalmente competentes" e egressos de cursos mais internacionalizados, devem ser, conhecer e ser capazes de fazer. Embora eu me considere partidário dessa ideia e membro da comunidade dos formadores de professores que procura colocar essa questão no centro dos debates nacionais, acredito que há muita discussão sobre o que os formadores de professores fazem para trazer uma perspectiva mais internacional e global para seus cursos; porém, pouca discussão sobre *por que* é importante internacionalizar os cursos de formação de professores e que tipo de professor buscamos formar por meio dessas iniciativas.

Além da breve referência ao fato de vivermos em um mundo interdependente e de economia global, e de que precisamos formar professores para viverem juntos pacificamente e competirem com êxito no "mercado global", geralmente não há qualquer discussão sobre os objetivos de se trabalhar em direção à completa internacionalização ou

---

[139]Além da conferência da NAFSA, onde esses temas foram originalmente tratados (http://www.nafsa.org/resourcelibrary/default.aspx?id=21253), conferências sobre internacionalização da formação de professores foram organizadas, nos últimos anos, pela Fundação Longview, a *Asia Society*, a Universidade de Illinois, a Universidade de Maryland, a Universidade de Indiana e ainda grupos como o *Educators Abroad* (http://educatorsabroad.org/)

sobre quem são os professores "globalmente competentes", o que são capazes de fazer e como podemos avaliar o grau em que eles exercem a profissão dentro dessa perspectiva.

Ao analisar brevemente os dois aspectos acima mencionados, vou referi-los sempre em relação à formação de professores nos Estados Unidos. Devido às histórias e tradições culturais distintas em diversas partes do mundo e às diferenças nas práticas escolares e no papel e lugar dos professores nessas sociedades (TATTO, 2007), estou ciente de que discutirei questões sobre a formação de professores nos Estados Unidos que podem não fazer sentido em outros contextos. Entretanto, penso que as questões sobre por que internacionalizar a formação do professor e qual o perfil dos professores que procuramos formar por meio dessa iniciativa são assuntos que precisam ser discutidos independentemente de onde esse trabalho aconteça.

Por que internacionalizar os cursos de formação de professores?

Embora atualmente seja difícil encontrar uma faculdade ou universidade em qualquer lugar dos Estados Unidos que não faça um esforço substancial para internacionalizar ou globalizar seus cursos, está claro que esse trabalho não se realiza tão amplamente na formação de professores como no ensino superior em geral. A despeito das repetidas recomendações em prol desses esforços nas últimas duas décadas e apesar do empenho de formadores de professores individualmente e de organizações sem fins lucrativos, como a Fundação Longview, a Associação Nacional de Educadores Internacionais (*National Association of International Educators*), o Conselho Americano de Educação (*American Council on Education*) e a *Asia Society*, para defender e apoiar tais iniciativas, as faculdades de educação estão entre as unidades acadêmicas menos internacionalizadas nos *campi* dos Estados Unidos (LONGVIEW FOUNDATION, 2008; MERRYFIELD, 2000; SCHNEIDER, 2003). Consequentemente, de acordo com um recente relatório da Fundação Longview, a maioria dos professores dos Estados Unidos começa sua carreira com um conhecimento bastante superficial sobre o mundo (LONGVIEW FOUNDATION, 2008).

Além disso, enquanto muito se faz na educação superior em geral para internacionalizar e globalizar o corpo docente, os alunos e os cursos, raramente se discute sobre o que isso significa e os fins desse trabalho. Ademais, embora seja frequentemente dito que os esforços para globalizar ou internacionalizar os cursos são necessariamente bons e, inevitavelmente, levam a resultados desejáveis, há muito pouca pesquisa empírica disponível para apoiar essas afirmações – há pouca investigação para avaliar o impacto desses esforços, mesmo em universidades de maior prestígio e reputação, onde se esperaria que isso acontecesse.

Apesar da suposição de que, ao usar as palavras internacionalização e globalização, as pessoas se referem às mesmas coisas, fica claro, a partir da literatura especializada, que há significados muito diferentes para cada um desses termos, os quais, por vezes, estão em conflito entre si. Pesquisadores como Merry Merryfield, Walter Parker, Joel Spring, Fazil Rivzi e Nadine Dolby, entre outros, elucidaram os diferentes discursos que se associam às reivindicações para uma maior internacionalização e globalização na educação (DOLBY; RAHMAN, 2008; PARKER, 2008; PARKER; CAMICIA, 2008; SPRING, 2008).

A título de exemplo, Walter Parker, meu colega na Universidade de Washington, examinou diversos significados da expressão "internacionalizar a educação" e argumenta que podem ser encontradas diferentes justificativas para o esforço em direção a esse propósito. A primeira, e mais recorrente nos dias de hoje, de acordo com Parker, é a *segurança nacional*, usada em parte como justificativa para aumentar a competitividade do país na economia global (estima-se que um em cada cinco empregos nos Estados Unidos esteja ligado ao comércio internacional), ao formar mais professores nos campos STEM[140] e, por meio do fortalecimento das nossas capacidades de inteligência militar, ao preparar mais professores para ensinar idiomas que são considerados "estratégicos", como chinês, árabe e persa (PARKER, 2008).

Essa pressão para promover a internacionalização na educação por razões de segurança nacional e de competitividade econômica muitas vezes aceita implicitamente a expansão do capitalismo global

---

[140] STEM é a sigla para *Science, Technology, Engineering, Mathematics*, ou seja, os estudos nos campos da Ciência, Tecnologia, Engenharia e Matemática. (N.T.)

em sua forma atual, além de apoiar alguns elementos presentes nesse sistema, tais como acordos comerciais de livre mercado, racionalismo econômico, crescente controle sobre os trabalhadores e maior privatização de serviços públicos. Os efeitos negativos das relações culturais e sociais associadas a essas práticas sobre os povos do mundo todo, inclusive no que diz respeito à educação, muitas vezes não são discutidos (APPLE, no prelo).

Parker afirma que o argumento da competitividade econômica para internacionalizar a educação é frequentemente alimentado pela crença popular de que nossas escolas públicas estão falidas e fracassam em educar adequadamente os alunos para o mundo globalizado. Muitas vezes, supõe-se implicitamente que as escolas e as instituições de ensino superior causaram nossos atuais problemas econômicos e que elas serão capazes de resolvê-los.

Outras justificativas para a internacionalização da educação e da formação docente se concentram na necessidade de se formarem professores e seus alunos para que apreciem e conheçam mais sobre o mundo e seus povos ou para que se vejam como cidadãos globais. Outros enfatizam uma preocupação por direitos humanos e justiça social e ressaltam o profundo desequilíbrio, tanto nas questões de poder quanto de recursos, que atualmente obstrui as relações mútuas ou genuinamente interdependentes.

Walter Parker conclui sua análise declarando que

> a educação internacional nos dias de hoje é um amplo movimento que contém uma mistura desigual de significados e motivos. Implementa-se tal ideia para reforçar as defesas econômicas e militares do país, para libertar o multiculturalismo de seu caráter nacional, para promover a cidadania mundial e, em alguns casos, para supostamente aproveitar a existência, no país, de uma vibrante população imigrante.

Minha intenção, ao levantar essa questão sobre os variados significados e motivos para internacionalizar a educação, não é afirmar a exatidão de um ponto de vista particular. No entanto, defendo que não podemos assumir que todos concordamos com os motivos de desenvolver uma perspectiva mais internacional e mais global para a formação de professores e para nossas escolas básicas. Eu tenho minhas próprias opiniões sobre essas questões, as quais, certamente, orientam meu trabalho como formador de professores e cidadão dos Estados Unidos. Alguns propósitos que eu considero importantes por meio da realização desse trabalho são:

(1) Ajudar os licenciandos e os próprios professores a desenvolver o que tem sido chamado de "perspectiva ou consciência sociocultural" – por meio da qual o indivíduo aprende que suas maneiras de pensar, de se comportar e de ser são profundamente influenciadas por sua posição/origem social e cultural, sua afiliação étnica, de gênero, de classe social, língua, nacionalidade e assim por diante, e que os outros têm visões de mundo que, muitas vezes, são significativamente diferentes da sua própria – e a fomentar uma maior humildade em relação ao seu próprio ponto de vista (VILLEGAS; LUCAS, 2002).

(2) Ajudar os licenciandos a aprender mais sobre as histórias e culturas dos povos de todo o mundo, inclusive dos alunos imigrantes que, muitas vezes, estão em sua própria sala de aula.

(3) Ajudar os licenciandos a desenvolver maior competência intercultural.

Também pretendo que os esforços de internacionalização na formação de professores, com os quais estou associado, incluam um componente que, apesar de não se discutir muito sobre esse tema, permite aos professores examinar criticamente, a partir de perspectivas múltiplas, as causas e as consequências das injustiças globais que atualmente existem em todo o mundo, inclusive dentro de cada país. Quero que os licenciandos se tornem "globalmente competentes" de uma forma que os capacite a lecionar incentivando os alunos a trabalhar em solidariedade com outros, para transformar o sistema atual e para refletir seriamente sobre a ideia, alimentada por alguns, de que a injustiça social não é um erro a ser corrigido, nem um defeito a ser superado, mas sim um requisito essencial do próprio sistema atual (APPLE, no prelo).

É preciso pensar com muito cuidado quando e onde os formadores de professores e os próprios professores abordariam esse elemento ausente no discurso atual sobre a internacionalização da educação e da formação docente. Defendo que precisamos ter certeza de que os licenciandos, os professores e seus alunos sejam expostos a uma variedade de perspectivas sobre as questões da globalização e de como alcançar uma maior justiça econômica, política e social, e não apenas àquelas que enfatizam a segurança nacional e a competitividade econômica. A internacionalização da formação docente exige que haja um verdadeiro processo educacional na formação de professores, em que diferentes perspectivas são examinadas, e, por meio das quais, os licenciandos ajustam suas ideias em relação ao que eles acreditam depois de terem refletido cuidadosamente sobre uma ampla gama de pontos de vista, inclusive aqueles que atualmente não são favoráveis.

Professores "globalmente competentes"

Uma importante questão que precisa ser cuidadosamente examinada nas iniciativas de internacionalizar as instituições e os cursos de formação docente é o perfil dos professores que buscamos formar por meio de nossos esforços. A esse respeito, publicações recentes sobre questões de educação global e internacional feitas por grupos como o Conselho Americano de Educação, a Fundação Longview e a *Asia Society*, bem como a literatura acadêmica sobre a educação global e a educação internacional, incluem listas de competências globais para os professores, as quais tratam das disposições, atitudes, conhecimentos e habilidades que eles precisam possuir, a fim de exercer sua profissão de um modo "globalmente competente". Isso inclui aspectos como consciência cultural, conhecimento dos eventos mundiais e das dinâmicas globais, sabedoria de/e habilidade para conectar seus alunos a aspectos internacionais das matérias que lecionam, curiosidade intelectual e capacidade de bom raciocínio e de solução de problemas.

Não discordo do conteúdo dessas listas sobre competências globais e acho que tudo o que está escrito nelas em geral faz muito sentido[141]. Pergunto-me, entretanto, sobre a utilidade dessas questões no

---

[141] Longview (2008) inclui vários exemplos de listas de competência para professores globalmente competentes. <http://www.longviewfdn.org/122/teacher-preparation-for-the-global-age.html>. Os artigos na edição especial de *Teaching Education*, editada por Quezada (2010), também discutem as competências globais para professores e são ilustrativos daquilo a que estou me referindo em meus comentários.

que diz respeito ao propósito da internacionalização da formação de professores.

Em primeiro lugar, há necessidade de estabelecer uma visão de competência global no magistério que seja mais realista e exequível para os professores em início de carreira, em vez de simplesmente apresentar metas ideais que estão provavelmente fora do alcance da maioria dos professores iniciantes. Os formadores de professores devem, com base nessas listas, definir alguns objetivos específicos em torno da questão da competência global e integrá-las aos sistemas de avaliação existentes. Uma consequência disso é a necessidade de pensar em sistemas de admissão que tragam para os cursos de licenciatura candidatos que tenham algumas das qualidades, conhecimentos e habilidades requeridos e criar oportunidades para que os licenciandos aprendam como fazer tais coisas. Tanto a admissão dos sujeitos quanto os próprios cursos de licenciatura precisam ser considerados porque não se pode fazer muito, em relação à transformação pessoal, no curto tempo que os formadores de professores têm para trabalhar com os licenciandos.

Também acredito que há necessidade de associar essas competências globais aos padrões nacionais, como os desenvolvidos pelo Consórcio Interestadual de Avaliação e Apoio ao Professor Iniciante (*Interstate New Teacher Assessment and Support Consortium* – INTASC) do Conselho dos Secretários Estaduais de Educação (*Council of Chief State School Officers*), e aos padrões estaduais, que neles se baseiam e esboçam os sistemas de avaliação dos cursos de formação de professores, em vez de oferecê-las como listas separadas que aparecem apenas em publicações sobre a necessidade de internacionalizar a formação de professores.

Para ser levado a sério, esse trabalho precisa tornar parte dos sistemas de avaliação baseada em desempenho, que existem atualmente nos Estados Unidos, além das avaliações para licença inicial do exercício do magistério. Os padrões do INTASC são utilizados hoje na maioria dos estados dos Estados Unidos como base para a aprovação de cursos de formação de professores e influenciam fortemente o processo nacional de credenciamento do Conselho Nacional para Credenciamento da Formação de Professores (*National Council for Accreditation of Teacher Education* – NACTE).

Recentemente, fui convidado pelo Conselho dos Secretários Estaduais de Educação para avaliar o trabalho que tem sido feito até o momento sobre as Normas para Licenciamento e Avaliação de Professores Iniciantes do INTASC, que foram publicadas pela primeira vez em 1992. Embora eu não esteja autorizado a falar muito sobre esse assunto, notei algumas coisas na minha primeira leitura e na minha releitura sobre as normas de 1992 que dizem respeito à questão de formar professores "globalmente competentes". Em primeiro lugar, há uma série de competências (conhecimentos, habilidades e disposições) nessas normas que se aproximam dos elementos presentes nas discussões sobre o ensino culturalmente relevante e o ensino "globalmente competente". Estas incluem coisas como "o professor deve utilizar abordagens que são sensíveis às múltiplas experiências e à diversidade dos alunos e que permitem diferentes formas de demonstrar o aprendizado".

No entanto, embora essas normas coincidam com o que é discutido na literatura sobre educação multicultural e internacional/global, as palavras "global" ou "internacional" foram pouco mencionadas. Há duas referências curtas à palavra "global" nos princípios fundamentais e cinco referências sobre um "contexto global" nas próprias normas.

Por exemplo, um dos princípios fundamentais inclui a afirmação sobre a necessidade de os professores "engajarem os alunos em raciocínio crítico/criativo e na solução colaborativa de problemas relacionados aos contextos locais e *globais*". Uma das normas inclui, dentro de seus indicadores de conhecimento, a orientação de que os professores devem "entender como os alunos usam as tecnologias interativas, como redes sociais e mídia, e saber como usá-las para ampliar as possibilidades de aprendizagem local e global".

Essas iniciativas de se expandirem as normas a fim de incluir uma atenção ao contexto global, por menores que elas sejam, representam um progresso em relação às normas de 1992. Nelas a única referência a um contexto global ou internacional ocorreu por meio de uma curta citação no prefácio, ao afirmar que: "um cidadão bem educado é necessário para nossa democracia e para desfrutar de uma posição competitiva em uma economia global". Apesar de reconhecer, nos padrões atuais do INTASC, certo avanço, considero que a atenção aos contextos globais e aos elementos de ensino "globalmente competente" ainda seja mínima e que esse trabalho continuará marginalizado na formação de professores nos Estados Unidos.

Uma maneira de enfrentar esse problema é trabalhar juntamente com os conselhos estaduais e às secretarias de educação para ter certeza de que as dimensões internacional e global dos conhecimentos, das habilidades e das disposições exigidos para uma licença inicial de exercício do magistério sejam explicitamente tratadas nessas normas e que as instituições formadoras sejam avaliadas durante o processo de aprovação dos cursos de licenciatura, em nível estadual, e de credenciamento nacional dos candidatos ao magistério com base nessas competências.

Para fazer isso, uma estratégia seria ampliar ainda mais as normas que já coincidem com elementos de competência global, mas que não mostram isso explicitamente na forma como são expressas, a fim de tornar mais visíveis as dimensões internacionais e globais dessas competências.

Um exemplo de um elemento do ensino "globalmente competente" que coincide com os padrões estaduais de competência cultural para os professores é a ideia de "perspectiva ou consciência sociocultural" a que me referi anteriormente. Quero usar esse exemplo para ilustrar o tipo de associações possíveis entre o ensino "globalmente competente" e o ensino culturalmente relevante, a fim de que o primeiro se torne uma parte mais central nos cursos de formação de professores nos Estados Unidos.

O ensino "globalmente competente", de acordo com muitas listas de competências globais do ensino, requer que os professores se engajem em um processo contínuo de autoexame como sujeitos culturais, políticos e sociais situados em vários contextos. É importante que os professores compreendam que a forma como veem o mundo é profundamente influenciada por sua posição em relação a um determinado número de marcadores, tais como gênero, classe social, etnia, raça e religião, e que pessoas diferentes podem ter pontos de vista muito diversos. Pesquisadores da formação de professores, como Ana Maria Villegas e Tamara Lucas, usam o termo "consciência sociocultural" para descrever esse importante componente do ensino culturalmente relevante. Nesse contexto, Villegas e Lucas (2002) argumentam que os professores não podem se conectar com os seus alunos por meio das fronteiras socioculturais sem levar em consideração essa perspectiva.

Os professores "globalmente competentes" devem não apenas adotar essa perspectiva de "consciência sociocultural" para que possam se conectar melhor com seus alunos, como também devem ampliá-la para incluir uma consciência das formas em que os seus modos de pensar e de ser estão intimamente relacionados com suas identidades como cidadãos dos Estados Unidos em uma sociedade global (daí o nome de "consciência sociocultural de sujeitos globais")[142]. Sem essa expansão de sua autoconsciência para além das fronteiras de seu país, os professores não serão capazes de cruzar a fronteira "nós/eles" que impede o desenvolvimento de uma consciência global entre muitos estadunidenses e frustram conexões significativas entre os povos do mundo.

A "consciência sociocultural de sujeitos globais" também deve incluir uma percepção crítica das visões de mundo e dos preconceitos sociopolíticos que modelam suas interpretações e julgamentos sobre as questões globais. Sem essa autoconsciência crítica, os professores permanecerão cegos às maneiras pelas quais sua posição social e suas visões de mundo moldam a maneira pela qual abordam a educação global. É importante que os professores compreendam que seu ponto de vista não é necessariamente compartilhado por outras pessoas ao redor do mundo e que procurem e explorem pontos de vista contrários aos seus próprios, incluindo perspectivas que estão fora das atuais estruturas de poder. Essa consciência vai ajudar àqueles que estão em uma sala de aula global a problematizar a naturalidade de suas próprias perspectivas.

O propósito de desenvolver uma maior "consciência sociocultural de sujeitos globais" não pode, entretanto, se limitar à conscientização da própria perspectiva. Uma análise em relação às questões de poder e de privilégio deve ser uma parte integrante desse processo de cultivar um maior autoconhecimento. Villegas e Lucas assinalam corretamente que as "diferenças na posição social não são neutras" e que as "diferenças no acesso ao poder influenciam profundamente a experiência das pessoas no mundo". Nos Estados Unidos, os professores mantêm privilégios e poder, em termos da posição que ocupam em um contexto global, e é importante que entendam como esses privilégios prejudicam os outros, bem como a eles próprios.

---

[142] Ver Zeichner; O'Connor, 2009.

Conclusão

Resumirei, a seguir, os pontos que considero essenciais sobre esse tema que tratei brevemente neste capítulo.

Primeiro, há muita ênfase sobre *o que* educadores e formadores de professores deveriam fazer a fim de chamar mais atenção para as perspectivas internacionais e globais na educação básica e na formação de professores, mas não há suficiente discussão sobre *por que* esse trabalho se realiza ou são quase inexistentes as avaliações rigorosas sobre o que está sendo efetuado em termos dessas iniciativas.

Segundo, não deveríamos assumir que todos pretendemos a mesma coisa quando falamos sobre a necessidade de internacionalizar ou globalizar a formação de professores. Há diferentes razões lógicas para justificar esse trabalho, e precisamos analisá-las criticamente e discuti-las abertamente.

Terceiro, não deveríamos, implícita ou intencionalmente, excluir dessas discussões os pontos de vista que não privilegiam acriticamente as formas atuais do capitalismo global que se associam a práticas como maior privatização de serviços públicos e cortes nos orçamentos do setor público, acordos de livre comércio e um racionalismo econômico que resulta em políticas de desenvolvimento em educação ao redor do mundo que, frequentemente, concebem o corte do salário dos professores e o aumento do tamanho das turmas como caminhos legítimos para melhorar a qualidade da educação pública, em um sistema em que os lucros são privatizados e as perdas são socializadas, e onde a exploração em busca do lucro continua a aumentar as disparidades entre ricos e pobres em cada país e a colocar o nosso planeta em risco.

Quarto, é importante ter uma visão clara a respeito dos professores "globalmente competentes" que procuramos formar por meio dessa iniciativa e que essa visão deva orientar os trabalhos nos quais nos engajamos.

Finalmente, em vez de desenvolver listas isoladas de competências para os professores "globalmente competentes" que são discutidas apenas em reuniões pontuais, precisamos integrar esse trabalho nas estruturas estaduais de políticas e avaliações de desempenho que orientam os cursos de formação de professores em todos os Estados Unidos.

Sem uma maior atenção aos efeitos dessa ideia e uma concepção clara a respeito dos assim chamados professores "globalmente competentes" e sem uma melhor integração junto aos padrões e às avaliações dos cursos de licenciatura, essa importante iniciativa continuará fora da corrente dominante da formação de professores nos Estados Unidos.

Referências

APPLE, M. *Global Crises, Social Justice, and Teacher Education*. New York: Routledge, 2010.

DOLBY, N.; RAHMAN, A. Research in International Education. *Review of Educational Research,* v. 78, n. 3, p. 676-726, 2008.

GREEN, M. F.; SHOENBERG, R. *Where Faculty Live: Internationalizing the Disciplines*. Washington, D.C.: American Council on Education, 2006.

SIUDZINSKI, R. *Teacher Preparation for the Global Age: The Imperative for Change*. Silver Spring, MD: Longview Foundation, 2008.

MERRYFIELD, M. Why Aren't Teacher Prepared to Teach for Diversity, Equity and Global Connectedness? *Teaching and Teacher Education,* v. 16, p. 429- 443, 2000.

PARKER, W. International Education: What's In a Name? *Phi Delta Kappan,* v. 90, n. 3, p. 196-202, 2008.

PARKER, W.; CAMICIA, S. The New "International Education" Movement in U.S. Schools: Civic and Capital Intents, Local and Global Affinities. *Theory and Research in Social Education,* v. 37, n. 1, p. 42-74, 2008.

QUEZADA, R. L. Internationalization of Teacher Education: Creating Global Competent Teachers and Teacher Educators for the 21st Century. *Teaching Education,* v. 21, n. 1, p. 1-5, 2010.

SCHNEIDER, A. M. *Internationalizing Teacher Education: What Can Be Done?* Washington, D.C.: U.S. Department of Education, 2003.

SPRING, J. Research on Globalization and Education. *Review of Educational Research,* v. 78, n. 2, p. 330-363, 2008.

TATTO, M. T. (Ed.). *Reforming Teaching Globally*. Oxford, U.K.: Symposium Books, 2007.

VILLEGAS, A. M.; LUCAS, T. Preparing Culturally Responsive Teachers: Rethinking The Curriculum. *Journal of Teacher Education,* v. 53, n. 1, p. 20-32, 2002.

ZEICHNER, K.; O'CONNOR, K. *Preparing Teachers for Critical Global Education*. ANNUAL MEETING OF THE AMERICAN ASSOCIATION OF EDUCATIONAL RESEARCH. San Diego, April 2009.

CAPÍTULO 6

Limites e possibilidades do modelo de formação "prática" de professores[143]

Parte crescente da literatura educacional nos Estados Unidos se volta novamente para a questão de tornar a prática docente um elemento central da formação de professores, uma abordagem que tem sido chamada de formação do professor "baseada na prática", "com foco na prática" ou "centrada na prática" (BALL; COHEN, 1999).

Embora a formação de professores baseada na prática geralmente de contribuições muito importantes como uma alternativa ao discurso atualmente dominante de que o caminho para melhorar o ensino na sala de aula reside, principalmente, em trazer pessoas academicamente mais talentosas para o magistério, mesmo que por um curto período de tempo (AUGUSTE et al., 2010), há um perigo de que o crescente movimento para centrar a formação de professores nas práticas docentes (BALL; FORZANI, 2009; GROSSMAN, 2011; KAZEMI et al. 2009; LAMPERT; GRAZIANI, 2009; WINDSCHITL et al., 2011) deixe de se beneficiar daquilo que aprendemos, em experiências anteriores, com as dificuldades para se estabelecer um modelo de formação de professores "com foco na prática".

Apesar da inegável contribuição de Hiebert e Morris para a crescente produção acadêmica sobre a formação de professores baseada na prática, assim como outros autores, eles não deram suficiente atenção a outros aspectos da docência que são fundamentalmente importantes para melhorar a qualidade do ensino. Como veremos mais adiante, no atual clima político em relação à formação docente nos Estados

---

[143] O texto deste capítulo, cujo título original é "*The Turn Once Again Toward Practice-Based Teacher Education*", foi submetido ao periódico *Journal of Teacher Education*, em 2012.

Unidos, se esses outros aspectos da docência não estiverem explicitamente incluídos no leque de propostas para a formação de professores baseada na prática, eles serão marginalizados ou eliminados.

Farei alguns comentários sobre essa volta para a formação de professores baseada na prática e os argumentos que estão expostos no trabalho de Hiebert e Morris. Também discutirei algumas coisas que considero não deveríamos perder de vista nesse esforço nacional de centrar novamente a formação de professores e o desenvolvimento profissional nas práticas docentes.

A formação de professores baseada na prática não é uma ideia nova

O primeiro ponto que eu gostaria de enfatizar é que o pensamento e a lógica envolvidos no estudo das atividades e práticas nas quais os professores se engajam e que servem como base para o currículo dos cursos de formação de professores é uma estratégia que de algum modo já vem sendo utilizada há muitos anos nos Estados Unidos. Um dos primeiros exemplos disso é o "Estudo da comunidade de formação de professores" (*Commonwealth Teacher Training Study*), realizado entre 1925 e 1928 (SAYLOR, 1976).

Charters e Waples (1929) e sua equipe coletaram dados de milhares de professores e procuraram desenvolver um currículo de formação docente "mais preciso" por meio de um conhecimento "mais exato" sobre as práticas dos professores. Sistematizaram uma lista bastante abrangente de práticas docentes, após enviar questionários pelo correio para professores de 42 estados. A lista final, com 1.001 práticas, foi subdividida em sete grupos principais, por exemplo, manejo de sala de aula. Mais de 200.000 respostas foram analisadas para se chegar a essa lista.

Enquanto algumas dessas práticas estavam preocupadas com coisas que vão além da docência (por exemplo, assegurar relações cordiais com o superintendente), outras focavam no ensino e se pareciam muito com os tipos de práticas incluídas em várias versões de currículos de formação de professores baseada em desempenho (por exemplo, selecionar as metodologias de ensino adaptadas às necessidades da turma e estabelecer relações cordiais com os alunos). A intenção era conhecer essas práticas e identificar as características dos professores para, então, constituir a base do currículo dos cursos de licenciatura. Sobre esse estudo, Kliebard (1975), ao discutir o processo de "confecção científica do currículo" na formação de professores, concluiu: "Um golpe foi deferido no pensamento confuso da formação de professores e um grande passo foi dado na direção de um currículo de formação docente determinado cientificamente" (p. 35).

Por uma série de razões, a influência desse estudo sobre a formação de professores nos Estados Unidos não foi muito grande. O que vemos nele, entretanto, é o início de uma tentativa de construir, nos Estados Unidos, um currículo dos cursos de formação de professores sobre uma base científica relacionada às práticas e características dos professores.

Um esforço similar, realizado por volta da mesma época, por A. S. Barr, da Universidade de Wisconsin, buscou distinguir as práticas desenvolvidas por bons professores de estudos sociais daquelas realizadas por professores considerados "fracos" (BARR, 1929):

> Barr comparou 47 bons professores de estudos sociais com 47 professores fracos, identificados por secretários de educação de diferentes municípios no estado de Wisconsin, conduzindo o estudo científico sobre a docência a um passo adiante em relação àquele que foi dado pelo estudo anterior, ao derivar seus dados a partir da observação do desempenho em sala de aula, em vez de deduzi-los a partir de questionários ou opiniões de supervisores. (KLIEBARD, 1973, p. 14)

Ao longo dos anos, variações desse mesmo pensamento existiram na formação docente estadunidense, incluindo a formação de professores baseada em desempenho, com orientação comportamental (ou PBTE), nos anos 1970 (GAGE; WINNE, 1974), e seu ressurgimento em uma versão mais ampla, cognitiva e comportamental, como a formação docente baseada em normas e padrões, nos anos 1990 (SYKES, 2004). Embora tenha havido diferenças significativas na maneira como têm sido estruturadas e justificadas essas tentativas de articular as práticas de ensino e de conhecimento sobre a docência às habilidades e disposições necessárias aos professores para aplicá-las, o pensamento nesses casos tem sido que, uma vez que as boas práticas docentes fossem identificadas, o currículo de formação de professores deveria se concentrar em formar futuros docentes para conhecerem e fazerem bem essas coisas. A avaliação dos professores deveria ser, então, baseada em quão bem sabem e fazem tais coisas, em vez de se basear apenas na conclusão de algumas disciplinas obrigatórias dos cursos de licenciatura. Esses vários esforços para estabelecer alguma forma de PBTE como norma fazem parte de uma ampla tradição de "eficiência social" na educação dos Estados Unidos (ZEICHNER, 1993).

Os esforços realizados no passado para se estabelecer um modelo nacional de formação de professores nos Estados Unidos, com foco sobre licenciandos que atingissem o domínio de um conjunto de práticas básicas de ensino foram amplamente ineficazes. Além das críticas sobre a inadequação da base de pesquisa para o estabelecimento das competências a serem incluídas nos cursos de formação de professores (HEATH; NIELSON, 1974), a complexidade e os custos de implementação de programas de PBTE estavam além da capacidade da maioria das instituições de formação docente e o resultado foi um nível muito baixo de implantação dessa ideia sobre o PBTE (ZEICHNER, 2005).

Sykes, Bird e Kennedy (2010) observam que o processo político envolvido nas tentativas de estabelecer normas para o exercício do magistério "quase sempre produz um conjunto [de padrões] maior e mais complexo do que possivelmente poderia ser alcançado" (p. 473). Esse problema de criar modelos de PBTE muito complexos e dispendiosos é um dos entraves que a versão atual da formação de professores baseada na prática deverá resolver, especialmente devido ao desinvestimento por parte dos estados nas universidades públicas, as quais ainda formam entre 70 e 80% dos professores no país (NATIONAL RESEARCH COUNCIL, 2010).

Aproximar a formação de professores das boas práticas docentes

Apesar de numerosos esforços ao longo dos anos para articular uma visão comum sobre as disposições, conhecimentos e habilidades que os indivíduos precisam ter para começarem a exercer o magistério, ainda há uma considerável variação de como os estudantes são formados nos cursos de licenciatura em todo o país (LEVINE, 2006). Contrariamente à especificidade dos estudos anteirores e das longas listas sobre competências docentes em muitos programas de PBTE nos anos 1970, a maioria das tentativas mais recentes de estudiosos para fornecer diretrizes sobre o que todos os professores iniciantes precisariam saber, ser e ser capaz de fazer (Darling-Hammond; Bransford, 2005) envolveu o estabelecimento de normas gerais que requerem especialistas para traduzi-las em um contexto mais específico. Muitas normas existentes para o exercício do magistério utilizadas por secretarias estaduais de educação na regulação de programas de formação de professores são apresentadas de uma maneira muito geral.

Mesmo com o estabelecimento dos "indicadores-chave", na versão mais recente das normas do INTASC,[144] que são requeridas para a aprovação dos programas de formação docente em muitos estados, elas ainda estão sujeitas a várias interpretações. Por exemplo, a Norma Nº 3 do INTSC, sobre os "aprendizes diversos", é definida assim: "O professor deve compreender como os alunos diferem em sua formas de aprender e criar oportunidades de ensino que sejam adaptadas aos diversos aprendizes". Uma lista com "indicadores-chave" também foi apresentada para definir mais detalhadamente o significado dessas normas. Essa lista incluiu indicadores como o seguinte: "planejar um ensino que seja adequado aos estágios de desenvolvimento dos alunos, aos estilos de aprendizagem, aos seus pontos fortes e às suas necessidades (3.1)".

Embora a inclusão de indicadores como esses articulem melhor as normas ao trabalho docente, elas ainda precisam ser traduzidas em práticas e rotinas que os professores devem aprender como fazer para alcançarem os objetivos específicos. A atual onda de reforma da formação de professores nos Estados Unidos, com foco sobre as práticas de ensino e as rotinas que supostamente apoiam a aprendizagem de alta qualidade dos alunos, envolve uma lógica que é mais útil para os professores iniciantes e seus formadores do que qualquer uma das listas anteriores com centenas de competências ou normas gerais. A ideia de criar um núcleo comum dessas práticas docentes (por exemplo, problematizar e conduzir discussões) a serem ensinadas aos professores iniciantes em todos os cursos de formação docente é potencialmente uma boa ideia. Como Ball e Forzani (2009) argumentam, isso não necessariamente desprofissionaliza o magistério, se for feito de modo a realmente incluir e dar a devida atenção aos conhecimentos dos docentes (Hammerness et al., 2005).

---

[144] <http://www.wresa.org/Pbl/The%20INTASC%20Standards%20overheads.htm>.

Dimensões do movimento de formação de professores baseada na prática

Uma vertente das tentativas atuais para identificar boas práticas docentes que deveriam formar a base do currículo de formação de professores está inserida no ensino de disciplinas escolares específicas, como matemática (KAZEMI; FRANKE; LAMPERT, 2009), ciência (WINDSCHITL; THOMPSON; BRAATEN, 2011) e linguagens (GROSSMAN *et al.* 2010), e se baseia na pesquisa que identificou certas práticas de ensino que estão associadas com a melhora da aprendizagem do aluno.

Outra vertente do foco atual na identificação de práticas docentes "eficazes" está nas chamadas "práticas pedagógicas e a gestão da sala de aula" – aspectos que não estão vinculados diretamente ao ensino do conteúdo de uma matéria específica. Alguns dos exemplos mais conhecidos são: o "ensino por meio de interações", sistema desenvolvido na Universidade de Virgínia (PIANTA, 2011), aqueles desenvolvidos por Danielson (2007) e Marzano (2007) para o "ensino eficaz", e as práticas de "professores bem-sucedidos", de Lemov (2010). Esses exemplos variam bastante: há desde práticas que são baseadas em pesquisa rigorosa e que demonstram a sua eficácia em relação ao aprendizado do aluno (PIANTA, 2011) até aquelas, como as estratégias de ensino de Lemov (2011), baseadas na observação feita pelo autor, ao longo de anos, de professores que supostamente produziram excelentes resultados no aprendizado dos alunos.

Dada a multiplicidade de modelos atuais que reivindicam para si as chamadas "práticas eficazes de ensino", Pianta (2011) recomenda que é extremamente importante estabelecer padrões mais rigorosos para avaliar a qualidade dos vários modelos de "ensino eficaz". Atualmente, todos reclamam alguma garantia empírica para seus modelos, mas o grau em que tornam essa evidência transparente, bem como sua qualidade, varia consideravelmente.

Outra distinção precisa ser feita: entre meramente lecionar uma disciplina do curso de licenciatura em uma sala de aula do ensino fundamental e desenvolver estratégias específicas de ensino. Apesar de muitos cursos de formação de professores terem sido transferidos para escolas de ensino fundamental como estratégia para enfatizar a dimensão clínica (teórico-prática) da formação de professores (ZEICHNER, 2010), não é claro se, quando, ou como, alguns desses cursos adotam, de forma deliberada, "práticas eficazes de ensino". O fato de simplesmente mudar um curso universitário para uma escola de ensino fundamental não necessariamente transforma a formação do professor em uma formação "baseada na prática". Alguns cursos de licenciatura que não estão fisicamente situados em salas de aula do ensino fundamental são baseados na prática e às vezes realmente utilizam o conhecimento de professores da escola fundamental para ensinarem práticas básicas de ensino (POINTER-MACE, 2009).

Além disso, alguns cursos baseados na prática envolvem a integração do conhecimento dos formadores de professores da universidade e da escola (e, por vezes, de educadores da comunidade) (ZEICHNER; PAYNE; BRAYKO, 2011). Outros cursos baseados na prática contam apenas com formadores de professores da própria universidade. Finalmente, em alguns casos de formação de professores baseada na prática, os licenciandos ou os próprios professores têm a oportunidade de ensaiar, implementar e receber algum retorno a respeito do uso dessas práticas (KAZEMI *et al.* 2010), enquanto em outros casos eles não têm essas mesmas oportunidades (CAMPBELL, 2008).

Assim, a formação de professores com base na prática acontece tanto em salas de aula da faculdade e da universidade como em salas de aula do ensino fundamental (ou em ambas), e utilizam de diferentes maneiras a experiência dos formadores da faculdade e da universidade, dos professores do ensino fundamental e dos educadores da comunidade. O que faz um curso de formação de professores ser baseado na prática é o seu foco sistemático no desenvolvimento das habilidades dos licenciandos para desenvolverem com êxito práticas reconhecidamente de sucesso.

As contribuições do artigo de Hiebert e Morris

Hiebert e Morris fazem parte da onda atual que defende a criação de cursos de formação de professores para ensinar aos licenciandos como desenvolver rotinas e práticas docentes reconhecidamente de sucesso. Propõem que as práticas a serem ensinadas aos professores sejam inseridas ao contexto educacional mais amplo e traduzidas sob a forma de dois produtos (planos de aulas e avaliações comuns) para serem compartilhados entre docentes e repassados aos novos professores. Além disso, sugerem que esses artefatos deveriam estar em permanente construção, para que professores e pesquisadores trabalhem juntos a fim de testá-los, refiná-los e ensiná-los por meio de um processo de investigação da sala de aula.

No geral, o que eles sugerem faz sentido e acrescenta elementos importantes à proposta de formação de professores baseada na prática. A ideia de associar o aprendizado de práticas docentes às aulas às quais os licenciandos se envolverão e de traduzir esse conhecimento em produtos utilizáveis que são continuamente melhorados ao longo do tempo servirá para preservar melhor o conhecimento sobre as boas práticas de ensino que até o presente momento têm sido individualmente mantidas por professores. Isso também ajuda os docentes a desenvolver os hábitos e habilidades de investigação que lhes permitirão contribuir mais ativamente, ao longo do tempo, para construir e melhorar a base de conhecimentos de sua profissão (Cochran-Smith; Lytle, 2009).

Embora as propostas de Hiebert e Morris ajudem o trabalho de formação de professores baseada na prática e a criação de um sistema que permitiria às futuras gerações de professores se beneficiarem do conhecimento de outros professores, há várias questões que merecem discussão. A primeira diz respeito à relação entre o modelo de representar, decompor, aproximar e de deliberadamente ensinar práticas docentes (Grossman, 2011), o que caracteriza grande parte do atual trabalho de formação de professores baseada na prática, e a segunda refere-se às ideias propostas por Hiebert e Morris para inserir práticas de ensino nas aulas de que fazem parte os licenciandos e se engajar em um processo contínuo de avaliação e aprimoramento dessas práticas.

Uma maneira de interpretar esses dois tipos de trabalho seria conceber as duas alternativas, fazendo-se uma escolha entre elas. Outra interpretação seria conceber essas duas estratégias como complementares, ou seja, mais ou menos apropriadas para diferentes pontos do desenvolvimento de um professor.

Parece-me que a abordagem descrita por Grossman (2011) deveria receber mais ênfase no início do processo de formação de professores, à medida que os licenciandos ganhassem experiência em sala de aula. Os novos professores precisam aprender práticas docentes específicas, por exemplo, coordenar a discussão de um texto em sala de aula, ao observarem modelos dessas práticas e depois pesquisá-las, estudá-las e praticá-las várias vezes. É preciso ainda desenvolver a capacidade dos licenciandos para aprender na e por meio de sua prática, ao participarem das comunidades de investigação da sala de aula pelos professores. Esse tipo de abordagem, com foco em ensinar práticas básicas de ensino, ajuda a desenvolver uma visão profissional e as habilidades necessárias que são importantes nessa fase inicial do desenvolvimento do professor. Também é importante direcionar a aprendizagem de novos professores para que sejam capazes de integrar essas práticas distintas em forma de aulas. Do ponto de vista do desenvolvimento profissional, parece-me inapropriado, entretanto, querer que os novatos dominem tudo de uma só vez, antes do ensino de componentes individuais da prática docente.

Hiebert e Morris levantam preocupações sobre a transferência de uma situação de "laboratório de ensino" para uma de sala de aula e defendem o desenvolvimento da pesquisa do professor como uma forma de minimizar esse problema. No entanto, enquanto algumas experiências para ensinar os licenciandos como desenvolver com sucesso práticas básicas de ensino acontecem em espaços virtuais ou ao vivo mas fora das salas de aula do ensino fundamental, mais e mais esses trabalhos ocorrem em salas de aula da escola básica (Noel; Nelson, 2010). Por exemplo, na Universidade de Washington, Sheila Valencia e Elham Kazemi trabalham, no curso de licenciatura do ensino fundamental, juntamente com professores experientes de alfabetização e de matemática. Nesse curso, os licenciandos têm oportunidades de observar modelos de práticas de ensino específicas e de pesquisá-las e praticá-las, além de receber informações detalhadas sobre o uso dessas práticas. Aprendem como desenvolver essas práticas nos ambientes complexos em que, mais tarde, precisarão usá-las. (Zeichner; Payne; Brayko, 2011).

Esse foco em ensinar práticas básicas de ensino deveria ser complementado, como foi proposto por Hiebert e Morris, pela participação em comunidades de investigação da sala de aula, desde o início dos cursos de licenciatura a fim de que os professores novatos adquiram hábitos e habilidades para aprender na e por meio de sua prática, em companhia dos colegas. À medida que os professores ganham mais experiência, podem se concentrar cada vez mais em reunir as habilidades no contexto das aulas e contribuir para a melhoria contínua da prática de ensino no tipo de sistema defendido por Hiebert e Morris.

Finalmente, outro perigo seria usar esses artefatos de ensino como "roteiros" — o que minaria a capacidade dos professores de exercer julgamentos e de adaptar o ensino para atender às necessidades cambiantes de seus alunos e dos diferentes contextos em que trabalham. Há forte evidência sobre a crescente "roteirização" do ensino nas escolas que atendem alunos de classes populares (KOZOL, 2005). A proposta de Hiebert e Morris pode potencialmente servir para neutralizar as tentativas de "empacotar" produtos pedagógicos de modo a minar os aspectos intelectuais e profissionais do magistério.

O que poderia ficar de fora em um sistema de formação docente baseada na prática?

Neste momento em que acontecem, nos Estados Unidos, intensos ataques à participação das faculdades e universidades na formação docente e uma forte pressão para "adiar" a formação inicial de professores para depois que eles assumirem plena responsabilidade por uma sala de aula, há um perigo de reduzir o papel dos professores ao de técnicos capazes apenas de aplicar um conjunto particular de estratégias de ensino, mas não de desenvolver uma ampla visão profissional (conhecimento profundo dos seus alunos e dos contextos culturais em que se situa o seu trabalho) e as habilidades de que precisam para terem êxito nos complexos ambientes educacionais em que eles trabalham (BUTIN, 2005). Embora Hiebert e Morris destaquem a necessidade de construir um sistema para preservar e melhorar continuamente o conhecimento sobre o ensino, há importantes elementos sobre a qualidade da docência que receberam pouca ou nenhuma atenção em suas análises e no trabalho da formação docente baseada na prática como um todo.

No atual clima político nos Estados Unidos, há também uma forte pressão para reduzir a duração dos cursos de formação de professores e eliminar qualquer coisa que não seja vista como "imediatamente útil" para os novos professores. Por exemplo, em um estudo sobre cursos de certificação alternativa nos Estados Unidos, Walsh e Jacobs (2007) criticam os elementos dos cursos de licenciatura que não consideram como "imediatamente úteis" para os novos professores e usam os "fundamentos da educação" (história, filosofia e sociologia da educação) como exemplo de disciplinas "não essenciais" ao currículo. As normas do Centro Nacional para a Qualidade do Professor (*National Center for Teacher Quality*) que são usadas para avaliar programas de faculdades e de universidades de todo o país para classificá-los e, posteriormente, divulgar tal classificação por meio do *U.S. News and*

World Report[145] não incluem qualquer atenção aos "fundamentos da educação" na formação de professores.

Historicamente, os esforços para estabelecer um currículo de formação de professores com base em competências ou desempenhos específicos têm sido contaminados por um enfoque técnico bastante estreito, que ignora a necessidade de fundamentar a competência técnica dos professores por meio de uma compreensão dos contextos histórico, cultural, político, econômico e social em que seu trabalho é desenvolvido (GREENE, 1979). É importante, portanto, para aqueles que estão empenhados em fazer do ensino das práticas docentes o foco central dos programas de formação de professores, negar a ideia de que, para formar professores, bastaria apenas o domínio de um conjunto de práticas de ensino.

Embora Ball e Forzani (2009) reivindiquem uma reorganização dos "fundamentos da educação" para que sejam mais compatíveis com uma orientação prática, nem eles nem outros autores na literatura sobre formação docente baseada na prática esclarecem o que isso significa. A não ser que possam ser desenvolvidos meios para reformular os "fundamentos da educação" do modo como Ball e Forzani (2009) sugerem, o conteúdo desse conjunto de disciplinas será severamente marginalizado ou eliminado do currículo de formação de professores, como mostrou a experiência do Reino Unido (WHITTY *et al.* 2009).

Um exemplo de reorganização dos "fundamentos da educação" na formação de professores para que abordem questões históricas, sociais, econômicas, culturais e políticas que os docentes precisam entender em relação à sua prática docente é o modelo que está sendo desenvolvido nos cursos de licenciatura do ensino fundamental e do ensino médio da Universidade de Washington (GOTTESMAN; BOWMAN, 2011). Nesse trabalho, os licenciandos estudam as questões históricas e sociais mais amplas em relação aos contextos específicos de uma comunidade em que seus trabalhos são realizados e desenvolvem um tipo de "conhecimento situacional" no que diz respeito aos "fundamentos da educação" que Kennedy (1999) recomendou sobre o conhecimento pedagógico.

Outro elemento que normalmente não é incluído nas discussões sobre formar os professores para desenvolver práticas de ensino "eficazes" é o desenvolvimento, no professor, da competência cultural e

---

[145] http://www.nctq.org/standardsDisplay.do

da capacidade de ensinar de maneiras culturalmente relevantes. Dada a realidade das escolas públicas dos Estados Unidos, em que muitos professores trabalham com alunos de origens culturais, linguísticas e socioeconômicas muito diferentes das suas próprias, há uma literatura extensa que fornece *insights* sobre como os formadores de professores podem desenvolver a competência cultural e as habilidades de ensino culturalmente relevante dos professores (BANKS *et al.* 2005). Não discutir esse aspecto do ensino em ambientes culturalmente diversos implica que a bem-sucedida implementação de práticas básicas de ensino por si só irá resultar em melhores resultados de aprendizagem para os alunos que agora estão desassistidos pelas escolas públicas. A evidência não suporta essa hipótese (GAY, 2011). É por isso que os programas de formação de professores, as secretarias municipais e estaduais têm dado uma atenção explícita à questão da competência cultural. A capacidade de desenvolver práticas de ensino "eficazes" é necessária, mas não suficiente para a melhoria da qualidade do ensino nos Estados Unidos.

Conclusão

Um dos objetivos das pessoas envolvidas na formação de professores baseada na prática é conseguir um consenso nacional sobre quais práticas docentes devem ser incluídas nos cursos de licenciatura. Como o trabalho de identificação de práticas básicas de ensino continua, será muito difícil alcançar um consenso devido à multiplicidade de modelos já em uso que detalham os elementos das chamadas "práticas de ensino eficazes". Embora coincidam em vários pontos, esses modelos são diferentes uns dos outros em aspectos importantes. A recomendação de Pianta (2011) para o estabelecimento de padrões rigorosos de evidência em relação a esses diferentes modelos ajuda, mas não resolve o problema.

Os professores universitários e os consultores independentes ganham muito dinheiro e reputação profissional a partir do apoio que fornecem para aqueles que usam seus modelos particulares de "práticas de ensino eficazes" e dos subsídios que recebem para o desenvolvimento continuado e o estudo de seus modelos. Esperar que as pessoas deixem de lado seus interesses individuais para o bem comum é uma visão ingênua da atual reforma educacional e da já estabelecida "cultura empreendedora" no ensino superior. Embora seja boa a ideia sobre a formação de professores baseada na prática, o processo político de determinar quais modelos e práticas de ensino farão parte de um currículo de formação de professores em todo o país precisa ser analisado com cuidado, e, como Hiebert e Morris sugerem, os professores da escola básica desempenham um papel central no processo de desenvolvimento e aperfeiçoamento do nosso entendimento comum sobre as boas práticas associadas ao bom ensino.

O trabalho de Hiebert e Morris traz uma importante contribuição à proposta de formação de professores baseada na prática por enfatizar que o aumento da qualidade do ensino acontecerá por meio da criação de um sistema que preserve o conhecimento sobre as boas práticas docentes de maneira que possam ser mais facilmente acessíveis para as gerações de professores atuais e futuras.

Afoitos para estabelecer uma maneira mais viável (do que foi no passado) de formação de professores baseada em desempenho, não deveríamos acreditar que os problemas de desigualdade e de injustiça na educação pública dos Estados Unidos possam ser resolvidos unicamente por professores ou por intervenções educacionais. Além de melhorar as condições de trabalho para os professores dentro das escolas, há bastante trabalho que também precisa ser feito para resolver as grandes desigualdades na sociedade em geral em relação a aspectos como o acesso à habitação, nutrição, saúde e empregos que paguem um salário digno (NOGUERA, 2011).

A formação de professores com base na prática e a pressão por um currículo mais coerente para formação docente nos Estados Unidos são posições importantes que deveriam ser apoiadas, mas há muito mais coisa envolvida na melhoria da aprendizagem dos alunos que hoje não são bem atendidos por nossas escolas públicas do que essas ideias podem fornecer sozinhas.

Referências

AUGUSTE, B.; KIHN, P.; MILLER, M. *Closing the Talent Gap: Attracting and Retaining Top-third Graduates to Careers in Teaching.* McKinsey and Co., set. 2010. Disponível em: <http://www.mckinseyonsociety.com/downloads/reports/ Education/Closing_talent_gap_appendix.pdf>. Acesso em: 10 nov. 2011.

BALL, D.; COHEN, D. Developing Practice, Developing Practitioners: Toward a Practice-Based Theory of Professional Education. In: DARLING-HAMMOND,

L.; SYKES, G. (Eds.). *Teaching as a Learning Profession*. San Francisco: Jossey-Bass, 1999. p. 3-32.

BALL, D.; FORZANI, F. The Work of Teaching and the Challenge for Teacher Education. *Journal of Teacher Education, v. 60,* p. 497-510, 2009.

BANKS, J.; COCHRAN-SMITH, M.; MOLL, L.; RICHERT, A.; ZEICH-NER, K.; LEPAGE, P.; DARLING-HAMMNOND, L.; DUFFY, H. Teaching diverse learners. In: L. Darling-Hammond; J. Bransford (Eds.). *Preparing Teachers for a Changing World*. San Francisco: San Francisco-Jossey-Bass, 2005. p. 232-27.

BARR, A. S. *Characteristic Differences in the Good and Poor Teaching Performance of Good and Poor Teachers of the Social Studies*. Bloomington, IL: Public School Publishing Co., 1929.

BUTIN, D. How Social Foundations of Education Matters to Teacher Preparation: A Policy Brief. *Educational Studies,* v. 38, n. 3, p. 214-229, 2005.

CAMPBELL, S. S. *Mediated Field Experiences in Learning Progressive Teaching*. In: ANNUAL MEETING OF THE AMERICAN EDUCATIONAL RESEARCH ASSOCIATION, New York City, March 2008.

CHARTERS, W. W.; WAPLES, D. *The Commonwealth Teacher Training Study*. Chicago: University of Chicago Press, 1929.

COCHRAN-SMITH, M.; LYTLE, S. *Inquiry as Stance*. New York: Teachers College Press, 2009.

DANIELSON, C. *Enhancing Professional Practice*. Alexandria, VA: Association of for Supervision and Curriculum Development, 2007.

DARLING-HAMMOND, L.; BRANSFORD, J. (Eds.). *Preparing Teachers for a Changing World*. San Francisco: Jossey Bass, 2005.

GAGe, N.; WINNE, P. Performance-Based Teacher Education. In: RYAN, K. (Ed.). *Teacher Education*. Chicago: University of Chicago Press, 1974. p. 146-172.

GAY, G. *Culturally Responsive Teaching*. New York: Teachers College Press, 2011.

GOTTESMAN, I.; BOWMAN, M. *Re-Considering The Foundations Classroom in Practice-Centered Programs: Towards a Place-Conscious Approach*. Washington: Center for the Study of Teacher Learning in Practice, University of Washington, and College of Education, 2011.

GREENE, M. The Matter of Mystification: Teacher Education in Unquiet Times. In: GREENE, M. *Landscapes of learning*. New York: Teachers College Press, 1978. p. 53-73.

GROSSMAN, P. A Framework for Teaching Practice: A Brief History of an Idea. *Teachers College Record,* v. 113, n. 12. Disponível em: <http://tc.recortd. org>. Acesso em: 24 dez. 2011.

GROSSMAN, P. et al. *Measure for Measure: The Relationship Between Measures of Instructional Practice in Middle School English Language Arts and Teacher Value-Added Scores*. National Bureau of Educational Research Working Paper: May 2010. Disponível em: <http://nber.org/papers/w16015>. Acesso em: 26 dez. 2011.

HAMERNESS, K.; DARLING-HAMMOND, L.; BRANSFORD, J.; BERLINER, D.; COCHRAN-SMITH, M.; MCDONALD, M.; ZEICHNER, K. How Teachers Learn and Develop. In: DARLING-HAMMOND, L.; BRANSFORD, J. (Eds.). *Preparing Teachers for a Changing World*. San Francisco: Jossey-Bass, 2005. p. 358-389.

HEATH, R.W.; NIELSON, M. The Research Base for Performance-Based Teacher Education. *Review of Educational Research*, v. 44, n. 4, p. 463-484, 1974.

KAZEMI, E.; FRANKE, M.; LAMPERT, M. *Developing Pedagogies In Teacher Education to Support Novice Teachers' Ability to Enact Ambitious Teaching*. In: Proceedings of the 32nd annual conference of the Mathematics Education Research Group of Australasia, 2009.

KENNEDY, M. The Role of Preservice Teacher Education. In: DARLING-HAMMOND. L.; SYKES, G. (Eds.). *Teaching as the Learning Profession*. San Francisco: Jossey-Bass, 1999. p. 54-85.

KLIEBARD, H. The Question in Teacher Education. In: MCCARTY, D. J. (Ed.). *New Perspectives on Teacher Education*. San Francisco: Jossey-Bass, 1973. p. 8-24.

KLIEBARD, H. The Rise of Scientific Curriculum Making and its Aftermath. *Curriculum Theory Network,* v. 5, n. 1, p. 27-38, 1975.

KOZOL, J. *The Shame of American Education*: New York: Crown, 2005.

LAMPERT, M.; GRAZIANI, F. Instructional Activities as A Tool for Teachers' and Teacher Educators' Learning. *Elementary School Journal,* v. 109, p. 491-509, 2009.

LEMOV, D. *Teaching Like a Champion*. San Francisco: Jossey-Bass, 2010.

LEVINE, A. *Educating School Teachers*. The Education Schools Project. Sep. 2006. Disponível em: <http://www.edschools.org/pdf/Educating_Teachers_Report.pdf>. Acedsso em: 30 ago. 2013.

MARZANO, R. *The Art And Science Of Teaching*. Alexandria VA: Association for Supervision and Curriculum Development, 2007.

NATIONAL RESEARCH COUNCIL. *Preparing teachers*. Washington, D.C.: National Academies Press, 2010.

NOEL, J.; NELSON, T. (Eds.). Moving Teacher Education into Urban Schools and Communities. *Teacher Education Quarterly,* v. 37, n. 3, 2010.

NOGUERA, P. A Broader, Bolder Approach Uses Education to Break the Cycle of Poverty. *Phi Delta Kappan, xx,* p. 8-14, 2011.

PIANTA, R.C. *Teaching Children Well*. Washington, D.C.: Center for American Progress, 2011.

POINTER-MACE, D. *Teacher Practice Online*. New York: Teachers College Press, 2009.

SAYLOR, J. G. *Antecedent Developments in the Movement to Performance-Based Programs of Teacher Education*. Washington, D.C.: American Association of Colleges for Teacher Education, 1976.

SYKES, G. Cultivating Teacher Quality: A Brief for Professional Standards. In: HESS, F.; ROTHERHAM, A.; WALSH, K. (Eds.). A Qualified Teacher in Every Classroom? Cambridge, MA: Harvard Education Press, 2004. p. 177-200.

SYKES, G.; BIRD, T.; KENNEDY, M. Teacher Education: Its Problems and Some Prospects. *Journal of Teacher Education*, v. 61, n. 5, p. 464-476, 2010.

WALSH, K.; JACOBS, S. *Alternative Certification Isn't Alternative*. Washington, D.C.: National Center for Teacher Quality, 2007.

WHITTY, G.; FURLONG, J.; BARTON, L.; MILES, S.; WHITING, C. Training in turmoil. In: FREEMAN-MOIR, J.; SCOTT, A. *Shaping The Future: Critical Essays on Teacher Education*. Rotterdam: Sense Publishers, 2007. p. 7-23.

WINDSCHITL, M.; THOMPSON, J.; BRAATEN, M. Ambitious Pedagogy by Novice Teachers. *Teachers College Record*, v. 113, n. 7, p. 1311-1360, 2011.

ZEICHNER, K. Traditions of Practice in U.S. Teacher Education Programs. *Teaching and Teacher Education*, v. 9, n. 1, p. 1-13, 1993.

ZEICHNER, K. Learning from Experience with Performance-Based Teacher Education. In: PETERMAN, F. (Ed.). *Designing Performance Assessment Systems for Urban Teacher Preparation*. New York: Routledge, 2005. p. 3-19.

ZEICHNER, K. Rethinking The Connections Between Campus Courses and Field Experiences in College and University-Based Teacher Education. *Journal of Teacher Education*, v. 89, n. 11, p. 89-99, 2010.

ZEICHNER, K.; PAYNE, K.; BRAYKO, K. *Democratizing Teacher Education Through Practice-Based Methods Teaching and Mediated-Field Experiences in Schools and Communities*. Working Paper, Center for the Study of Teacher Learning in Practice, University of Washington, Sep. 2011.

CAPÍTULO 7

Um futuro possível para a formação de professores nos Estados Unidos[146]

Uma das questões centrais subjacentes aos debates atuais sobre a formação de professores e a qualidade do ensino diz respeito ao conhecimento que os docentes precisam ter para ser bem-sucedidos para lecionar, por meio de altos padrões acadêmicos, a todos os alunos da escola básica. Embora existam trabalhos mais abrangentes, escritos ao longo dos anos, sobre o chamado "conhecimento de base" na formação de professores (DARLING-HAMMOND; BRANSFORD, 2005) e sobre as práticas de ensino que os iniciantes precisam aprender (BALL; FORZANI, 2009), este capítulo analisa o que os professores principiantes precisam saber para exercer o magistério da melhor maneira possível. De modo semelhante, surgiu nos Estados Unidos e em outros países, ao longo dos anos, uma considerável literatura sobre quem deveria exercer o magistério nas sociedades democráticas (VILLEGAS; LUCAS, 2004; VILLEGAS; IRVINE, 2010) e como a formação desses profissionais deveria ocorrer (COCHRAN-SMITH; DAVIS; FRIES, 2003; HOLLINS; GUZMAN, 2005). Muito pouca atenção tem sido dada, no entanto, a qual conhecimento e como ele deve ser levado em conta na formação de professores.

Atualmente, há basicamente duas maneiras de se completar a formação inicial de professores nos Estados Unidos, apesar das variações entre os cursos e os programas existentes: os cursos universitários

---

[146] O texto deste capítulo, cujo título original é *"Democratizing Knowledge in University Teacher Education Through Practice-Based Methods Teaching and Mediated Field Experience in Schools and Communities"*, tem como coautores Katherina Payne e Kate Brayko.

e os chamados programas de "imersão" (GROSSMAN; LOEB, 2008). Mesmo com o advento dos programas de "imersão", na década de 1980, em que a maior parte da formação inicial acontece enquanto os licenciandos atuam como professores contratados, os cursos universitários de formação de professores continuarão a ser a principal fonte de docentes para as escolas públicas dos Estados Unidos (*National Research Council*, 2010).[147]

Cursos universitários de formação de professores

O modelo tradicional de formação de professores enfatiza a tradução do conhecimento acadêmico em práticas.[148] Os licenciandos devem aprender *o que* e *como* lecionar em seus cursos e, em seguida, aplicar nas escolas, durante os estágios, o que aprenderam. Historicamente, essa não tem sido uma experiência de muito sucesso. Muitas vezes, os professores da educação básica com quem os licenciandos são colocados para realizar os seus estágios sabem muito pouco sobre os cursos de licenciatura, enquanto os formadores desses cursos sabem muito pouco sobre os locais de estágio e o trabalho dos professores colaboradores (ZEICHNER, 2010). Mesmo na era atual, em que há várias experiências de parcerias entre escola e universidade e de escolas de desenvolvimento profissional, as instituições de ensino superior mantêm a hegemonia sobre a construção e difusão do conhecimento para a docência na formação de professores (DUFFY, 1994; ZEICHNER, 2009) e as escolas permanecem na posição de mera ofertante de "locais de prática", em que os licenciandos acham espaço para experimentar as ideias que lhes são apresentadas pela universidade (BARAB; DUFFY, 2000).

Oldenburg (1999) analisou o papel dos chamados "terceiros espaços", como cafés, cafeterias, bares e salões de beleza, na construção da comunidade. Ele usa o conceito de "nivelamento" para discutir relações entre educadores universitários e os da escola que, muitas

---

[147] De acordo com o relatório mais recente do Ministério de Educação dos Estados Unidos sobre a formação de professores, 92% dos programas de formação docente norte-americanos, em 2010, eram sediados em faculdades e universidades.

[148] Clandinin (1995) se referiu a isso como a transformação da "teoria sagrada em narrativas da prática".

vezes, não existem em modelos tradicionais de formação universitária de professores, mesmo quando aqueles se envolvem em parcerias com as escolas. Oldenburg argumenta que, por meio do "nivelamento", "as reivindicações de *status* universal devem ser verificadas na entrada, de modo que todos possam ser iguais". Essa rendição ao "nivelamento" transforma aqueles "que possuem caminhões de entrega e os que os dirigem em iguais" (p. 25). Esses "terceiros espaços" criam situações em que as pessoas se envolvem como comunidades separadas de seu *status* dentro dessas comunidades.

O que queremos, ao citar esse trabalho, é sugerir que, ao mesmo tempo que devemos diminuir as hierarquias de poder nos cursos universitários de formação de professores, mais participantes e mais perspectivas devem ser trazidos para o processo de decisão e que opiniões diferentes sejam seriamente consideradas, apesar das diferenças que continuam a existir sobre o que constitui um bom ensino e como os professores devem aprender (APPLE, 2008; SANDERS, 1997).

Embora a realidade de como e de quem os licenciandos aprendem a lecionar seja muito mais complexa do que é retratado aqui (VALENCIA *et al.* 2009), a maneira com que a formação universitária de professores geralmente ocorre é fundamentalmente antidemocrática e, em grande parte, falha em utilizar estrategicamente o conhecimento e a experiência que existem nas escolas e nas comunidades que poderiam orientar a formação de professores. Embora a maioria dos futuros professores gastem uma quantidade substancial de tempo nas escolas durante a sua formação normalmente se realiza muito pouco planejamento (durante o estágio curricular) a respeito de como podem utilizar o conhecimento profissional e o da comunidade para orientar sua formação como professores (TURNEY *et al.*, 1985). Além disso geralmente há uma falta de investimento de recursos financeiros e de atenção cuidadosa para a alocação e supervisão de estagiários durante suas experiências clínicas (NCATE, 2010; GREENBERG; POMERANCE; WALSH, 2011).

Programas de "imersão"

O número de programas de "imersão", que coloca os licenciandos nas escolas com muito pouca preparação inicial, se expande rapidamente nos Estados Unidos e enfatiza – e muitas vezes glorifica acriticamente – a prática e o conhecimento profissional, minimizando a importância dos cursos de formação profissional que não são vistos como diretamente ligados à realidade diária dos professores. Essa maneira de pensar leva a conclusões como a de que o conteúdo de fundamentos da educação (filosofia, sociologia, história da educação) "não é essencial" em um curso de formação docente (WALSH; JACOBS, 2007) para professores que devem simplesmente implementar "*scripts* de ensino*"*, mas que não desenvolverão a visão profissional e a habilidade de adaptação demandada para atender às necessidades cambiantes de aprendizagem de seus alunos, bem como para continuar a aprender na e a partir de sua prática (HAMMERNESS *et al.* 2005; SHERIN, 2001). É importante ressaltar que nem os cursos universitários nem os programas de "imersão" dão atenção alguma para o papel do conhecimento da comunidade na formação de professores.

Nenhum desses dois modelos que visam um "conhecimento de base" para a formação docente (um enfatiza ou o conhecimento acadêmico ou o profissional e exclui uma série de outras fontes de conhecimento) é suficiente para formar os professores para ser bem-sucedidos nas atuais escolas públicas dos Estados Unidos. Apesar do conteúdo sobre multiculturalismo e justiça social, comum nos cursos universitários de formação de professores em todo o país, o currículo oculto da formação docente (GINSBURG; CLIFT, 1990) muitas vezes envia uma mensagem muito clara sobre a falta de respeito com o conhecimento dos profissionais do ensino fundamental e dos educadores nas comunidades.

Do nosso ponto de vista, a formação de professores para sociedades democráticas deveria ser baseada em uma epistemologia que é, por si mesma, democrática e inclui o respeito por e a interação entre o conhecimento profissional, acadêmico e da comunidade. Resta ver se isso acontecerá em espaços recém-criados dentro das universidades, como os chamados "Centros de Pedagogia" (PATTERSON; MICHELLI; PACHECO, 1999), ou se novos espaços institucionais para a formação de professores precisam ser criados com diferentes olhares para o conhecimento (GORODETSZKY; BARAK, 2008). Isso é muito diferente da atual onda de interesse sobre os programas de residência pedagógica que colocam a prática de ensino no centro da formação e que orientam os cursos e programas em torno dessa prática (DUNCAN, 2009). O que propomos é a criação de novos espaços híbridos, em que o conhecimento acadêmico, o profissional e o da comunidade se reúnem de novas maneiras para apoiar o desenvolvimento de soluções inovadoras e híbridas para os problemas envolvidos em formar professores.

O conceito de "espaços híbridos" na formação de professores

Defendemos a criação de novos "espaços híbridos" na formação universitária de professores, por meio dos quais o conhecimento acadêmico, o da escola e o da comunidade se relacionam de maneira menos hierárquica e acidental para apoiar o aprendizado do professor. Para teorizar sobre as colaborações entre as fontes de conhecimento da universidade, da escola e da comunidade, usamos algumas das ferramentas conceituais fornecidas pela "teoria da atividade histórico-cultural" (CHAT). Tal teoria proporciona um caminho para pensar sobre a *expertise* que os licenciandos necessitam construir e que está localizada simultaneamente nas escolas, nas faculdades e universidades e nas comunidades. Duas das ideias-chave na teoria da atividade histórico-cultural são que a *expertise* se distribui por meio de "sistemas de atividade" e a de que os indivíduos se desenvolvem de acordo com maneiras de pensar e de agir que são fornecidas pelas práticas culturais e pelas ferramentas disponibilizadas a eles em seus ambientes de formação (ELLIS; EDWARDS; SMAGORINSKY, 2010). Na perspectiva da CHAT, o aprendizado de um licenciando acontece em "um mosaico variável de sistemas de atividade interconectados" (ENGESTRÖM, 2001, p. 147).

O conceito de "sistema de atividade" surgiu a partir de Leont'ev e após a utilização por Engeström da ideia de zona do desenvolvimento proximal (ZDP) de Vygotsky. Como sabemos, Vygotsky definiu a ZDP como "a distância entre o atual nível de desenvolvimento como é determinado pela solução independente do problema e o nível de desenvolvimento potencial como é determinado pela solução do problema sob orientação de um adulto ou em colaboração com pares mais capazes" (p. 86). A ZDP de Vygotsky reconhece a importância de ferramentas, desde a linguagem até os objetos físicos, na mediação do aprendizado e do desenvolvimento individual. Engeström, inspirado na ideia da ZDP, desenvolveu a teoria da atividade histórico-cultural que enfatiza os meios produtivos de aprendizagem por intermédio de atividades mediadas conjuntamente.

Engeström ressalta que a atividade humana é consideravelmente e simultaneamente limitada por macroestruturas e contextos sociopolíticos, bem como transformada pelas ações dos indivíduos, ou seja, por inclinações e tendências dentro de suas atividades diárias. A "teoria da atividade" reconhece especificamente a comunidade, a distribuição do trabalho e as regras que afetam tanto as atividades individuais quanto as coletivas. Assim, Engeström utilizou a ideia de ZDP a partir de uma visão individual de aprendizagem e desenvolvimento em direção a uma visão mais ampla de aprendizagem por meio da participação com outros dentro de "sistemas de atividades" que são ao mesmo tempo capacitadores e coercitivos.

Engeström (1987; 2001) destaca os aspectos que podem expandir a aprendizagem que ocorre por meio do engajamento em atividades, especialmente por meio das contradições e tensões que são os "motores" de mudança e de transformação nas práticas, ferramentas e atividades. Ao centralizar a atividade de aprendizagem do professor nos espaços contraditórios e conflituosos entre a universidade, a escola e o conhecimento e prática da comunidade, a possibilidade dos esforços de colaboração em torno dessas contradições pode reforçar a aprendizagem dos professores em formação inicial. Além disso, por meio dessas tensões em aprender a trabalhar com diversos aprendizes e em direção ao objetivo de acessar a escola e o conhecimento da comunidade, a teoria da atividade nos permite olhar para aprendizagem de futuros professores por intermédio de múltiplos espaços, para reconhecer como esses espaços tanto expandem quanto restringem as oportunidades de aprendizagem.

Ao partirmos do pressuposto que o conhecimento e a *expertise* que os licenciandos precisam se localizam tanto nas escolas, faculdades e universidades quanto nas comunidades e que o principal problema da formação docente é descobrir como fornecer aos futuros professores acesso a esses conhecimentos, os conceitos de "*expertise* horizontal", "cruzamento de fronteira institucional" e "*knotworking*" se mostram particularmente úteis na teorização dessas relações híbridas. Essas ferramentas conceituais estão enraizadas no estudo realizado por Kerouso e Engeström (2003) sobre organizações, tais como os serviços de saúde. Esses autores analisaram as tensões e contradições que surgiram em pacientes que percorreram vários tipos de instituições de cuidado à saúde (por exemplo, clínicas e hospitais). Observaram dificuldades de comunicação entre tais instituições, o que resultou em rupturas significativas na continuidade da assistência ao paciente. Além disso, múltiplas e diferentes regras, ferramentas, sistemas de informação e padrões de interação guiaram essas instituições, o que tornou difícil o estabelecimento de metas comuns.

Para trabalhar de forma colaborativa a fim de articular novas metas, práticas e ferramentas, os participantes tiveram de "cruzar" as fronteiras de suas próprias instituições e trabalhar com outros para criar novas soluções para seus problemas comuns. Ao "cruzar" essas fronteiras e criar novas práticas e ferramentas, construiu-se a "*expertise* horizontal" na medida em que "profissionais de diferentes domínios enriqueceram e expandiram suas práticas por meio do trabalho em conjunto para reorganizar as relações e coordenar sua atividade" (ANAGNOSTOPOULOS *et al.*, 2007, p. 139). Em contraste com noções verticais de aprendizagem e de *expertise* (ou seja, formas "inferiores" e "superiores"), esses esforços profissionais colaborativos contaram com a "*expertise* horizontal". Isto é, o conhecimento singular e a compreensão que cada profissional trouxe para a atividade coletiva foram tratados como igualmente valiosos, relevantes e importantes. Cada profissional desenvolve uma gama de conhecimentos por meio do trabalho e dos espaços institucionais, mas, ao se organizarem de maneira colaborativa, essas formas de *expertise* servem como recursos para a resolução conjunta de problemas. Além disso, esses processos colaborativos reorganizam as hierarquias de conhecimentos tradicionais ("*expertise* vertical") na medida em que ajudam indivíduos e grupos a encontrar soluções inovadoras para os dilemas cotidianos. Criar essas ferramentas, práticas e soluções inovadoras não apenas dá atenção à atividade conjunta como também expande a aprendizagem dos indivíduos à medida que se apropriam de novas linguagens de trabalho que não poderiam ter sido criadas por conta própria com acesso somente às suas regras e sistemas específicos.

Embora originalmente desenvolvidas por meio de estudos sobre aprendizagem no local de trabalho, na Finlândia, e posteriormente elaboradas por intermédio de estudos realizados no mundo todo, que mostraram uma mescla do domínio da *expertise* de diferentes esferas de atividade, essas ferramentas conceituais são úteis para pensar sobre a economia política do conhecimento mais democrático que nós acreditamos ser necessário para formar professores satisfatoriamente, de modo que sejam bem-sucedidos nas escolas públicas complexas e carentes de recursos onde muitos deles lecionarão (ver, por exemplo, ELLIS; EDWARDS; SMAGORINSKY, 2010; EDWARDS, 2010; EDWARDS *et al.*, 2009; ENGESTROM, 2001, 2008).

Um grupo de formadores de professores, liderados por um pesquisador da Universidade Estadual de Michigan, usou o conceito de *"expertise* horizontal" para lidar com as "armadilhas dos dois mundos" (FEIMAN-NEMSER; BUCHMANN, 1985) que caracterizam as conflituosas relações entre a *expertise* construída na escola e os conhecimentos trabalhados nos cursos da universidade. Eles argumentaram que:

> Alcançar objetivos comuns requer que os profissionais cruzem as fronteiras institucionais e combinem os recursos, normas e valores de seus respectivos ambientes dentro de novas soluções híbridas. A *"expertise* horizontal" surge dessa travessia de fronteiras na medida em que os profissionais de diferentes domínios enriquecem e expandem suas práticas por meio do trabalho conjunto para reorganizar as relações e coordenar seu ofício. (ANAGNOSTOPOULOS; SMITH; BASMADJIAN, 2007, p. 139)

Anagnostopoulos e seus colegas desenvolveram uma pesquisa com docentes da universidade que trabalharam juntamente com os professores da escola básica para resolver problemas de aprendizagem na sala de aula. Durante o desenvolvimento do estágio supervisionado, no curso de formação de professores de Inglês, da Universidade Estadual de Michigan, muitos professores supervisores sentiram que a lógica da universidade interrompia aquilo que faziam e endossava práticas contrárias às suas próprias. Por outro lado, os docentes da universidade sentiram que os professores supervisores limitavam as "oportunidades de aprender a ensinar" dos estagiários (ANAGNOSTOPOULOS *et al.*, 2007, p. 140) e também desenvolviam práticas ineficazes. Para resolver o conflito e a tensão em torno dessa questão sobre "como aprender a ensinar inglês", os docentes universitários e os professores supervisores iniciaram uma série de reuniões para discutir a literatura e as práticas relacionadas ao ensino de inglês, facilitando a discussão. Ao permitir que as partes interessadas (no nosso caso, professores universitários e professores supervisores de estágio) se unissem para a busca de novas soluções para problemas comuns, as duas instituições (a universidade e a escola) ajudaram os professores novatos a efetivamente coordenar discussões em salas de aula de inglês do ensino médio. Para esse trabalho, foi essencial a travessia das fronteiras institucionais entre a escola e a universidade. O desenvolvimento de diversas formas de "*expertise* horizontal" construídas entre professores supervisores e docentes da universidade permitiu uma negociação com o uso da linguagem e argumentação de cada instituição sobre o conceito em discussão e seu propósito na sala de aula.

Durante todo o processo colaborativo, a negociação entre os participantes permitiu que emergissem visões conflitantes sobre a prática na sala de aula. Essa negociação das contradições e dilemas das práticas educacionais cotidianas apoia um tipo de mudança necessária nos cursos de formação de professores para que propiciem uma ampla aprendizagem aos licenciandos. No entanto, os pesquisadores também observaram que a "*expertise* horizontal" não pode ser facilmente apropriada por outros que não estiveram diretamente envolvidos na solução do problema. Embora essa seja uma advertência importante, acreditamos na possibilidade de se cruzarem as fronteiras institucionais e a valorização da "*expertise* horizontal" entre os formadores de professores da escola, da universidade e da comunidade para a construção de colaborações mais democráticas. A tarefa de reunir diferentes tipos de "*expertise*" da universidade, da escola e da comunidade em prol da aprendizagem do licenciando pode ser considerada análoga ao problema de coordenar o trabalho dos profissionais de saúde que atuam em diferentes instituições mas que servem aos mesmos pacientes, ou à tarefa de coordenar o trabalho de um grupo de indivíduos de diferentes agências de serviço social que servem as mesmas crianças e famílias (EDWARDS *et al.*, 2009; EDWARDS, 2010; ENGESTROM, 2008).

O conceito de *knotworking* oferece também uma maneira de compreender a aprendizagem dos licenciandos por meio da colaboração entre a universidade, a escola e a comunidade. Os diversos interesses, valores e práticas existentes são mediados em seus "nós" (ENGESTROM, 2008; ENGESTROM; ENGESTROM; VAHAAHO, 1999).[149] A pesquisa internacional sobre a partilha de conhecimentos especializados, ao desatar esses nós ou ao cruzar as fronteiras institucionais (EDWARDS, 2010; ENGESTROM, 2007), pode beneficiar os esforços na formação de professores para a construção de novos espaços híbridos ou "interespaços" (HARTLEY, 2007) entre escolas, universidades e comunidades, de maneira a apoiar a aprendizagem dos professores.

Norton-Meier e Drake (2010) argumentam que construir um espaço híbrido ou um "terceiro espaço" na formação de professores é mais do que levar os cursos da universidade para ser ministrados nas escolas ou trazer os professores do ensino fundamental para atuarem no *campus* da universidade. O fato de simplesmente reunir pessoas no mesmo espaço físico, seja nas escolas, faculdades e universidades, seja nas comunidades, para planejar e repensar os cursos de formação docente não necessariamente alterará as maneiras pelas quais os conhecimentos específicos são utilizados na formação de professores e criará o nivelamento e a igualdade social desejados (NOEL; NELSON, 2010; POPKEWITZ, 1975).

Como foi observado acima, há substancial evidência de que as hierarquias entre os diferentes tipos de conhecimento são mantidas entre universidades, escolas e comunidades mesmo em situações que têm sido caracterizadas como genuinamente colaborativas. Trazer os professores do ensino fundamental para o *campus* da universidade ou levar os docentes e equipes da universidade e seus cursos de formação de professores para as escolas, e trazer pessoas da comunidade para se sentarem ao lado de professores das escolas e das universidades não necessariamente rompem com as hierarquias não democráticas de conhecimento (POPKEWITZ, 1975).

Como mencionamos anteriormente, não sugerimos que seja possível haver qualquer deliberação democrática livre de diferenças de poder ou a chamada "situação de discurso ideal" (HABERMAS, 1984; RAWLS, 1971). Há perigos reais envolvidos em romantizar e

---

[149] A noção de "nó" refere-se a "uma orquestração de outra maneira, distribuída e parcialmente improvisada de desempenho colaborativo entre atores ligados a sistemas de atividades" (ENGESTROM; VAHAAHO, 1999, p. 346-347).

defender apenas retoricamente um modelo de formação de professores baseado na "democracia deliberativa" (APPLE, 2008). Não há dúvida de que as negociações que precisarão ocorrer nesses espaços híbridos (por exemplo, em relação às diferentes visões sobre o que e como formar bons professores) serão difíceis de administrar (BARTOLOMEU; SANHOLZ, 209). Como Klein e seus colegas afirmaram "um terceiro espaço é uma construção contínua, uma perspectiva utópica que nunca será totalmente alcançável" (2011, p. 14).

Sanders (1997) argumentou que os esforços para se buscar, de uma maneira democrática, uma visão comum muitas vezes reforçam as diferenças de *status*. Ela recomenda que se procure representar uma gama mais completa de vozes sob condições de respeito mútuo em vez de tentar chegar a um consenso e buscar equalizar as diferenças de poder. Ao criar espaços híbridos na formação de professores que trazem perspectivas da escola e da comunidade que são frequentemente marginalizadas nos modelos tradicionais da universidade, os objetivos de Sanders quanto à "inclusão" de vozes e de respeito mútuo são metas que consideramos bastante razoáveis nesse processo deliberativo (ver também ZEICHNER, 1991). Nos estudos recentes de esforços colaborativos em espaços interinstitucionais, há algumas evidências de que alcançar essa "inclusão" e chegar a uma situação em que os participantes consigam "acordos razoáveis" sobre certos elementos é produtivo e resulta em novas e criativas soluções (EDWARDS, 2010).

Nas seções seguintes, examinaremos como a formação de professores e, em particular, a formação inicial de professores, pode usar algumas das ferramentas conceituais da CHAT a fim de produzir oportunidades de aprendizagem mais amplas para os professores iniciantes por meio do cruzamento de fronteira institucional, da "expertise horizontal" e *knotworking* que levarão a uma formação docente mais democrática.

Exemplos de espaços híbridos na formação de professores

Há inúmeros exemplos de sistemas de conhecimento e de comunidade de prática interinstitucional em que a *"expertise* horizontal" é construída e utilizada no desenvolvimento profissional de professores. Dois dos exemplos mais conhecidos são o *Funds of Knowledge Project*, no Arizona, em que pesquisadores da universidade e professores da educação básica se reúnem para coletar informações, a fim de melhorar a aprendizagem do aluno (GONZALES; MOLL; AMANTI, 2005), e o *Cognitively Guided Instruction in Mathematics Project*, em que pesquisadores da Universidade de Wisconsin-Madison se reúnem com professores do ensino fundamental para descobrirem como desenvolver estratégias para o ensino de matemática baseadas em pesquisas acadêmicas sobre como os alunos aprendem a somar e subtrair nas primeiras séries (CARPENTER *et al.* 2000). Em ambos os casos, houve a utilização da *expertise* tanto dos acadêmicos quanto dos professores da educação básica para a produção de soluções novas e criativas para os problemas que não podiam ser resolvidos isoladamente.[150]

Outros exemplos de "espaços híbridos" na formação inicial de professores representam constantes esforços para envolver professores experientes da educação básica em todos os aspectos da formação docente na universidade, incluindo o planejamento do curso, as estratégias de ensino e a avaliação contínua. Dois exemplos são: o *Teachers' in Residence Program* da Universidade de Wisconsin-Milwaukee e os cargos de *Faculty Associate* na Universidade Simon Fraser, no Canadá (BEYNON; GROUT; WIDEEN, 2004; POST *et al.*, 2006). Outro exemplo é o trabalho feito na *Carnegie Foundation for the Advancement of Teaching*, que registra o trabalho de professores proeminentes do ensino fundamental e utiliza tais registros em cursos de "metodologias e fundamentos do ensino" lecionados por professores da universidade (POINTER-MACE, 2009). Os professores de vários cursos universitários de formação de professores têm usado esses registros em suas disciplinas a fim de dar aos licenciandos o acesso ao pensamento e às práticas de professores da educação básica que utilizam as mesmas abordagens defendidas pelos cursos da universidade (HATCH; GROSSMAN, 2009).

---

[150]Embora, em ambos os casos, os pesquisadores da universidade desempenhassem o papel dominante na definição de como o trabalho prosseguiria, esses exemplos representam um claro movimento em direção ao tipo de espaços democráticos que aqui defendo.

*Espaços híbridos nos cursos de formação de professores
da Universidade de Washington-Seattle: disciplinas
de "metodologias de ensino" baseadas na prática*

Na Universidade de Washington, em Seattle, algumas disciplinas de "metodologias de ensino" nos cursos de formação de professores para os níveis fundamental e médio (ambos cursos de certificação pós-bacharelado) são lecionadas em escolas públicas locais em que os professores procuram estrategicamente conectar o conhecimento acadêmico e o conhecimento baseado na experiência da escola. Por exemplo, além da prática tradicional dos professores universitários, por meio da qual fornecem aos licenciandos a base teórica para a utilização de estratégias específicas de ensino e mostram a eles exemplos em vídeo de professores usando tais práticas nessas disciplinas, os licenciandos também têm oportunidades de observar o professor em uma sala de aula em que se utilizam tais estratégias de ensino com os alunos, para depois planejarem e lecionarem com base nessas mesmas estratégias e, então, discuti-las com seus colegas de curso, o professor universitário e os professores na escola (KAZEMI; LAMPERT; FRANKE, 2009). Essas práticas de formação não são comuns nos cursos tradicionais da universidade os quais são muitas vezes distanciados da realidade das escolas.

Na disciplina de "metodologias do ensino de matemática" para o ensino fundamental, por exemplo, os licenciandos usam regularmente pequenas câmeras de vídeo para registrar suas tentativas de utilizar individualmente ou com pequenos grupos de alunos as estratégias de ensino que estão aprendendo e depois reveem tais gravações como parte do processo de reflexão sobre a prática. Eles também enviam as gravações para o professor da universidade que dá, várias vezes, a cada licenciando, algum retorno sobre suas práticas. Isso permite ao formador, que normalmente não é capaz de observar todos os licenciandos em estágio de regência, acompanhar como cada um usa as estratégias de ensino e o que eles ainda precisam melhorar. Quando o professor formador e/ou o professor da escola observam diretamente os licenciandos utilizarem estratégias específicas de ensino em um pequeno grupo, eles também intervêm estrategicamente a fim de modelar as maneiras mais adequadas de fazer perguntas aos alunos para atingir objetivos como induzir seu raciocínio na resolução de problemas.[151]

Nas turmas de alfabetização, os licenciandos trabalham com crianças individualmente e em pequenos grupos, que são em muitos casos aprendizes da língua inglesa. Para aprender sobre alfabetização, as habilidades e o desenvolvimento das crianças, os licenciandos se apoiam na prática de seus professores supervisores em sala de aula e no resultado de avaliações de alfabetização, observando de perto os alunos à medida que se envolvem com a leitura e a escrita. Em grupos colaborativos, formados por colegas e com o apoio do professor formador e do professor supervisor, os licenciandos analisam as habilidades de leitura e escrita das crianças e em seguida planejam e implementam as estratégias mais apropriadas. Por meio da reflexão coletiva da prática, com a participação do professor formador, do professor supervisor e de colegas, os licenciandos analisam continuamente sua própria prática de ensino e a aprendizagem dos alunos, utilizando esses conhecimentos para planejar as aulas seguintes. Eles também discutem com os professores supervisores sobre as crianças para apoiar o planejamento de ensino deles em suas salas de aula.

A disciplina de "metodologias do ensino de matemática" para o nível médio acontece uma vez por semana, durante um semestre de dez semanas, em uma escola secundária bastante carente, onde os licenciandos observam os professores enquanto estes ensinam álgebra para suas turmas de 1º ano. Esses professores, em sua maioria, egressos do curso da Universidade de Washington-Seattle, utilizam muitas vezes as mesmas estratégias ensinadas na disciplina de "metodologias". Em seguida às observações, os licenciandos, os professores formadores da universidade e os professores da escola se reúnem para uma reflexão coletiva sobre a aula, período durante o qual examinam a relação entre os alunos, a matemática e as práticas específicas de ensino. Além disso, durante essas reuniões de reflexão coletiva sobre a prática, os licenciandos têm a oportunidade de questionar os professores sobre os alunos que observaram e sobre as decisões específicas de ensino que tomaram. Nessa disciplina, que acontece no primeiro semestre de um

---

[151] Ver Kazemi; Franke; Lampert (2009) e <http://www.teachingworks.org/schedule/> para informações mais detalhadas sobre essa disciplina.

curso de dois anos, os licenciandos ainda não têm oportunidades de lecionar. Isso acontecerá durante a segunda disciplina de "metodologias", quando os licenciandos utilizarão com os alunos as estratégias de ensino que aprenderam e, então, cuidadosamente, as analisarão nas salas de aula do *campus*. (CAMPBELL, 2008; CAMPBELL, 2012).

Acreditamos que esse tipo de formação prepara melhor os licenciandos para utilizarem com êxito as estratégias de ensino baseadas em pesquisa que aprendem em seus cursos de licenciatura e que não são normalmente usadas hoje nas escolas. Há um foco semelhante sobre a construção da habilidade dos licenciandos para desenvolverem determinadas práticas de ensino baseadas em pesquisa em relação ao complexo contexto de escolas bastante carentes (ZEICHNER; MC-DONALD, 2011) e começam a se multiplicar as evidências de que tal abordagem leva a uma maior aprovação das estratégias de ensino que esses cursos enfatizam (CAMPBELL, 2008, 2011). Além disso, o estudo sobre as disciplinas de "metodologias do ensino de matemática para o nível médio" baseadas na prática, realizado por Campbell (2012), mostrou que essa abordagem ajudou os licenciandos a romper com visões de "déficit cultural" dos estudantes e os auxiliou a olhar seus alunos como competentes.

Apesar das muitas questões de logística e de recursos envolvidas na execução dessas disciplinas de "metodologias de ensino" baseadas na prática, outras universidades nos Estados Unidos também começam a focar os seus cursos e programas de formação de professores no contexto das escolas públicas para estrategicamente utilizarem as experiências dos professores das escolas onde tais disciplinas são ministradas. Os exemplos incluem a Universidade Estadual de Montclair (KLEIN *et al.*, 2011; ONORE; GILDIN, 2010), o *Boston College* (SHIRLEY *et al.* 2006), a Universidade de Nova Iorque (JEFFREY; POLLACK, 2010) e a *Texas Tech* (MORGAN-FLEMING; SIMPSON; CURTIS; HULL, 2010).

Cruzar a fronteira da comunidade

Embora a função das escolas seja essencial na formação de professores, o papel das comunidades e o conhecimento que elas oferecem à formação docente também são particularmente importantes, principalmente se trabalharmos com a visão das escolas como locais para o desenvolvimento da educação democrática (ver PARKER, 2005). A ideia de "educadores comunitários" (MURRELL, 2001) pode ajudar a repensar a formação de professores em uma sociedade democrática cada vez mais diversa. Murrell define um "educador comunitário" como "alguém que possui um conhecimento contextualizado da cultura e da identidade das crianças e das famílias e que recorre a esse conhecimento para criar estratégias necessárias para se ensinar em um ambiente diverso" (MURRELL, 2001, p. 52). A ideia-chave de Murrell e o argumento que apresentamos aqui é que o conhecimento é contextualizado e não pode ser aprendido em uma sala de aula da universidade longe das comunidades em que os professores trabalham. Todos os futuros professores devem se envolver com comunidades diversas, tanto fora quanto dentro das escolas como parte de sua formação. A colaboração entre os cursos de formação de professores e as comunidades deve visar para os futuros professores não só a compreensão mas também a utilização do conhecimento cultural da comunidade no seu ensino.

As comunidades podem servir como recursos para o acesso e a aprendizagem de formas e espaços de conhecimento fora das escolas. Os cursos de formação de professores devem lidar com a questão da diversidade na sala de aula não apenas em benefício da aprendizagem dos alunos mas também porque é essa diversidade que torna as escolas públicas lugares ideais para formar cidadãos democráticos (PARKER, 2005). Allen (2004) argumenta que encontrar a diferença ou, como ela a chama, "conversar com estranhos", é precisamente o que a democracia nos Estados Unidos requer para superar a desconfiança entre os diferentes grupos. Se as escolas são lugares ideais para formar cidadãos democráticos, então os cursos de licenciatura precisam enfatizar as vantagens dessa diversidade em seu currículo para ajudar os professores a promover tal formação. Criar experiências interculturais mediadas ou experiências de aprendizagem baseadas na comunidade é uma maneira em que a formação de professores tanto pode trabalhar para a inclusão de espaços múltiplos de conhecimento na formação inicial de professores, quanto trabalhar em direção a um ideal mais democrático na formação docente.

As experiências interculturais baseadas na comunidade representam uma maneira pela qual os licenciandos podem encontrar e aprender sobre as comunidades que lhe eram desconhecidas anteriormente (SLEETER 2001; SLEETER; BOYLE-BAISE, 2000; ZEICHNER; MELNICK, 1996). As experiências interculturais baseadas na comunidade são bastante amplas e, muitas vezes, diferem em seu propósito e em como se situam nos cursos de formação de professores. Essas experiências podem ser de curto prazo, desenvolvidas por meio de uma única disciplina e/ou em uma única comunidade, por exemplo, a visita a uma comunidade específica ou tais experiências podem também ser mais longas e mais intensas, como a imersão dos futuros professores naquela comunidade. Algumas disciplinas são eletivas, como a de imersão cultural, da Universidade de Indiana, que permite aos estagiários trabalhar em escolas de outros países e dentro de comunidades diversas nos Estados Unidos (LONGVIEW FOUNDATION, 2008). Outras experiências com comunidades são partes necessárias dos cursos de formação de professores, como o "estágio em comunidades" que acontece na Universidade de Washington, que detalharemos mais adiante neste capítulo.

Enquanto as experiências interculturais que têm como base as comunidades podem ocorrer na própria vizinhança da universidade ou da escola, em outros contextos culturais nos Estados Unidos, ou em outros países, as experiências destacadas aqui se situam nas proximidades de dois cursos universitários. Escolhemos especificamente esses dois cursos porque utilizam os recursos de sua própria comunidade para a elaboração das experiências de formação de professores. Dessa maneira, os próprios cursos exemplificam o tipo de comunidade de aprendizagem que desejam que os licenciandos se envolvam.

Os dois cursos representam, na verdade, uma variedade de maneiras de utilizar e enfatizar em diferentes graus os conceitos de "*expertise* horizontal" e de travessia de fronteiras institucionais, que são essenciais para o tipo de colaboração democrática que acreditamos ser necessária para a formação de professores a fim de formar docentes que descubram maneiras de os alunos aproveitarem suas comunidades como fontes de conhecimento para informar sobre suas práticas. Usar uma lente CHAT com foco na "*expertise* horizontal" e no cruzamento de fronteiras institucionais nos permite expandir as oportunidades de aprendizagem para os futuros professores, na medida em que os cursos tentam trabalhar na direção da construção de relações mais democráticas entre universidades e comunidades, bem como na busca da solução conjunta dos conflitos e dilemas existentes na formação de professores. Essas relações democráticas procuram valorizar e acessar o conhecimento que cada instituição possui sobre o desenvolvimento das identidades e da pedagogia dos futuros docentes como professores multiculturais críticos.

As comunidades como locais de ensino e aprendizagem de práticas relacionais: A experiência do "estágio em comunidades" da Universidade de Washington

Um trabalho recente de McDonald e de seus colegas da Universidade de Washington examinou a implementação e a integração das experiências de "estágio em comunidades" desenvolvidas em um curso de formação de professores do ensino fundamental (ELTEP). Por um trimestre, no início de um curso de licenciatura, pós-bacharelado, de quatro trimestres (um ano), os professores em formação inicial são encaminhados para organizações de base comunitária (CBOs). Essas organizações variam desde centros comunitários até programas com foco nas culturas locais (por exemplo, aqueles voltados para crianças americanas descendentes de vietnamitas). Em alguns casos, os locais de estágio das CBOs são as vizinhanças das escolas parceiras da Universidade de Washington. A experiência do "estágio em comunidades" é conectada e mediada pelos trabalhos e projetos simultaneamente desenvolvidos no curso ELTEP, ao longo do trimestre.

O desenho, a implementação e a análise dessas experiências se fundamentaram em teorias socioculturais da aprendizagem, incluindo a teoria da atividade histórico-cultural (CHAT). O desenvolvimento desse trabalho se concentra em: oportunidades para os licenciandos aprenderem por meio do desenvolvimento de seus estágios em organizações de base comunitária (CBOs) e trabalhos que fazem no curso ELTEP (BRAYKO, em 2012; McDONALD et al., 2011; McDONALD; BRAYKO; BOWMAN, no prelo); fatores individuais e componentes contextuais em sistemas de atividades para o desenvolvimento do estágio nas CBOs que moldam a aprendizagem dos licenciandos (McDONALD et al., 2011; McDONALD et al., no prelo); implementação e integração programática (McDONALD et al., 2010); e mais recentemente a experiência de educadores e diretores das CBOs (BOWMAN; BRAYKO; MCDONALD; TYSON, 2012). Neste capítulo, procuramos, por meio dessas análises, identificar exemplos reais e potenciais de cruzamento de fronteiras institucionais, *"expertise horizontal"* e *knotworking*. Destacamos como esses exemplos levam ou podem levar a maiores oportunidades de aprendizagem para os licenciandos, examinamos como esse trabalho procura desenvolver relações mais democráticas entre a ELTEP e as comunidades vizinhas à Universidade de Washington e, finalmente, apontamos os dilemas recorrentes na busca desse trabalho coletivo.

Maiores oportunidades de aprendizagem para os professores iniciantes

A expansão do sistema de atividade da ELTEP para incluir as CBOs levou à ampliação das oportunidades de aprendizagem para os licenciandos. A análise de um conjunto longitudinal de dados de três anos mostrou que os locais de "estágio em comunidades" facilitaram as oportunidades para aprender princípios e práticas-chave relacionados à percepção diferenciada das crianças – o que McDonald e seus colegas veem como o centro da capacidade do indivíduo para construir relações mais próximas com os alunos e, por via de consequência, ser capazes de ensiná-los (MCDONALD *et al.*, 2011; no prelo). Especificamente, perceberam que as CBOs como locais de estágio proporcionavam aos licenciandos oportunidades para: desenvolver compreensões mais profundas sobre os alunos e as comunidades; desenvolver aprendizagens mais sutis sobre a diversidade; considerar a diversidade intragrupo; examinar as escolas a partir de uma perspectiva externa; e prestar atenção ao papel do contexto na aprendizagem (MCDONALD *et al.*, no prelo). Além disso, um minucioso estudo de caso comparativo mostrou que as CBOs como locais de estágio têm o potencial de aumentar as oportunidades dos licenciandos para aprender e executar importantes práticas relacionais de ensino – particularmente em torno da construção e manutenção de relacionamentos mais próximos com as crianças e suas famílias e mediando as conexões entre as várias ecologias na vida das crianças (MCDONALD *et al.*, no prelo). Um olhar mais atento sobre os fatores que contribuíram para a qualidade e a relevância das oportunidades de aprendizagem aqui mencionadas revelou que a perícia dos educadores de CBOs era um componente crucial.

Há vários elementos da experiência dos educadores de CBOs que aparentemente aumentam a aprendizagem dos licenciandos. Esses educadores demonstraram profundo e contextualizado conhecimento das crianças e das famílias e perspectivas ecológicas sutis das crianças sob seu cuidado. Também demonstraram um repertório de práticas relacionais. A natureza de seu trabalho requer que cruzem as fronteiras institucionais a fim de mediar e advogar pelos alunos dentro e por meio de múltiplos contextos. Vários educadores de CBOs explicaram que construir relações e alianças por intermédio do "triângulo" – escola-CBO-casa – foi a pedra angular de seu trabalho. O reconhecimento de como o papel de educadores de CBOs é influente para a aprendizagem de professores em formação inicial induziu o crescente interesse da ELTEP em compreender e engajar na experiência que floresce em contextos comunitários, particularmente aquela que ocorre entre os adultos nesses contextos.

Relações mais democráticas entre universidades e comunidades

A simples existência do "estágio em comunidades" nos cursos de formação de professores não necessariamente garante uma elevada participação democrática ou o estabelecimento de relações cada vez mais horizontais entre universidades e comunidades.[152] No entanto, há evidências de que a parceria entre a Universidade de Washington e as CBOs se move nessa direção. Curiosamente um sinal desse desenvolvimento são os tipos de questões de pesquisa que são levantados sobre o trabalho. Embora o interesse empírico central fosse inicialmente investigar os resultados relacionados às oportunidades para futuros professores passarem mais tempo fora da escola com crianças pertencentes a

---

[152] A pesquisa sugere que os cursos e os professores iniciantes correm um risco de conceituar essas experiências de estágio como trabalho voluntário caridoso (SEIDL; FRIEND, 2002a,b) em vez de um esforço colaborativo para trabalhar em direção a um problema coletivo.

classes não dominantes, McDonald e seus colegas voltaram sua atenção, de forma mais acentuada, para a experiência das pessoas nas organizações de base comunitária (McDonald et al., no prelo; Bowman et al., 2012). Isso faz com que os consideremos potenciais exemplos de "expertise horizontal". Desde o início, as parcerias serviram para beneficiar de diversas maneiras tanto as CBOs quanto a ELTEP. Por exemplo, as CBOs ficaram gratas por terem mais adultos nas salas para dar mais atenção às crianças (sem nenhum custo extra); a Universidade de Washington e a ELTEP apreciaram ter espaços para os licenciandos passarem um tempo com e aprenderem sobre crianças, fora dos limites das escolas e da educação escolar (McDonald et al., 2011). Alguns desses benefícios sinalizam para a existência de uma troca mútua vantajosa entre as partes envolvidas. Porém, isso não significa necessariamente o estabelecimento imediato de um trabalho conjunto para a solução de problemas comuns. No entanto, a pesquisa recente de McDonald e seus colegas sobre tal experiência revelou as maneiras pelas quais esses benefícios podem representar uma iniciativa eminentemente coletiva.

Por meio de entrevistas e observações participantes em reuniões estratégicas com parceiros das CBOs, a equipe de McDonald aprendeu que vários educadores de CBOs viam a parceria Universidade de Washington-CBOs, por si mesma, como um exemplo da rede do "triângulo" (casa-escola-CBO), que é tão central para seu trabalho (Bowman et al., 2012). Ao conceituar o curso de formação de professores como uma das pontas do "triângulo" (nesse caso, as "escolas"), esses educadores de CBOs perceberam a parceria como um esforço para melhorar as relações e as conexões com as escolas – ou ainda uma instituição que veem como um agente que influencia as escolas, um aliado das escolas e/ou pelo menos um formador de professores para as escolas. Em nível local esperam que a tutoria e o apoio dos licenciandos ajudarão as crianças a negociar as demandas das escolas; em um nível mais sistêmico, esperam que seu próprio trabalho com os futuros professores resultará em um número maior de novos docentes entrando nas escolas de Seattle com maior disposição e capacidade para estabelecer uma rede de relacionamentos com as famílias e as comunidades e, finalmente, um maior entendimento geral e dedicação para – em suas palavras – "nossos filhos" (Bowman et al., 2012).

O fato de ter uma compreensão mais clara sobre a experiência dos educadores de CBOs (e, especificamente, seu trabalho na forma de um "triângulo") permitiu a McDonald e a muitos outros na ELTEP enfatizar esse modelo ecológico em suas disciplinas "como uma maneira de guiar o pensamento e a aprendizagem dos professores iniciantes sobre os aspectos relacionais do magistério" (BOWMAN *et al.*, 2012). O ensino e a aprendizagem desse trabalho relacional não tem sido amplamente empregado nas iniciativas de formação de professores (BROUSSARD, 2000; GROSSMAN; McDONALD, 2008), apesar de sua importância. Então, talvez seja na tarefa de formar esse "triângulo", que a Universidade de Washington e as CBOs encontrem os desafios de se engajarem conjuntamente e se empenharem, horizontalmente, em direção ao estabelecimento desse objeto compartilhado para fortalecer as oportunidades de aprendizagem e de bem-estar das crianças.

Conflitos e dilemas recorrentes na construção do trabalho coletivo

Embora existam alguns sinais, cada vez mais claros, de modelos horizontais nessas parcerias universidade-comunidade, a tarefa de perseguir paradigmas mais democráticos de formação docente é difícil e apresenta muitos dilemas. Como foi apontado no estudo de Anagnostopoulos *et al.* (2007), uma característica-chave é a autêntica participação de cada grupo, bem como o reconhecimento da linguagem social dos grupos e trabalhar coletivamente sobre um problema real. As parcerias com as CBOs na Universidade de Washington ainda são relativamente novas, e tanto os envolvidos na orientação das experiências de estágio quanto os comprometidos com o estudo sobre tais experiências continuam a fazer a seguinte pergunta: Até que ponto essas parcerias representam uma colaboração autêntica?

A Universidade selecionou os locais nas CBOs onde os licenciandos desenvolveriam seus estágios – levando em consideração os alunos do ensino fundamental envolvidos com as CBOs e eventualmente a experiência dos diretores das CBOs. Ao trabalhar com a *School's Out Washington*, por exemplo, uma ONG que oferece apoio a alunos na realização de suas tarefas depois da escola, a Universidade selecionou essa CBO com base na conhecida qualidade do seu trabalho e em relação aos objetivos da ELTEP. Tal seleção explicita a preocupação que se tem com as dinâmicas de poder nesse processo de construção da parceria. Essas preocupações deveriam ser levantadas durante o próprio processo de construção da parceria, principalmente quando se evidenciam conflitos e dilemas. Indiscutivelmente, quem inicia tal processo de construção é menos importante no desenvolvimento de "*expertise* horizontais" do que a maneira como essa construção realmente acontece, assim como o modo como a parceira efetivamente se desenrola.

O ELTEP, assim como outros cursos de formação de professores, opera dentro de muitas restrições – como fazem as CBOs. As restrições relacionadas às questões de regulamentação da certificação e o fato do curso ser relativamente curto e compactado (apenas em quatro trimestres) fazem com que os estágios nas CBOs ocorram por apenas um trimestre, enquanto a Universidade deseja que os licenciandos estagiem em CBOs por um período de, no mínimo, dez semanas. Embora a presença dos estagiários seja geralmente apreciada pelas CBOs, do ponto de vista dos diretores das CBOs, um estágio que fosse desenvolvido durante todo o ano letivo seria mais benéfico. Mais uma vez, isso evidencia as relações de poder e as maneiras como as restrições dos grupos participantes impactam a construção da parceria.

Outro dilema se relaciona às diferentes experiências que os licenciandos têm em diferentes CBOs. Do ponto de vista da ELTEP, há certos locais de estágio disponíveis para os licenciandos que oferecem maior qualidade em relação aos tipos de oportunidades que a ELTEP espera. Isso reproduz a bem documentada questão sobre as oportunidades desiguais nos locais para estágio nas escolas (NCATE, 2010). Além disso, mesmo se os educadores das CBOs fizerem um trabalho de alta qualidade com as crianças e as famílias, a pesquisa de McDonald e seus colegas sugere que alguns educadores das CBOs são mais hábeis que outros em seus novos papéis como formadores de professores. Por exemplo, há uma variação em suas habilidades para (1) articular seu conhecimento e práticas relacionais, (2) convidar os licenciandos para se envolverem com essas práticas, e (3) apoiar e orientar os licenciandos à medida que eles ensaiam tais práticas (MCDONALD *et al.*, no prelo). O trabalho coletivo pode requerer novas formas de ação, e as experiências dos educadores de CBOs em desenvolver papéis de formadores explicitam certos dilemas que podem vir à tona a partir disso, bem como levantam questões sobre a experiência dos formadores de professores da universidade para apoiar os educadores de CBOs em seus novos papéis.

As questões sobre "qualidade", obviamente, existem em ambos os lados. É possível e provável que aqueles que estão nas CBOs também tenham preocupações sobre a "qualidade" do curso de formação de professores. Porém, isso é menos evidente. Que arranjos podem ser sistematicamente criados para os grupos das CBOs levantarem questões, problemas e dilemas relacionados à maneira como os licenciandos e a estrutura da universidade discutem os alunos e suas comunidades? Uma proposta seria o desenvolvimento de objetos-chave de fronteira em torno dos quais os dois grupos poderiam se engajar e conversar.

Houve casos em que os educadores de CBOs ponderaram sobre as suas atribuições nos cursos universitários de formação de professores e a maneira como os licenciandos completavam seus estágios nas CBOs. Por exemplo, em uma reunião dos educadores de CBOs e dos coordenadores da ELTEP com os membros do corpo docente, eles ouviram esses professores descreverem suas atribuições e se mostraram abertos às suas sugestões sobre como tornar tais atribuições mais significativas em seus contextos. Tais encontros são raros e, por conseguinte, esse exemplo não representa um modelo sistemático de "*expertise* horizontal". No entanto, o exemplo de fato indica que as discussões sobre as diferentes atribuições no curso ELTEP podem ter o potencial de se transformarem em objetos de fronteira. De modo semelhante, no estudo de Anagnostopoulos *et al.* (2007), as discussões sobre as atribuições também serviram como objetos de fronteira e como ferramentas poderosas para facilitar a participação autêntica dos envolvidos e a reflexão coletiva sobre a experiência em questão. Desenvolver a supervisão do estágio em "tríade" com os educadores de CBOs, os licenciandos e um professor da universidade é outra possibilidade a ser explorada (ver Boyle-Baise; McIntyre, 2008). Esse tipo de colaboração tem o potencial de favorecer a construção da "*expertise* horizontal" por meio da utilização da linguagem social diversa e da participação mais ativa em grupos por intermédio da resolução conjunta de problemas.

Há sinais que indicam que os educadores e diretores de CBOs têm se tornado uma parte central, em vez de periférica, do curso de formação de professores da Universidade de Washington. Embora McDonald *et al.* (2011) percebessem que os licenciandos mais experientes expandiram suas oportunidades de aprendizagem graças a essas parcerias colaborativas, é menos evidente a forma como tais parcerias têm influenciado as duas instituições envolvidas nesse trabalho. Cabem, então, as seguintes perguntas: como o conhecimento das CBOs influenciou a Universidade e vice-versa? Quais serão os desafios dessa parceria para a renovação contínua das relações a fim de que elas não se tornem fossilizadas em um só modo de conhecer o outro? Reconhecer que a universidade é a instituição certificadora final pode limitar a influência que os diretores das CBOs têm nas decisões programáticas. No entanto, se a universidade continua a reconhecer a experiência e o papel dos educadores e diretores de CBOs na formação dos professores, ela poderia trabalhar em direção a mudanças tanto programáticas quanto epistemológicas.

Aprendizagem multicultural na Universidade Estadual de Ohio

Ao pedir aos professores iniciantes para "perceberem melhor os alunos", um curso experimental de formação de professores – o *Early and Elementary Masters in Education* (MEd) – da Universidade de Ohio também solicitou aos licenciandos para desafiarem suas próprias identidades e reverem a si mesmos por meio do engajamento em aprendizagens multiculturais.[153] O objetivo dessas aprendizagens era fornecer aos professores iniciantes uma experiência multicultural que proporcionasse aos alunos o conhecimento e a experiência sociocultural necessários para o desenvolvimento de uma educação antirracista (SEIDL; FRIEND, 2002a,b). Seidl e Friend (2002a) observam um aspecto importante ao afirmarem que "experiências multiculturais colocam os alunos não como ajudantes dentro de um contexto, mas como aprendizes e participantes de uma comunidade que não é, essencialmente, dependente de seu serviço" (p. 149). A parceria

---

[153]Embora esse curso tivesse funcionado por oito anos, ele já não existe mais (SEIDL, comunicação pessoal, 11 de setembro de 2011).

entre a Universidade e a comunidade Mt. Olivet, que é uma grande comunidade da igreja afro-americana em Columbus, Ohio, foi orientada por um compromisso comum para a transformação social, o respeito mútuo, o benefício mútuo, o trabalho colaborativo e o reconhecimento da experiência de ensino antirracista incorporada à comunidade Mt. Olivet (SEIDL; FRIEND, 2002a, b). Além disso, Seidl e Conley (2009) argumentam que, por meio de um compromisso de longo prazo em uma comunidade que é diferente culturalmente das suas próprias, os professores iniciantes são abastecidos com novas experiências e podem desenvolver relações com os membros da comunidade – tanto adultos quanto crianças – que lhes permitem começar a reescrever suas próprias identidades multiculturais e ver maneiras nas quais as culturas de suas futuras salas de aula também possam fazer o mesmo.

Três elementos estruturaram as aprendizagens multiculturais: (1) experiências de longo prazo em uma comunidade, (2) espaço institucional que medie e apoie essa experiência, e (3) autoestudo cooperativo e narrativo sobre a experiência. A parceria entre a Universidade e a comunidade Mt. Olivet (ver SEIDL; FRIEND, 2002a,b) será considerada aqui como um exemplo de "*expertise* horizontal" e de democratizar a formação do professor. Nessa experiência, os professores iniciantes trabalharam com os membros da comunidade da igreja, ajudando-os com questões relacionadas ao ensino-aprendizagem, a escola dominical e programas educacionais desenvolvidos no contraturno da escola e também de mentoria. Os professores iniciantes passavam três horas por semana trabalhando nesse programa ao longo de todo o ano acadêmico e frequentavam os serviços da igreja e as atividades da comunidade durante todo o ano. A intenção era desafiar o *status* dos professores iniciantes, ou mesmo revertê-lo, na medida em que eles se tornavam novatos dentro de um contexto de comunidade que não lhes era familiar. Seidl e Friend (2002a) observavam que para alunos brancos dos cursos de licenciatura que na maioria das vezes levam vidas monoculturais ou mantêm perspectivas monoculturais, essa experiência multicultural auxilia os professores iniciantes a "descentralizar sua posição privilegiada e ajuda-os a questionar suas próprias crenças culturais hegemônicas e as práticas sociais opressivas que as sustentam" (p. 149). Importa dizer que, nessa experiência, os membros da comunidade com quem os professores iniciantes trabalhavam eram vistos como especialistas guardando informações críticas e valiosas relacionadas ao aprender a ensinar.

A parceria com a comunidade Mt. Olivet foi mediada conjuntamente por Seidl, que é membro do corpo docente do curso de formação de professores, e por um integrante dessa comunidade (SEIDL; CONLEY, 2009; SEIDL; FRIEND, 2002a,b). Essa estrutura criou o "ambiente mediador sustentado" (SEIDL; CONLEY, 2009, p. 119) necessário para os licenciandos interrogarem suas experiências e identidades e também criou outra possibilidade para usar a "*expertise* horizontal" entre o professor da universidade e um membro da comunidade. O docente universitário cruza a fronteira institucional dentro do espaço da comunidade e o membro da comunidade cruza a fronteira pedagógica dentro do curso de formação de professores. Nesse caso, o integrante da comunidade se engajou na pesquisa em torno da aprendizagem, apresentou trabalhos em encontros nacionais e foi coautor de vários artigos (SEIDL; FRIEND, 2002a,b). Como no estudo de Anagnostopoulos *et al.* (2007), o cruzamento de fronteiras institucionais e o nivelamento da experiência também estão a serviço de um objeto de travessia de fronteira – nesse caso, autoestudos cooperativos, narrativos. Seidl e Conley (2009) observam que todos os envolvidos foram considerados "copesquisadores" e, por meio do chamado "espaço meditador", os professores iniciantes se envolveram no "diálogo e análise de um grupo de histórias". Escrever, analisar e discutir essas histórias pessoais levou os professores iniciantes a ser autores de novas narrativas docentes, muitas das quais foram tiradas das experiências por quais passavam nas escolas em que estagiavam naquele momento (SEIDL; FRIEND, 2007), uma vez que procuravam viver novas compreensões em suas práticas pedagógicas com as crianças.

Esse foco de Seidl sobre a narrativa se sustenta teoricamente pela relação observada por Conley (2009) entre as histórias que contamos e as identidades que assumimos. Tal narrativa também serve como uma nova ferramenta que se constrói por meio de uma experiência coletiva. Embora tenha potencial para se tornar uma valiosa ferramenta para a aprendizagem e construção da identidade, se a narrativa não se relacionar à ação futura pode levar ao que Rennert-Ariev (2008) chamou de "ventriloquia burocrática". Nesse caso, os formadores na universidade devem estar cientes da possibilidade de os licenciandos falarem sobre questões de relevância cultural sem ser capazes, ou mesmo sentir a necessidade, de executar práticas culturalmente relevantes na sala de aula. Assim, devemos considerar tanto a necessidade de cursos de formação continuarem o trabalho sustentado com as comunidades, quanto da pesquisa que acompanha os professores iniciantes em seus primeiros anos de magistério.

Nessa experiência, para os professores iniciantes desenvolverem pedagogias culturalmente relevantes eles precisavam se tornar biculturalmente competentes, ou seja, passar a ser alunos em um contexto particular (nesse caso, na comunidade Mt. Olivet) e trabalhar para compreeder o conhecimento cultural e político dentro dessa estrutura pedagógica (SEIDL, 2007). Seidl e Conley (2009) relatam que os licenciandos desenvolveram práticas de ensino culturalmente relevantes em suas aprendizagens. Isso ressalta as implicações que experiências pedagógicas baseadas na comunidade, com destaque especificamente para a pedagogia culturalmente relevante, podem ter. Como observado anteriormente, essas experiências devem ser mediadas para facilitar que os professores iniciantes as reconheçam, caso contrário podem cair na categoria de perda de oportunidades de aprendizagem. Esse ponto realça o papel da universidade nas experiências baseadas na comunidade. Não é suficiente apenas criar espaços para os professores iniciantes encontrarem a diferença. Esses espaços devem ser mediados para realmente criar amplas oportunidades de aprendizagem. Além disso, a mediação dessa compreensão deve vir por meio do trabalho conjunto de especialistas em ambos os espaços – nesse caso, tanto Seidl quanto um membro da comunidade Mt. Olivet. É importante ressaltar ainda que deve haver uma participação equilibrada desses especialistas na negociação dos instrumentos e pedagogias que mediam o aprendizado dos professores iniciantes sobre os alunos diversos.

O futuro dos "espaços híbridos" na formação de professores

Uma maneira potencialmente promissora de construir o tipo de responsabilidade compartilhada na formação de professores que julgamos necessária é criar novos modelos estruturais e de gerenciamento para os cursos de licenciatura, como nos programas de residência pedagógica que estão em expansão nos Estados Unidos como um todo, com incentivo do governo Obama. (BERRY *et al.* 2008). Porém, como foi dito, o ato de meramente criar um programa de residência pedagógica não necessariamente significa que as escolas, universidades e comunidades participarão da formação de novos professores de maneiras genuinamente colaborativas. Embora os programas de residência pedagógica compartilhem certas características gerais, eles também variam muito tanto em termos de como o currículo é estruturado quanto em como os papéis são desempenhados pelos vários parceiros. A partir de nossa observação e estudo de alguns programas de residência pedagógica, constatamos que o poder e a influência entre os parceiros – a escola, a universidade e a comunidade – parece variar bastante.

Em geral, enquanto campo de ação, sabemos muito pouco sobre as várias maneiras com esses "espaços híbridos" operam e precisamos ter cuidado para não assumir que simplesmente reunir pessoas de diferentes esferas – das universidades, escolas e comunidades – tem necessariamente qualquer diferença, epistemologicamente falando, daquilo que começou antes ou é mais educativo para os licenciandos.

Do nosso ponto de vista, o mais importante e necessário é uma mudança fundamental naquilo que conta como conhecimento na formação de novos professores e no trabalho de formadores de professores das faculdades e universidades. Já não é suficiente implementar projetos especiais aqui e ali que são financiados temporariamente e, então, ver as inovações desaparecerem depois que o dinheiro acaba e que os trabalhos forem apresentados em congressos e os artigos e livros publicados. Já não é o suficiente ter professores universitários isolados produzindo discursos e convidando os educadores da escola e as pessoas da comunidade em geral para "participar" de um curso de formação de professores da universidade ou ter formadores de professores da escola em programas de "imersão" excluindo as potenciais contribuições dos professores universitários. Não deveríamos aceitar que formadores de professores nas escolas e nas universidades marginalizassem ou excluíssem as perspectivas daqueles que enviam seus filhos para as escolas públicas e vivem nas comunidades às quais as escolas deveriam servir.

Em função do trabalho intensivo que é necessário para se construir comunidades interinstitucionais de prática na formação de professores, dos hábitos daqueles que pertencem às escolas e universidades e do baixo *status* da formação de professores em muitas universidades, será difícil conseguir essa mudança cultural na formação docente. A diminuição do financiamento do Estado nas escolas e universidades públicas, onde se forma a maioria dos professores do país, obviamente agrava ainda mais a situação (NEWFIELD, 2008).

Conclusão

Quase toda semana se publica um novo relatório nos Estados Unidos criticando a contribuição das faculdades e universidades para a formação inicial de professores ou elogiando os programas alternativos de formação docente. Em 2010, o Ministério de Educação do governo Obama disponibilizou 263 milhões de dólares por meio de editais para promover a inovação em vários setores da educação. Os únicos projetos de formação de professores financiados por intermédio desses editais foram dois dos maiores provedores de certificação alternativa: o *Teach for America*, que recebeu 50 milhões de dólares e o *The New Teacher Project*, que recebeu 20 milhões de dólares. Nenhuma proposta de formação de professores formulada por uma faculdade ou universidade foi financiada.[154]

Embora continue a existir investimento federal no recrutamento de alunos talentosos para o magistério, por meio de vários programas de bolsas de estudo, a formação de professores da universidade geralmente não é vista hoje como digna de investimento por parte do governo federal ou de muitas fundações, mesmo que elas ainda formem a maioria dos professores do país (ver SUGGS; DEMARRAIS, 2011). Como denunciamos ao longo deste livro, nos Estados Unidos se forjou uma situação em que as faculdades e universidades são vistas como obstáculos para a reforma e se procuram meios para suspender os cursos universitários e apoiar a formação não universitária de professores (ZEICHNER, 2010b).

---

[154] O *Boston Teacher Residency Program*, que representa um esforço conjunto das escolas públicas de Boston e da Universidade de Massachusetts, também recebeu 4,9 milhões de dólares de uma fundação local.

Apesar das deficiências que existem na formação universitária de professores nos Estados Unidos e em outros países, incluindo a falta de atenção para as complexidades da educação escolar, seu fracasso em prover as escolas carentes e em áreas rurais remotas com professores altamente qualificados e a falta de respeito pela *expertise* que existe nas escolas e comunidades, as soluções para os problemas de desigualdade na educação pública não devem ser encontradas na desprofissionalização e mercantilização do magistério e da formação de professores, nem no provimento de professores meramente técnicos e despreparados para lecionar nas escolas para os filhos dos pobres (Tucker, 2011).

Este é um momento ao mesmo tempo vibrante e perigoso para a formação universitária de professores. Por um lado, há oportunidades reais para estabelecer novas maneiras de profissionalismo democrático no magistério e na formação docente (Apple, 1996; Sachs, 2003) em que faculdades e universidades, escolas e comunidades se reúnam em torno de novos modos de formar professores que forneçam aos filhos de todos uma educação de alta qualidade. Por outro lado, existe também um perigo real de que a formação de professores seja transformada em uma mera economia de mercado, divorciada das universidades, com a fabricação de professores despreparados e temporários para lecionar nas escolas dos "filhos dos outros". Nos Estados Unidos, muitas pessoas concordaram com Hess (2009) quando ele propôs a retirada da formação de professores das instituições de educação superior em vez de requerer um investimento na melhoria dos cursos das faculdades e das universidades. Hess e outros querem criar um sistema em que a formação de professores seja realizada pelas redes municipais de ensino.

É muito importante que os formadores de professores das universidades prestem atenção e levem a sério o que está acontecendo ao redor deles no contexto político mais amplo. Também é muito importante que os formadores de professores das universidades não ajam defensivamente apenas para tentar proteger seu próprio emprego. Acreditamos que as tentativas de defender a formação universitária de professores de maneira isolada das lutas por maior justiça social em outros setores das sociedades, serão vistas predominantemente como atitudes em causa própria e provavelmente fracassarão.

Desse modo, sugerimos que a formação universitária de professores necessita dar uma resposta política, bem como fazer uma mudança de paradigma[155] na maneira como pensamos sobre aqueles cuja *expertise* deveria contribuir para a formação de professores para as escolas públicas. Acreditamos que, sem essa mudança nas relações de poder e no tipo de alianças políticas que sugerimos, o futuro do magistério como uma profissão e o papel da universidade na formação de professores estão em grande perigo, e o modelo de formação docente defendido por Hess (2009) se tornará a norma.

A ideia de múltiplos caminhos para o magistério tem sido, há muito tempo, parte da história da formação de professores nos Estados Unidos, exceto por um breve período de tempo (FRASER, 2007). No nosso entender, deveriam ser mantidas múltiplas rotas para o magistério. Diferentes modelos de formação de professores e caminhos para a profissão podem potencialmente estimular a inovação, gerar recursos e fornecer acesso ao magistério para pessoas em diferentes circunstâncias de vida. Existe atualmente uma grande variação em termos de qualidade, em relação aos programas de "imersão" e aos cursos universitários de formação de professores (*National Research Council*, 2010). Existem cursos fracos de todos os tipos que provavelmente deveriam ser fechados, bem como boas iniciativas tanto nos cursos universitários quanto nos programas de "imersão" que merecem um reconhecimento mais amplo.

Neste capítulo, argumentamos que nem as escolas nem as universidades podem formar sozinhas os professores do nosso país e que, mesmo juntas, as escolas e as universidades não podem formar bem os professores sem o acesso à *expertise* que existe nas comunidades servidas pelas escolas. Tanto os programas de "imersão" quanto os cursos universitários têm um papel a desempenhar na formação de professores de alta qualidade para os filhos de todos.

As escolas, as faculdades e as secretarias de educação precisam retornar à sua missão central de compromisso sério com a formação de professores (CLIFFORD; GUTHRIE, 1988; OGREN, 2005; BALL, 2007).

---

[155] Um recente relatório nacional sobre a formação docente nos Estados Unidos se referiu ao tipo de mudança de paradigma que aqui recomendo como "virar a formação de professores de ponta-cabeça" (ver NCATE).

As faculdades de educação devem reconhecer a *expertise* intelectual de alguns de seus professores especialmente daqueles envolvidos com o estágio e trabalhar de maneira nova e mais respeitosa com aqueles que estão em escolas e comunidades para construir cursos de formação inicial de professores que recorrem à *expertise* que existe em cada domínio.

Ou as faculdades de educação assumem um sério compromisso de oferecer cursos de licenciatura de alta qualidade, ou então, deveriam se retirar do trabalho de formação de professores. Assumir um compromisso com a alta qualidade dos cursos de formação de professores não significa, por parte de uma universidade forte em pesquisa, um abandono da responsabilidade de produzir pesquisa, inclusive pesquisa sobre formação de professores. Pelo contrário, um compromisso sério com a formação de professores nas universidades fortes em pesquisa envolveria utilizar seus cursos de licenciatura como laboratórios para o estudo e o desenvolvimento de docentes e práticas eficazes em formação de professores. Discutimos aqui que ao repensarmos qual conhecimento conta e como as universidades podem cruzar fronteiras institucionais para colaborar com as comunidades e escolas na formação docente, os cursos de licenciatura podem interrogar mais profundamente seus desafios e propor novas soluções para formar os professores de que nossos alunos precisam.

Referências

ALLEN, D. S. *Talking to Strangers: Anxieties of Citizenship Since Brown v. Board of Education*. Chicago: University of Chicago Press, 2004.

ANAGNOSTOPOULOS, D.; SMITH, E. R.; BASMADJIAN, K. Bridging the University-School Divide. *Journal of Teacher Education*, v. 58, n. 2, p. 138-152, 2007.

APPLE, M. *Cultural Politics and Education*. New York: Teachers College Press, 1996.

APPLE, M. Is Deliberative Democracy Enough in Teacher Education? In: M. COCHRAN-SMITH, S. FEIMAN-NEMSER; D. J. MCINTYRE (Eds). *Handbook of Research on Teacher Education*. 3. ed. New York: Routledge, 2008. p. 105-110.

BALL, D. The Case for Ed Schools and the Challenge. In: THE ANNUAL MEETING OF THE AMERICAN EDUCATIONAL RESEARCH ASSOCIATION, 2007, Chicago, Palestra de The Dewitt Wallace Readers' Digest, apresentada em abr. 2007.

BALL, D.; FORZANI, F. The Work of Teaching and the Challenge for Teacher Education. *Journal of Teacher Education*, v. 60, p. 497-510, 2009.

BARAB, S.; DUFFY, T. From Practice Fields to Communities of Practice. In: JONASSEN, D.; LAND, S. (Eds). *Theoretical Foundations of Learning Environments*. New York: Routledge, 2000. p. 25-56.

BARTHOLOMEW, S. S.; SANDHOLZ, J. H. Competing Views of Teaching in a School-University Partnership. *Teaching and Teacher Education*, v. 25, n. 1, p. 155-165, 2009.

BEYNON, J.; GROUT, J.; WIDEEN, M. *From Teacher to Teacher Educator*. Vancouver, CA: Pacific Education Press, 2004.

BERRY, B.; MONTGOMERY, D.; CURTIS, R. HERNANDEZ, M.; WURTZEL, J. E SNYDER, J. *Creating and Sustaining Urban Teacher Residencies*. Hillsborough, NC: Center for Teaching Quality and the Aspen Institute: 2008.

BOWMAN, M.; BRAYKO, K.; MCDONALD, M.; TYSON, K. *Experts in Relational Practices: The Role of Community-Based Educators in the Preparation of Teachers*. Trabalho em andamento. Seattle: U.W. Center for the Study of Learning to Teach in Practice, 2012.

BOYLE-BAISE, M.; MCINTYRE, D. J. What Kind of Experience? Preparing Teachers in PDS or Community Settings. In: COCHRAN-SMITH, M.; FEIMAN-NEMSER, S.; MCINTYRE, D. J. (Eds.). *Handbook of Research on Teacher Education*. 3. ed. New York: Routledge, 2008. p. 307-330.

BRAYKO, K. *Community-Based Placements as Contexts for Disciplinary Learning: a Study of Literacy Teacher Education Outside of School*. Seattle: Trabalho em andamento. U.W. Center for the Study of Learning to Teach in Practice, 2012.

BROUSSARD, C. A. Preparing Teachers to Work With Families: A National Survey of Teacher Education Programs. *Equity and Excellence in Education*, v. 33, n. 2, p. 41-49, 2000.

CAMPBELL, S. S. *Mediated Field Experiences in Learning Progressive Teaching: a Design Experiment in Teacher Education*. AMERICAN EDUCATIONAL RESEARCH ASSOCIATION ANNUAL MEETING, New York City, March, 2008.

CAMPBELL, S. S. *Taking It to the Field: Teacher Candidate Learning About Equity-Oriented Mathematics Teaching in a Mediated Field Experience*. Tese (Doutorado) – College of Education, University of Washington, Seattle, 2012.

CARPENTER, T.; FENNEMA, E.; FRANKE, M.L.; LEVI, L. E EMPSON, S. Cognitively Guided Instruction: A Research-Based Teacher Professional Development Program for Elementary School Mathematics. *Research Report n° 3*, Madison WI: Wisconsin Center for Education Research, September, 2000.

CLANDININ, J. Still Learning to Teach. In: RUSSELL, T. ; KORTHAGEN, F. (Eds). *Teachers who teach teachers.* London: Falmer Press, 1995. p. 25-31.

CLIFFORD, G. J.; GUTHRIE, J. W. *Ed school: A Brief for Professional Education.* Chicago: University of Chicago Press, 1988.

COCHRAN-SMITH, M.; DAVIS, D.; FRIES, K. Multicultural Teacher Education: Research, Practice, and Policy. In: BANKS, J.; BANKS, C. (Eds). *Handbook of Research on Multicultural Education.* 2. ed. San Francisco: Jossey-Bass, 2004. p. 931-975.

COLE, M.; GRIFFIN, P. A Socio-Historical Approach to Re-Mediation. *Laboratory of Comparative Human Cognition,* v. 5, n. 4, p. 69-74, 1983.

DARLING-HAMMOND, L.; BRANSFORD, J. (Eds.). *Preparing Teachers For a Changing World.* San Francisco: Jossey Bass, 2005.

DUFFY, G. Professional Development Schools and the Disempowerment of Teachers and Professors. *Phi Delta Kappan,* v. 75, n. 8, p. 596-600, 1994.

DUNCAN, A. Teacher Preparation: Reforming the Uncertain Profession. Discurso feito pela Secretária de Educação no Teachers College, da Columbia University, em out. 2009.

EDWARDS, A. *Being an Expert Professional Practitioner: The Relational Turn in Expertise.* Dordrecht: Springer, 2010.

EDWARDS, A.; DANIELS, H.; GALLAGHER, T.; LEADBETTER, J.; WARMINGTON, P. *Improving Professional Collaboration: Multi-Agency Work for Children's Well-Being.* London: Routledge, 2009.

ELLIS, V.; EDWARDS, A.; SMAGORINSKY, P. (Eds.). *Cultural-Historical Perspectives on Teacher Education and Development.* London: Routledge, 2010.

ENGESTRÖM, Y. *Learning by Expanding: An Activity Theoretical Approach to Developmental Research.* Helsinki: Orienta-Konsultit, 1987.

ENGESTRÖM, Y. Expansive Learning at Work: Toward an Activity Theoretical Reconceptualizaton. *Journal of Education & Work,* v. 14, n. 1, p. 133-156, 2001.

ENGESTRÖM, Y. Enriching the Theory of Expansive Learning: Lessons From Journeys Toward Co-Configuration. *Mind & Society,* v. 14, n. 1-2, p. 23-39, 2007.

ENGESTRÖM, Y. *From Teams to Knots: Activity-Theoretical Studies of Collaboration and Learning at Work.* Cambridge, U.K.: Cambridge University Press, 2008.

ENGESTRÖM, Y.; ENGESTRÖM, R.; VAHAAHO, T. When the Center Does Not Hold: The Importance of Knotworking. In: CHAIKLIN, S.; HEDEGAARD, M ; JENSEN, O. J. (Ed). *Activity Theory and Social Practice: Cultural Historical Approaches.* Aarhus, Denmark: Aarhus University Press, 1999. p. 345-374.

FEIMAN-NEMSER, S.; BUCHMANN, M. Pitfalls of Experience in Teacher Preparation. *Teachers College Record,* v. 87, n. 1, p. 53-65, 1985.

FRASER. J. *Preparing America's Teachers: A History*. New York: Teachers College Press, 2007.

GINSBURG, M.; CLIFT, R. The Hidden Curriculum of Preservice Teacher Education. In: HOUSTON, W. R. (Ed.) *Handbook of Research on Teacher Education*. New York: Macmillan, 1990. p. 450-468.

GONZALES, N.; MOLL, L.; AMANTI, C. (Eds.). *Funds of Knowledge: Theorizing Practices in Households, Communities, And Classrooms*. New York: Routledge, 2005.

GORODESKY, M.; BARAK, J. The Educational-Cultural Edge: A Participative Learning Environment for Co-Emergence of Personal and Institutional Growth. *Teaching and Teacher Education*, v. 24, p. 1907-1918, 2008.

GREENBERG, J.; POMERANCE, L.; WALSH, K. *Student Teaching in the United States*. Washington, D.C: National Council on Teacher Quality, 2011.

GROSSMAN, P.; LOEB, S. (Eds.) *Alternative Routes to Teaching*. Cambridge, MA: Harvard Education Press, 2008.

GROSSMAN, P.; MCDONALD, M. Back to the Future: Directions for Research in Teaching and Teacher Education. *American Educational Research Journal*, v. 45, n. 1, p. 184-205, 2008.

HABERMASS, J. *The Theory of Communicative Action*. Boston: Beacon Press, 1984.

HAMMERNESS, K.; DARLING-HAMMOND, L.; BRANSFORD, J.; BERLINER, D.; COCHRAN-SMITH; MCDONALD, M.; ZEICHNER, K. How Teachers Learn and Develop. In: DARLING-HAMMOND, L.; BRANSFORD, J. (Eds). *Preparing Teachers for a Changing World*. San Francisco: Jossey-Bass, 2005. p. 358-389.

HARTLEY, D. Education Policy and the "Inter-Regnum". *Journal of Education Policy*, v. 22, n. 6, p. 695-708, 2007.

HATCH, T.; GROSSMAN, P. Learning to Look Beyond the Boundaries of Representation. *Journal of Teacher Education*, v. 60, n. 1, p. 70-85, 2009.

HESS, F. Revitalizing Teacher Education by Revisiting Our Assumptions About Teaching. *Journal of Teacher Education*, v. 60, n. 5, p. 450-457, 2009.

HOLLINS, E.; GUZMAN, M. T. Research on Preparing Teachers for Diverse Populations. In: COCHRAN-SMITH, M.; ZEICHNER, K. (Eds.). *Studying Teacher Education*. New York: Routledge, 2005. p. 477-588.

JEFFREY, J. V.; POLLECK, J. Reciprocity Through Co-Instructed Site-Based Courses. *Teacher Education Quarterly*, v. 37, n. 3, p. 81-100, 2010.

KAZEMI, E.; FRANKE, M.; LAMPERT, M. Developing Pedagogies in Teacher Education to Support Novice Teachers' Ability to Enact Ambitious Teaching. In: ANNUAL CONFERENCE OF THE MATHEMATICS EDUCATION

RESEARCH GROUP OF AUSTRALASIA, 32, 2009, Wellington, New Zealand. *Proceedings...* Disponível em: <http://sitemaker.umich.edu/ltp/resources___publications>. Acesso em: 29 ago. 2013.

KEROSUO, H.; ENGESTRÖM, Y. Boundary Crossing and Learning in Creation of New Work Practice. *Journal of Workplace Learning*, v. 15, n. 8, p. 345-351, 2003.

KLEIN, E.; TAYLOR, M.; ONORE, C.; STROM, K. Finding a Third Space in Teacher Education: Creating an Urban Teacher Residency Program With Montclair State University and the Newark Public Schools. In: ENCONTRO ANUAL DA AMERICAN EDUCATIONAL RESEARCH ASSOCIATION, 2011, New Orleans.

LONGVIEW FOUNDATION. *Teacher Preparation for the Global Age: The Imperative for Change*. Silver Spring, MD, 2008.

MCDONALD, M.; BOWMAN, M.; BRAYKO, K.; DELPORT, J.; SHIMOMURA, F.; TYSON, K. Community-Based Field Experiences in Teacher Education: A Longitudinal Study of Partnership, Participation, and Implementation. In: ANNUAL CONFERENCE OF THE AMERICAN ASSOCIATION FOR COLLEGES OF TEACHER EDUCATION, 2010, Atlanta, GA.

MCDONALD, M; TYSON, K.; BRAYKO, K.; BOWMAN, M.; DELPORT, J.; SHIMOMURA, F. Innovation and Impact in Teacher Education: Community Based Organizations as Field Placements for Preservice Teachers. *Teachers College Record,* v. 113, n. 8. p. 1668-1700, 2011.

MCDONALD, M.; BRAYKO, K.; BOWMAN, M. *Learning to See Students: Opportunities to Develop Relational Practices of Teaching through Community-Based Placements in Teacher Education*. Teachers College Record. No prelo.

MORGAN-FLEMING, B.; SIMPSON, D.; CURTIS, K.; HULL, W. Learning Through Partnership. *Teacher Education Quarterly*, v. 37, n. 3, p. 63-80, 2010.

MURRELL, P. *The Community Teacher.* New York: Teachers College Press, 2001.

NATIONAL ASSOCIATION OF ACCREDITATION FOR TEACHER EDUCATION. *Transforming Teacher Education Through Clinical Practice: A National Strategy to Prepare Effective Teachers*. Washington, D.C., November, 2010.

NATIONAL RESEARCH COUNCIL. *Preparing Teachers: Building Evidence for Sound Policy*. Washington, D.C.: National Academies Press, April, 2010.

NEWFIELD, C. *Unmaking the Public University*. Cambridge, MA: Harvard University Press, 2008.

NOEL, J.; NELSON, T. Moving Teacher Education into Schools and Communities. *Teacher Education Quarterly*, v. 37, n. 3, p. 3-8, 2010.

NORTON-MEIER, L.; DRAKE, C. When Third Space Is More Than the Library: The Complexities of Theorizing Ad Learning to Use Family and Community Resources to Teach Elementary Literacy and Mathematics. In: ELLIS, V.; EDWARDS, A.; SMAGORINSKY, P. (Eds.). *Cultural-Historical Perspectives on Teacher Education and Development*. London: Routledge, 2010. p. 196-211.

OGREN, C. *The American State Normal School: An Instrument of Great Good*. New York: Palgrave Macmillan, 2005.

OLDENBURG, R. *The Great Good Place: Cafes, Coffee Shops, Bookstores, Bars, Hair Salons, and Other Hangouts in the Heart of a Community*. 2. ed. Cambridge, MA: Da Capo Press, 1999.

ONORE, C.; GILDIN, B. Preparing Urban Teachers as Public Professionals Through a University-Community Partnership. *Teacher Education Quarterly*, v. 37, n. 3, p. 27-44, 2010.

PARKER, W. C. Teaching Against Idiocy. *Phi Delta Kappan,* v. 86, n. 5, p. 344-351, 2005.

PATERSON, R.; MICHELLI, N.; PACHECO, A. *Centers of Pedagogy: New Structures for Educational Renewal*. San Francisco: Jossey Bass, 1999.

POINTER-MACE, D. *Teacher Practice Online: Sharing Wisdom, Opening Doors*. New York: Teachers College Press, 2009.

POPKEWITZ, T. Reform as a Political Discourse: A Case Study. *School Review*, v. 84, p. 311-336, 1975.

POST, L.; PUGACH, M.; HARRIS, S.; HUGHES, M. The Teachers-In-Residence Program: Veteran Urban Teachers as Teacher Leaders in Boundary-Spanning Roles. In: HOWEY K.; ZIMPHER, N. (Eds). Boundary Spanners: A Key to Success in Urban P-16 University-School Partnerships. Washington, DC: American Association of State Colleges and Universities and Land Grant Colleges, 2006. p. 211-236.

RAWLS, J. *A Theory of Justice*. Cambridge, MA: Harvard University Press, 1971.

RENNERT-ARIEV, P. The Hidden Curriculum of Performance-Based Teacher Education. *Teachers College Record*, v. 110, n. 1, p. 105-138, 2008.

SACHS, J. *The Activist Teaching Profession*. Buckingham, U.K.: Open University Press, 2003.

SANDERS, L. Against Deliberation. *Political Theory*, v. 25, n. 2, p. 347-376, 1997.

SEIDL, B. Working With Communities to Explore and Personalize Culturally Relevant Pedagogies: Push, Double Images, and Raced Talk. *Journal of Teacher Education*, v. 58, n. 2, p. 168-183, 2007.

SEIDL, B. L.; CONLEY, M. D. (Re)Writing New Possibilities for Teaching Lives: Prospective Teachers and Multicultural Apprenticeships. *Language Arts*, v. 87, n. 2, p. 117-126, 2009.

SEIDL, B.; FRIEND, G. The Unification of Church and State: Working Together to Prepare Teachers for Diverse Classrooms. *Journal of Teacher Education*, v. 53, n. 3, p. 142-152, 2002a.

SEIDL, B.; FRIEND, G. Leaving Authority At the Door: Equal-Status Community-Based Experiences and the Preparation of Teachers for Diverse Classrooms. *Teaching and Teacher Education*, v. 18, p. 421-433, 2002b.

SHERIN, M. Developing a Professional Vision of Classroom Events. In: WOOD, T.; NELSON, B.S.; WARFIELD, J. (Eds.). *Beyond Classical Pedagogy: Teaching Elementary School Mathematics*. New York: Routledge, 2001. p.75-93.

SHIRLEY, D.; HERSI, A.; MACDONALD, E.; SANCHEZ, M. T.; SCANDONE, C.; SKIDMORE, C.; TUTWILER, P. Bringing the Community Back In: Change, Accommodation, and Contestation in a School and University Partnership. *Equity and Excellence in Education*, v. 39, p. 27-36, 2006.

SLEETER, C. Preparing Teachers for Culturally Diverse Schools: Research and the Overwhelming Presence of Whiteness. *Journal of Teacher Education*, v. 52, n. 2, p. 94-106, 2001.

SLEETER, C.; BOYLE-BAISE, M. Community Service Learning for Multicultural Teacher Education. *Educational Foundations*, v. 14, n. 2, p. 33-50, 2000.

SUGGS, C.; DEMARRAIS, K. *Critical Contributions: Philanthropic Investment in Teachers and Teaching*. Atlanta: Kronley and Associates, July, 2011.

TUCKER, M. Standing on the Shoulders of Giants: An American Agenda for Education Reform. Washington, D. C.: National Center on Education and the Economy, May, 2011.

TURNEY, C.; ELTIS, K.; TOWLER, J.; WRIGHT, R. *A New Basis for Teacher Education: The Practicum Curriculum*. Sydney: University of Sydney Press, 1985.

U. S. DEPARTMENT OF EDUCATION. *Preparing and Credentialing the Nation's Teachers: The Secretary's Eighth Report on Teacher Quality*. Washington, D.C, 2011.

VALENCIA, S.; MARTIN, S.; PLACE, N.; GROSSMAN, P. Complex Interactions in Student Teaching: Lost Opportunities for Learning. *Journal of Teacher Education*, v. 60, n. 3, p. 304-322, 2009.

VILLEGAS, A. M.; IRVINE, J. J. Diversifying the Teaching Force: An Examination of Major Arguments. *The Urban Review*, v. 42, n. 3, p. 175-192, 2010.

VILLEGAS, A. M.; LUCAS, T. Diversifying the Teacher Workforce: A Retrospective and Prospective Analysis. In: SMYLIE, M.; MIRETZKY, D. (Eds).

Developing the Teacher Workforce. Chicago: University of Chicago Press, 2004. p. 70-104.

WALSH, K.; JACOBS, S. *Alternative Certification Isn't Alternative*. Washington, D.C.: National Council on Teacher Quality, 2007.

ZEICHNER, K. Contradictions and Tensions in the Professionalization of Teaching and the Democratization of Schooling. *Teachers College Record*, v. 92, n. 3, p. 363-379, 1991.

ZEICHNER, K. *Teacher Education and the Struggle for Social Justice*. New York: Routledge, 2009.

ZEICHNER, K. Rethinking the Connections Between Campus Courses and Field Experiences in College and University-Based Teacher Education. *Journal of Teacher Education*, v. 89, n. 11, p. 89-99, 2010a.

ZEICHNER, K. Competition, Increased Surveillance and Attacks on Multiculturalism: Neo-Liberalism and the Transformation of Teacher Education in the U.S. *Teaching and Teacher Education*, v. 26, p. 1544-1552, 2010b.

ZEICHNER, K.; CONKLIN, H. Teacher Education Programs. In: COCHRAN-SMITH, M.; ZEICHNER, K. (Eds.). *Studying Teacher Education*. New York: Routledge, 2005. p. 645-736.

ZEICHNER, K.; MCDONALD, M. Practice-Based Teaching and Community Field Experiences for Prospective Teachers. In: COHAN, A.; HONIGSFELD, A. (Eds.) *Breaking the Mold of Pre-Service and In-Service Teacher Education: Innovative and Successful Practices for the 21St Century*. Lanham, MD: Roman and Littlefield, 2011.

ZEICHNER, K.; MELNICK, S. The Role of Community Field Experiences in Preparing Teachers for Cultural Diversity. In: ZEICHNER, K.; MELNICK, S.; GOMEZ, M. L. (Eds) *Currents of Reform in Preservice Teacher Education*. New York: Teachers College Press, 1996. p. 176-198.

Este livro foi composto com tipografia Garamond e impresso
em papel Pólen Soft 80 g/m² na UmLivro.